抱歉我遲到了，但其實我根本不想來

給羞怯內向的你，一場「挑戰自我」的冒險旅程

Sorry I'm Late, I Didn't Want to Come

One Introvert's Year of Saying Yes

潔西卡・潘——著　江莉芬——譯

Jessica Pan

獻給伊恩——
我愛你

歐美精英人士推薦

我們最喜歡的年度非小說作品！

——北美最大獨立圖書網站 **Book Riot**

《抱歉我遲到了，但其實我根本不想來》比這個靦腆小類型中的其他書籍更加個人化、口語化和親切，它並提供了許多訊息：害羞的人並不孤單；聯繫就是一切；外向可以很有趣，但有時獨自蜷縮著看一本好書的感覺真的非常好！

——**英國《衛報》**

有趣、鼓舞人心且值得深思，獻給每個期望突破自我舒適圈的讀者。

——**英國《Heat》雜誌**

我愛死它了！這是一個如此美妙的書名，而這本書沒有辜負它！

——**英國美食作家／奈潔拉·勞森**

《抱歉我遲到了，但其實我根本不想來》是一個有趣而淒美的故事，我喜歡在這本書中與潔西卡・潘共度的時光，但我保證在現實生活中永遠不會去接近或聯繫她。

——《紐約時報》暢銷作家／阿諾德・史蒂芬・賈各布斯

你身處自我照顧的世界，並有無數夜晚宅在家哪裡也不去，但這本書會激勵你、提醒你有時也能做點讓自己害怕的事。

——《不上班賺更多》暢銷作家／艾瑪・甘儂

迷人、勇敢、滑稽地誠實。無論你是為自己、為你最喜歡的內向者，還是為你希望他閉嘴幾個小時的健談朋友買這本書，你都不會出錯，因為潔西卡・潘的回憶錄充滿了啟示和樂趣！

——《感謝，歐巴馬》暢銷作家／大衛・利特

Contents

作者的話

且讓我先聲明，無論是個性內向、外向或其他情況，我都不認為有任何人是需要被治療的。不過我有好一陣子是個悶悶不樂的內向者，我想看看如果花一年的時間做些令人卻步的新體驗，那麼我的人生可能會有什麼改變。這本書記錄了後續發生的種種，請盡情享受我的夢魘吧。

引言

這世上存在著兩種人：一種人是把電視上播的格拉斯頓柏立藝術節[1]當作恐怖片來看，並從毛毯上方窺探那一片泥濘的人間煉獄。這種人會如釋重負地呼出氣息，由衷慶幸自己錯過了那場活動，因為他們好高興可以坐在沙發上，而不是身處在該地，周遭圍繞著數以千計搖搖擺擺、大聲嚷嚷、膀胱快爆了、頭髮油膩又喝個爛醉的人。

第二種人是選擇直接參加格拉斯頓柏立的人，那絕對不會是我。

我二十二歲生日時，大學同學在寢室裡幫我辦了一場驚喜派對。大夥兒一從黑暗中跳出來，我就噴淚了。派對上的人以為我很感動，其實我是嚇壞了。那是我好幾個月以來第一次不是因為單戀西班牙語家教的事而落淚。好友、家人和一些不是很熟的朋友坐在我的床上，那原本是我通常用來逃避那些好友、家人和不是很熟的朋友時的避難所。

1 指格拉斯頓柏立當代表演藝術節（Glastonbury Festival），創立於一九七〇年，於每年六月舉辦，是目前世界最大的露天音樂節與表演藝術節。由於歷年舉辦時常遭遇暴雨的惡劣天氣，導致場地泥濘，因此許多到場表演的明星或樂迷都穿上雨靴，在泥濘中享受音樂。

我無處可躲，他們是來這裡狂歡的，不過他們究竟還要多久才會離開？最後，我只能打開所有的燈，等大家接收到暗示。

如果你像我一樣，那麼你就知道害怕自己的生日派對會是什麼感覺。你怕發表談話，你怕增進感情的小組活動，你也怕每一年的跨年夜。

我會有這種感覺，是因為我是內向者。其實我是羞怯的內向者（晚點再解釋這個名詞），而任何正港的羞怯內向者必定都做過下列的事：把響個不停的電話扔到房間的另一頭、假裝生病、走進拓展人脈的場合卻又臨陣脫逃，以及在酒吧裡有人靠近時假裝不會說英語。最後一項是進階版，同時也是全部的方法裡最有效的，其餘的方法都算是必要的生存技能。我們還很擅長用一種我稱之為「無生命機器人眼神」的技巧來閃避眼神交集，讓別人不會過來跟我們打招呼。

我敢說在我認識的人裡，有百分之九十根本不知道我是內向者，因為我煞費苦心地隱藏這一點。下班後喝一杯？抱歉，我很忙。在酒吧吃午餐？沒辦法，我有事（而這件事是自己吃拉麵，享受幸福的獨處）。同事都以為我在辦公室裡忙得無法抽身，出了辦公室，我又有滿滿的社交行程和蓄意臉盲症。

現在我年紀漸長，也學聰明了，每年生日當天早晨我都會輕輕喚醒我的老公山姆，在他的耳邊呢喃：「如果你幫我辦派對，我會殺了你。」他總在半夢半醒之間順從地點點頭。不過他不太能真正理解我為什麼會這樣，因為他和我並非同一種人，他雖然文靜，但喜歡去人多嘈雜的酒吧和在節日時外出。不過他已經漸漸習慣在大多數的晚餐約會最後，我總會小聲地對他說：「幫我拿外套，在電梯等我！」同時我會衝向後門，逃離剛抵達酒吧來辦單身女子派對的微醺人群。

山姆對我的行為沒什麼意見，不過他無法理解我的精神官能症有多嚴重。例如他不懂我為什麼寧可和狗在一起也不接近人。答案很簡單，狗不需要閒聊，牠們不會評斷你，也不會在你想試著工作時哼著歌接近你的桌子。牠們不會問你何時要生孩子，也不會對著你咳嗽。不過對山姆來說，狗有雙狂野的眼睛，可能會用髒爪子踏滿你全身，而且隨時準備攻擊你，而這正是我對人類的感覺。

我以為當個羞怯內向者的生活會這麼持續到永遠，不過這時卻發生了一件不尋常的事：我發現自己在三溫暖裡快被烤乾，手緊抓著一份《男士健康》雜誌，身上穿了一套黑色運動服，而且一邊哭一邊朝著休閒健身中心的員工大罵髒話。

需要做點改變了。

簡短說來是這樣。

有些人很擅長和陌生人說話、建立新友誼及在派對上交朋友，但我卻是對其他事情很在行，像是一臉蒼白地在漆黑的門口徘徊、窩進沙發的角落隱匿自己、提早離開和在大眾運輸工具上裝睡。

研究發現內向者約占全球人口的三分之一（至少三分之一，視你參考的文獻而定），所以很可能內向者這個名詞也能用來形容你。假設我們在一場兩人都沒爽約的派對上遇見彼此，那我們可以趁著躲在廚房的起司拼盤旁時好好聊聊這件事。

內向者與外向者的定義眾說紛紜，最為大眾接受的定義是內向者藉由獨處獲得能量，而外向者則透過和其他人相處得到活力。不過心理學家時常討論另外兩個相關的範疇：羞怯和外放。我一向以為所有的內向者都很羞怯，但據說有些內向者在團體中能極度有自信，或能口條清楚地發表談話。他們之所以被歸類為內向者，是因為他們無法接受刺激與面對為數龐大的人群太長時間。[2]

我是羞怯的，因為我害怕和陌生人接觸，也怕成為矚目的焦點，在和人群相處過後會需要時間恢復元氣，而且我討厭很多人的場合。正如有篇文章定義的，我是「有社交障礙的內向者」，所以我要開始這麼稱呼自己：羞怯的內向者（shy introvert）或「新內向者」（shintrovert）（這個字還可以指非常迷戀小腿的變態呢！）。

我不知道新內向者是天生如此還是後天造成，不過對我來說，我的內向傾向非常早就出現了。我在德州的一個小鎮長大，在那裡我避不參加生日派對、假裝生病逃避學校的口頭報告，也花好幾個夜晚研究關於一個平行宇宙的事，然而和別人互動與偶爾成為關注的焦點還不算是令我最害怕的事。

小時候我不懂為什麼我對生活的看法，和我那外向的直系家庭有天壤之別。我爸爸是中國人，媽媽是美國籍猶太人，他們倆都非常熱中兩件事：中式食物和與新朋友聊天。同時我的兩個哥哥總是邀請一大群朋友來我們家，一待就待上好幾個小時。我原本以為他們只是比我會假裝喜歡那些我所討厭的事，但後來證明我錯了：為什麼他們喜愛和一大群素未謀面的人見面，交際好幾個小時和辦盛大的生日派對，而我卻不喜歡？我以為是自己出了很大的問題。

儘管在小鎮長大，我仍夢想著充滿新體驗、眼界更廣的生活，但我卻又無法想像自己擁有那樣的生活。我想要煥然一新的開始，去到一個我能以新形象示人、沒有任何人認識我的地方。我試過北京，接著澳洲，最後到倫敦，也就是我現在居住的地方。

然而儘管我到這些地方，有件事依然不變，那就是無論這些地方相隔多遠，我基本上還是老樣子，一個新內向者。餃子、烤肉、奶油司康，新內向者總是窩在角落進食。故宮、雪梨歌劇院、倫敦塔，新內向者都在門口徘徊。我原本以為也許國外會讓我不再閉俗，但正如我的濕疹，它一年四季都如影隨形。

後來我受到蘇珊・坎恩（Susan Cain）於二〇一二年的暢銷書所啟發，認識了「寧靜革命」。我從那本書讀到每兩或三人之中就有一人是內向者，身為內向者的我們一點問題也沒有。換句話說，內向者能專注心思、享受獨處、**不喜歡閒聊、喜歡一對一的談話，且避免在公眾場合發表言論**。害羞、敏感又愛待在家？我就是這樣！

讀到這些讓我大大地鬆了一口氣，我決定要擁抱自己的這項特質。這就是我，與其勉強自己成為別人，我選擇珍惜自己的本質。畢竟，正是我的個性促使我成為作家，

2 更多資訊請見第346頁「關於內向」。

而且這意味著在這段期間，我和我的一小群朋友感情非常要好。

但事情在接下來的一年卻變了調，我沒了工作，最好的朋友又都搬走了。我的事業陷入僵局，我覺得孤單、失去慢跑的欲望，我不知道自己接下來要做些什麼。事實上，我曾想故技重施，跳上飛機開始一段全新的生活，也許這次會把自己取名為法蘭西絲・德・露西。可是很顯然地，我的個性和那個名字根本不搭，我也沒那份自信或收藏那麼多帽子來假扮她。

很多時候我會思忖：我究竟想從生活中得到什麼？說真的，我想要一份工作，幾個讓我感覺真正有連結的新朋友，也想擁有更多自信。這樣的要求會太多嗎？肯定不會。那麼那些有工作、有摯友、生活富裕又得意的人，他們做了什麼是我沒做的？後來我懷著漸增的恐懼發現，他們時常擁有新體驗、勇於冒險和創造新的連結。他們是千真萬確地在過生活，而非只是旁觀而已。

我曾無意中聽見前同事薇洛談她到紐約的旅程。薇洛在展望公園停下腳步摸一位女士的狗，結果她竟然當天都和那位女士在一起，甚至和她在爵士酒吧待到凌晨四點，而且後來更藉由這位新朋友的人脈，得到她夢寐以求的工作。她和男友是在一場嘉年華會排隊等廁所時相遇。她在一場派對上和一位醫生聊天，因而得知自己有低血糖。她的一生都是由這些隨機的巧遇所形塑，這都是因為她選擇和剛認識的人交談與傾聽他們的話，而不是全速奔逃，同時嘴裡還咕噥著：「我不會說英文！」

如果我敞開生活的大門，可能會發生什麼事？我的人生會有更好的進展嗎？

雖然我已經接受自己的原貌，但在人生的此刻，我卻開心不起來。我已經把自己的內向狀態當成許可證，讓我得以築起高牆，與世隔絕。

縱使我享受自己的內向者世界，但部分的我仍想知道自己可能錯過了什麼。當你定義某人或某事，你也不可避免地限制了她／它。於是我看待自己的方式逐漸變成一種自我滿足的預言：「演講？我不演講的。」或是「派對？我不辦派對。」我接受自己，但我也因太害怕而不敢挑戰恐懼，不敢踏出舒適圈，追尋自己渴望的體驗。

我攻讀心理學的學位時曾修過一門神經科學的課，部分原因是我對先天與後天的相互影響很感興趣。然而現在我是成人了，我能因為新體驗而改變多少？

莎士比亞有句名言：「忠於自己。」沒錯，但我不想永遠受限於自己的不安全感和焦慮，我不希望總是停滯不前。我們是人，我們有能力成長和改變。

一旦意識到這件事，我的腦中就有個小小的聲音對我說：「全都是狗屁！」一直以來我都是以內向者的標籤當作躲避世界的藉口。

直到那一刻，我都謹守著自己新內向者的角色，這幾乎阻斷了我的路，使我無法擁有那些我默默渴望的事物：一份我喜愛的工作、認真看待的新關係、充滿歡笑的友誼，和一些並未經過我極度縝密計畫而得來的體驗。

我是陷入困境的內向者，但並非因為我是內向者而陷入困境。快樂的內向者比比皆是，他們恣意享受人生，但我想走出困境，相信比現在還更豐富的生活最終會使我更快樂。

可是該怎麼做？有些事必須改變。

試問：要是一位害羞的內向者花一年的時間過得像個善於交際的外向者，會發生什麼事？如果她蓄意並自願讓自己置身於從前會不計代價、刻意避開而且危機四伏的社交情境中呢？

這麼做會帶來改變生命的體驗嗎？

又或者她最後會在森林裡吃野草過活，只和狼群打交道，最終死於營養不良；雖然形單影隻，但是慶幸再也不必和別人聊比特幣了？

就姑且一試吧！

第1章　桑拿的故事（低潮谷底）

我在北京認識我先生，他是英國人。我們在北京相戀，以兩個害羞的人最可能墜入情網的方式：上班時用即時通訊軟體打情罵俏。因為我們的座位有點距離，所以從不曾有眼神接觸。山姆和我負責同一本雜誌，而這是我第一次可以完全自在地和喜歡的對象相處。在我們最後終於面對面交談過後，我們一起搬到澳洲，接著結婚並移居北倫敦伊斯林頓的一間小公寓。

我花了將近三年才慢慢適應北京，這座城市的人總不諱言他們對你的看法。當地茶館老闆覺得我太胖，我的房東太太認為我太瘦，賣水果的小販認為我喝不夠多熱水，事實上他們全都這麼認為。

當地人還會問我當雜誌編輯賺多少錢（不是很多），或我為什麼在這麼骯髒的大城市裡穿單薄的夾腳鞋（因為我當時年輕又愚蠢），也會問我為什麼看起來這麼憔悴（你看過最近北京的汙染紀錄嗎？），不過至少我總是知道自己的立足點。

在那之後，我以為自己能輕易地融入英國，畢竟那裡少了語言隔閡，再加上我有些老朋友在那裡，而且我會是和山姆在一起。經過在中國混亂的三年，我對倫敦十分嚮往：那些綠地、排隊守規矩的人，和有馬桶座的廁所！我在森寶利超市裡盯著眼前各式各樣的巧克力棒和洋芋片，打從心底感到愉悅。我想張開雙臂走在這座城市裡，希望倫敦會像我愛它那樣愛我。

但倫敦並不愛我。

反之，倫敦（確切說來是倫敦人）偷了我的皮夾和簽證，也竊走了我在英國的工作權。如果倫敦想懲罰我，那麼它採取的方式相當消極，因為沒了簽證也意味著我無法離開這個國家，它將我囚禁又不讓我工作。

而這只是個開始而已。在電車上，有個女子理應感謝我移走包包，但我幾乎能確定她實際上是說「天殺的早該如此」；坐手扶梯時，有個男子從我身旁擠身而過，而他說「借過……」的語調快把我氣哭了；人們會問我是否想做某件事，而我不知道那究竟是命令、有幫助的建議或諷刺。

而說到朋友，我連在最容易交朋友的地方都困難重重，更別提在倫敦了。人們通常不太與別人來往，尤其在公開場合更是如此。起初這樣很美好，不會有人走近跟我聊天，我得以與自己相處。有次我大白天在一條繁忙的街上跌了一跤，我開始自我防衛地說：「我沒事，我真的沒事。」結果根本沒人停下腳步，我就這樣訝異地躺在地上。這裡的人比我還更像內向者！

由於沒了英國簽證我就無法工作，我每天都在涉獵英國最棒的文化發明，馬拉松式地觀賞電視節目《與我共進晚餐》，很高興能藉由該節目得知大多數的英式晚餐派對最後都以燉梨子作結尾，而且大家會坐在主人翁的床邊，同時偷偷說他的壞話。

幾個月後，我拿回簽證了，而且做了成熟大人該做的事，找到一間行銷代理公司的工作，為一個鞋子品牌撰寫部落格文章。我擅長書寫什麼天氣要穿哪一種鞋的指南，雖然大部分的人七歲就很會作這個決定。

不知不覺中，我和山姆就在倫敦待了好幾年。在那段時間，所有我在倫敦交到的朋友都離開了。你可能會以為這是誇飾法，但這不是。我大學最要好的朋友瑞秋搬去巴黎了，來自中國的好友艾莉搬回北京，而和我關係不錯的英國人同事們全都搬到鄉下或郊區。倫敦愈來愈像個孤島，儘管街道漸漸變得熟悉，但卻是一如既往地充斥著陌生人。我埋首工作，每天就在部落格貼文、與客戶會面和鞋子中度日。

接著迎來命定的一晚，我參加工作的頒獎典禮，老闆把獎項頒給在公司留到最晚且週末也在公司加班度過的人。他們這麼解釋：「此人『把靈魂賣給了工作』」，於是這個獎項被命名為「燃燒生命獎」。他們打開信封袋，唸出我的名字。在我走向臨時權充的舞台時，沿路上有好多男性同事拍拍我的背，恭喜我獲得沒有生活的人生。我緊咬著牙，勉強擠出微笑，接下了這個獎。

這個獎盃上刻著我的名字，後來我把它帶回家，而它就像個受詛咒的手工藝品，和佛羅多的魔戒一樣，只不過沒那麼全能也不閃亮，而且還比較重，它象徵著我的失敗。說失敗是因為我對這份工作一點興趣也沒有，也絲毫不喜歡我在生活中所做的事。我無法成為自己所欣羡的那種人，那種會嘗試新事物、願意冒險且避開人生中易行之路的人。

這個獎盃還有一點和佛羅多的魔戒很像，那就是把它丟入垃圾桶或放把火燒了都無法銷毀它。我看過電影預告，所以我猜這獎盃會再度找上我吧。我把這東西放在所能想到的最不受重視的地方。「去你的！」我小聲對獎盃說，一邊把它放進櫥櫃裡關起來，任由它在六個環保購物袋和一瓶水管疏通劑旁腐爛。

隔天上班，我得知去年贏得燃燒生命獎的是一位名叫戴夫的同事。戴夫有個特點，那就是他看起來總是很悽慘，而且每天都吃同樣的三明治。在辦公室的聖誕派對上，我們兩人坐在角落，他醉醺醺地向我坦承他會不計一切代價離開這裡，如果他知道該怎麼做的話。

我仔細觀察戴夫，然後做了一件非常愚蠢但感覺無敵爽快的事：我辭掉了工作。

我並未找到另一份工作，於是我開始稱自己是自由接案者。就我而言，「自由接案者」是穿著睡衣在家裡遊蕩的委婉說法，而且每次在花園看見貓咪還會過度興奮。我仍在寫關於鞋子的部落格文章，不過現在是坐在家裡那張凹陷的藍沙發上，而且賺的錢比以往更少。當我看著路過的通勤族準備上班，我才意識到自己身在一座九百萬人居住的城市，但每天只和兩個人說話：山姆和咖啡店店員。

那位咖啡店店員不是很健談，而山姆在我們自家範圍之外有著自己的生活：一份他喜歡的工作、關係良好的同事、晚上的慢跑俱樂部和會約著一起看足球的好朋友。他有個不同的世界，而我卻只有他。每天早上他出門上班後，我會把頭埋進床單，不想面對又一個完全獨處、鬱悶難挨的一天。沒有任何人、任何地方在期待我的到來。我哥傳簡訊給我：「好久沒有妳的消息了，我都不知道妳最近好不好。妳快樂嗎？」

最後這個問句粉碎了我的意志，我無法告訴遠在天邊的家人，我陷在一個很深的洞裡，不知該如何逃脫。我甚至無法對山姆坦承這件事，或對我自己。

在一個寒冷颳風的日子，我睡到十一點才起床，因為前一晚我用 Google 搜尋「黑洞」、「我是否有注意力不足過動症」和「米克．傑格和大衛．鮑伊是朋友嗎？」等問題，一直到凌晨才睡。我也寫了電子郵件給現居英吉利海峽對岸的瑞秋，跟她說我必定、可能、也許有過動症，因為我似乎一件事還沒做完就做另一件事，導致最後一事無成。我很邋遢、健忘，又無法專心。

瑞秋回信給我，說：「不知道耶……覺得妳寫的所有事情聽起來比較像憂鬱症。無法專心其實是憂鬱症的症狀之一，也許妳該去看醫生……」

她說這話是什麼意思？我寫的所有事情？我回顧前一封信，在信件的結尾我寫道：「我對生活毫無期待。」

我很快關了電腦。

年輕時，我們總認為生命可以富有創造力、充滿朝氣又豐富完整。可是漸漸地，我將自己退到了角落，唯一往前進的路，感覺卻愈來愈像所有的門緊閉著的、一條又黑又長的走廊。當然，在這個世代，有鑑於社群媒體的自由使用，那些門其實成了玻璃門，而我可以往裡頭窺探，看到與我相同世代又令我神往的每個人，與他們那十五到二十個最親近的朋友過著美妙又上相的生活。

基本上我在自己的周圍建起了一座堡壘，那是以書本高高堆疊起來的堡壘，牆上還有個寫著「反正我也不需要你！」的告示牌。

其實我需要，瑞秋看得出來，而我也必須看清這一點。是時候突破漸漸讓我感到不舒適的舒適圈了。我知道我不是因為身為內向者而憂鬱，而是個剛好很憂鬱的內向者。我憎惡自己成為的模樣，我想重新開始。

於是我加入了健身房。

這聽起來也許不像可以真正解決問題的方法，而且如果你開始以為這則故事是在描述減肥如何改變我的人生、治癒我的憂鬱而且讓我成了億萬富翁，那麼我要先聲明實情並非如此。這是關於我朝外面的世界邁出試探性的第一步，慢慢再次融入社會，和踏出家門的故事。這是一個新內向者努力讓自己不再當新內向者的第一步。可是這則故事也關於一件更重要的事：藉口，和桑拿裡的淺色木板。

我是受到引誘而上鉤的，因為只要一週上三堂體適能課，並贏得內部的健康與減重挑戰，該健身房就讓人免費入會。環顧四周，我看到健身房裡的女生身材姣好，她們綁著整齊光滑的馬尾，看來都對自己相當滿意。這些女生可能從事醫生、律師或銀行家等達成父母夢想的職業，而不是在撰寫關於綁靴子鞋帶有不同方式的部落格文章，同時屁股因坐沙發坐墊而鬆弛變形。她們也不是會在頭髮很乾淨的那幾天感到開心的那種女生。

如果我完成並贏得健身房的這項比賽，我就會擁有免費會員，而且立刻融入似乎把生活經營得有聲有色的一群人，甚至還可能交到一兩個朋友。我還會變得更苗條，可能也會更快樂（有腦內啡、力氣更大，能舉起家具、在更衣室裡放高檔的洗髮精等等）。

我有自信能獲勝，因為當一個人的生活沒其他事情可做時，三兩下就能在這種事情上取勝。事實證明我是對的，一週一週過去了，人們逐漸退出比賽或無法上滿必要的三堂課，競爭的人數縮減了。

到了最後一週，可能的贏家只剩兩人：我和一個名叫波夏的女生。

很不幸的是，我竟把波夏視為仇敵。

我已經把整個未來賭在這場愚蠢的比賽上了，現在我還得打敗她才行。於是我開始思考嚴峻而殘酷的事實：下週就是最後一次量體重了。這場比賽是以體重減輕的比例為準。說實在的，我們的體重是由什麼構成的？是脂肪、肌肉、骨頭和水。

晚上我用 Google 瘋狂搜尋資訊時，不經意看到另一個再正常不過的事實：摔角選手和拳擊手經常會在幾天內減輕四到六公斤的水分，以在他們的體重級數裡「增加重量」。

我立刻墜入摔角和拳擊的部落格黑洞裡，那是由一群肌肉男特別寫給另一群肌肉男看的文章。這些部落格提供快速減輕水分重量的方法，其中有幾個簡單的技巧，像是喝黑咖啡（利尿劑），和稍微更極端一點的做法，例如服用咖啡因錠和狂喝蒲公英茶。我可以喝咖啡吧？一般人都會喝咖啡，而我本來就每天都會喝咖啡。

打從我第一次用力癱坐在沙發上、一臉絕望地談波夏的事，山姆就一直都對我和我的目標很有耐心。這樣的情況一直持續到最後一次量體重的前一天，當時我正在說比賽當天沖澡是菜鳥才會犯的錯誤，因為這樣身體就會透過肌膚吸收水分，這可能導致身上多一公斤，沖澡可能就是成敗的關鍵。

「妳報名這個比賽是為了變得健康和快樂，可是現在妳張口閉口都是要打敗一個叫波夏的女生、咖啡因錠的好處和妳再也不沖澡的原因。」

「我只是明天不沖澡而已！」我回嘴。「還有我又沒買咖啡因錠，那才是愚蠢好不好？」

我回頭看那些摔角部落格，從中發現了最普遍受到支持的策略：桑拿。不過不是那種帶走身上毒素、斯堪地納維亞式的舒適三溫暖，我說的桑拿只有一個目標，那就是把你身上的水分烤乾。為了讓身體瘋狂流汗，那些肌肉男建議要以全副武裝的穿著去做桑拿。

我喜歡桑拿，我可以去做桑拿。女人去做桑拿有罪嗎？女人喝黑咖啡、不沖澡而且去做桑拿不行嗎？當然可以！我這麼告訴自己。女人當然可以這麼做，這些事情全都可以讓一個女子在最平常的日子裡不費吹灰之力就做到。

顯然山姆是對的，我已經忘了自己加入的原因，反而一心只想打敗波夏。我是說，一部分的我知道做這些事情並不光明正大，我也不喜歡自己變成這副模樣，可是我已經覺得自己像個魯蛇一年多了，我很想贏，當時的我已是接近人生的谷底了。

到了最後一次量體重這天，我全副武裝地穿著黑色長袖T恤、黑色運動褲和羊毛襪走進桑拿房，在炙熱的木板坐下。我穿得像個很注重自我健康的忍者，任憑乾燥的熱氣吞沒了我的身體，我閉上眼睛背往後靠。

我想著那些帶領我走到這一步的摔角部落格，那些業餘的摔角英雄們都和我一樣，知道如何藉由犧牲來獲得自己所想要的。我想著他們一定也會懂我，知道為了讓生活回歸正軌和省下健身房會員的錢，坐在桑拿裡流汗流個幾分鐘會是值得的。

漸漸地，待在桑拿房裡變得讓人難以忍受，不過我已經克服最困難的部分了，選擇當個投機取巧的混蛋；現在我只需要忍受十五分鐘的熱氣，就只要閉上眼睛等待就好。我做得到，我可以忍耐這樣的熱度，就像隻沙漠裡的甲蟲。

不過我很難讓心定下來，因為櫃台人員不讓我稱心如意。她一直來查看我的狀況，對我的行為感到極度狐疑。她會打開桑拿房的門，把我所有的熱氣驅走，害我一直跳起來再把門甩上，比手畫腳地告訴她，可以透過門上一片薄玻璃的縫隙交談就好。我們就這樣重複這些動作好幾次，她不斷把門打開，而我不停用力在她面前把門甩上，好留住熱氣。

「妳為什麼穿著衣服？這樣很瘋狂！妳應該把衣服脫掉！」她透過玻璃對我吼著。此時我已經滿身大汗，汗水浸濕我的衣服。

「不要，我就是要這樣！」我雙臂交叉在胸前、氣呼呼地說，沒再多作解釋。到了第三次，我終於大喊：「天殺的，拜託妳走開！」她聽了覺得我不可理喻，不再來煩我。

我再度坐定，此時的我口乾舌燥，但我不能喝水，否則這次的桑拿之旅就會前功盡棄，雖然我其實已經渴得要命。我每三十秒就看一下時鐘，五分鐘過去了，但感覺卻像經歷了一小時。我拿起放在角落的雜誌來讓自己分心，但發現每一本都和男性健身有關。

我百無聊賴地翻閱其中一本，看到一篇夏日特輯，內容講述戶外健行時如何保持安全，不經意地瞥到關於中暑的資訊，上面寫著：「中暑肇因於過度流汗、脫水與體溫過高，可能造成腦部傷害或死亡。」呃，這什麼鬼？

我的嘴又比之前更乾了，那天我滴水未沾，現在又在一間炙熱難耐的桑拿房裡大量排汗，已然為中暑創造了絕佳條件，而且我還是故意這麼做的。我會害自己中暑嗎？我現在已經中暑了嗎？中暑到底是什麼？

我不禁開始慌張，我會在這間桑拿房裡翹辮子。眼前立刻出現自己的訃聞，上面寫著：「她因為試著想贏得北倫敦的免費健身房會員而死於中暑。」他們會告訴我父母，我死時穿得像一位刺客，同時還一邊讀著八分鐘腹肌養成術的指南。

我的身體仍在慢慢升溫，可是在我心底卻降到了冰點。我已經徹底失控，不是瘋了，而是早就迷失了方向。

我打開桑拿房的門。

後來我在一間咖啡店裡喝水，兩眼無神地發呆，接著又喝了一些水後才回到家癱在沙發上，因為我只有力氣做這件事了。

我究竟是怎麼了？無業、沒朋友，現在還丟失了理智。[3]

我是在桑拿房裡閱讀《男士健康》雜誌時頓悟的，而那時也是我人生的谷底，這實在不好拿出來說嘴。當時的我完全亂了方寸，不知道自己天生的內向性格會在何處終結，而我的抑鬱和孤獨又在何時生成。畢竟我曾是個快樂的內向者，可是現在的我卻強行擠進一個洞裡，歷經恐懼、不安全感與停滯不前。

那天我釐清這些事：我的生活很狹隘，我想看看自己的人生道路能否更寬廣。而我心裡很清楚，更寬廣的意思是要打開自己的世界，尤其是對別人這麼做，非常多人。我曾讀過很多文章講述三十幾歲的人交朋友有多難，而我知道對於像我這樣的人來說可能會更困難。我對待朋友的方式不外乎這兩種：一、你是我的麻吉，我會把所有不為人知的秘密都告訴你；二、你是陌生人，危險且未知，隨時準備好發動攻擊。

我望向咖啡店窗外，世界沒有我照樣運行。我想念分處世界各地的朋友們，我想念對事物充滿雀躍期待的感受。而實際上的情況是：我覺得自己與人生擦肩而過。

我知道該做什麼。

我會和新認識的人交談，不是隨口閒聊，而是真正地聊天，像是問對方「你爸爸

3 是的，我理所當然贏了這場減重大賽。波夏沒有我那麼瘋狂，可以做到像我這種程度，只有我和世界各個角落的肌肉男是如此。

對這件事有何觀感？」這種話題。我會發表談話、會獨自旅行，在沿途結交新朋友，也會答應社交邀請、單獨赴約參加派對，而且不會第一個先離開。

如果我成功辦到這些事而且存活下來，那麼我會嘗試害羞者的終極試煉：表演單人脫口秀。與其說這是一趟「選擇自我冒險」的旅程，倒不如說是選擇自己的夢魘。

最後，為了好好彌補我在二十二歲生日驚喜派對上，早早就把燈打開送客的行為，我會辦一場晚餐派對，邀請一路走來我認識的一些人，而且不在一小時後就把他們統統趕走。我會讓賓主盡歡、與人閒聊，好好慶祝這一刻。

這就像慢跑，滿身是汗又不舒服，好幾度心臟怦怦劇烈跳動，但長久看來對身心可能是有益的。

換句話說，我會變得外向。

我給自己一年的時間。

第2章 和陌生人交談（新朋友）

坐在我隔壁的男人很帥，個子高挑、膚色黝黑、臉蛋俊美。他有一雙溫柔的藍眼睛，身穿格子襯衫、牛仔褲的褲腳捲起。

我們看向彼此，四目相接。我深呼吸一口氣。

「我住得離我父母很遠，他們以為我過得比實際上還開心，而我無法讓他們知道，有時我真的不知道自己的人生在幹嘛。」我對他說。

他眨了眨眼，說道：「我有十個月沒看到家人了，而我最近才發現我根本一點也不想念他們，我怕這樣會顯得我很壞。」

又輪到我了。

「我怕我永遠賺不夠錢。」我說。「不管怎樣，每次我好像繳完稅之後就沒剩多少錢了。每次都是如此，我怕我永遠都這樣過活。」

老兄，輪到你囉。

「我覺得我比不上我老婆，因為她賺的錢比我多太多了。」他說。

他認真起來了。

「我所有親近的朋友都搬走或跟我疏離了，我怕我交不到可以傾吐一切的好朋友了，這讓我很難過。」我聲音微微顫抖地說。

「我覺得要交到真正知心的好友非常難，那就是為什麼我今晚會來。我告訴我太太有工作要做，她不知道我來這裡。」

鈴聲響起。

我和克里斯都報名了這個課程，廣告保證這堂課會教我們如何和其他人建立良好的連結。我倆都不知道這意味著要向陌生人坦承一些丟臉又私人的秘密，宣傳單上沒提到這一點啊。

「如果你們所說的事情讓你們覺得自己像個魯蛇，那麼就是做對了！」講師馬克大聲鼓勵我們。

我和克里斯一邊坐回自己的位子，一邊贊同地對彼此點點頭。

這我很在行。

外向者的一個特別定義是他們喜歡被人群包圍，而且想必還得和人群互動，甚至是與他們交談。要學的事情很多。

假設像我這樣只認識少數的一群人，那麼很顯然和你互動的「人群」大部分會是陌生人。所以要變得外向的這一年，會遇到的第一個巨大障礙就是：我害怕和陌生人交談。

在倫敦，我很快就學到了如果在公眾場合和陌生人說話，他們會直望著你，彷彿你賞了他們一記耳光那般面露震驚和慍怒。他們同時也覺得自己被背叛，因為你打破了在公眾場合中每個人都遵守的社會規範：除了你之外，別人都不存在。不只一個英國人告訴我，只有美國人和精神失常的人會和陌生人說話，又或者是約克夏郡全郡的人，北方人的名聲使然。不過，當然啦，其實每個人都在偷聽你們尷尬的對話。

幾年前，我在倫敦家附近的咖啡店裡發現一盒徽章，我拿起其中一個，上面寫著：「我會和陌生人交談。」我馬上把它扔回去，生怕有人看到我拿著它。這就和它寫：「我會吃蝙蝠」是一樣的效果。

對我而言，和陌生人交談是萬不得已的行為：在一個不熟悉的街區迷路、手機沒電、腿斷了、颱風等等，而且只有在上述事件全都一次發生的情況下。

我知道不只我有這種感覺，上下班顛峰時間的城市裡，我們都在大眾運輸工具上被擠成直立的沙丁魚，基本上是背貼著背，全然靜默。當然，我可以把臉挪近你的腋窩，可是跟你交談？免談。

不過我又回去買了一個「我會和陌生人交談」的徽章，因為我忽然想到「健談的觀光客」會是可以讓倫敦人嚇破膽的最佳萬聖節服裝。

總之，多年來我都忘了有那枚徽章，直到我讀到一篇令我驚訝不已的文章，上面寫著：實際上，當人們被迫要和陌生人說話時，他們會感到比較開心。

那段期間，我搭了一班從紐約飛往倫敦的班機，發現自己和其他兩名男子坐同一排三人座的位子。我立刻進入設定好的關機模式：戴上耳機，眼睛直視前方。不要跟我講話。我不在這裡。而這個方法似乎奏效，因為他們開始和彼此交談。很快地，他們就在交換烤肉食譜，接著對彼此掏心掏肺，給對方看自己手機裡家人的照片。等我們飛抵希斯洛機場時，其中一人已經邀請另一人週五去參加生日派對。

這令我非常訝異。如果一趟六小時的飛行時間可以得到這個結果，那我每天對數十或數百位陌生人視而不見，又錯過了多少事情？我是否錯失了能改變生命的食譜、生日派對和能讓我倚著哭泣、取得同情的肩膀？

外向者喜歡和他人相處，所以我的第一步是嘗試自在地和那些「其他人」交談。光是想到這個念頭，就讓我的掌心開始發癢。

要是我非常不擅長這件事呢？

我會永遠被英國社會排擠，被放逐到一個滿是精神病患者與聒噪不休的人的島嶼，上面充斥著美國人、那些在牛津街車站外面試圖拯救你靈魂的人、汽車銷售員、七歲小孩，和酒吧裡那些自我感覺超級良好的男人嗎？

那樣似乎不太公平，我真的不想去那裡啊。

第一天，我決定打鐵趁熱，趁我認真想做這件事時趕快開始，直接一頭栽進可能導致我人生毀滅的第一個實驗。

我深吸一口氣，刻意走向早晨八點在公車站牌的一位女士，但她立刻就轉身背對我。我和其他通勤族在巴士上層找個位子坐下。坐我隔壁的女子沉浸在手機裡，正在玩《糖果傳奇》。巴士裡沒人講話。我演練好幾種聊這個遊戲的開場白，感覺自己正心跳加速，後來感覺到她似乎認為我低頭瞄她的襯衫。任務中止。

我的信心被巴士任務給擊潰，於是決定從基礎班開始。我走向本地一間不太常光顧的咖啡店。我做得到吧？我只是要去和咖啡店裡的和善男子搭話而已。

「你是新來的？」我說，自信滿滿地相信對方一定會回話，因為對顧客友善是他的工作之一。

「我在這裡工作三年了。」他回答。

在我旁邊的客人笑了。

我的心死了一部分。

我曾讀過一篇文章，上面寫著孤單一人或孤立的狀態是可能造成早逝的因素，意思是經由一點努力，也許和陌生人說說話會救我一命，雖然此刻我感覺比較像折壽了好多年。我會需要協助，專業人士的幫助，不過要找誰？

隔天，我把「我會和陌生人交談」的徽章握在手裡，不管那讓我感到多不自在，我都意識到在這一年探索未知領域的過程中，我會需要別人的指導。專家、古魯或心靈導師都好，我需要一個能讓我嘗試外向而不會直接墜落懸崖的人。

我快速搜尋了一下，決定去電給史蒂芬．霍夫曼（Stefan G. Hoffmann），他是波士頓大學心理治療及情緒研究實驗室主任，經常教人們如何克服與他人互動的恐懼。他以些微的德國口音告訴我：「社交焦慮是完全正常的經驗。人類是社交動物，我們想為同儕團體接受，不希望被拒絕。如果有人一點社交焦慮也沒有，那他就有很大的問題了。」

這麼說有點道理。

我問史蒂芬覺不覺得在英格蘭以外的地方和陌生人交談會比較容易，因為對我而言英格蘭似乎特別困難。等到我在這片綠色宜人之地羞辱完自己之後，我可能就得移居到其他地方了。

「我想這要看城市而定，例如波士頓會比紐約困難，紐約人比較健談。我是德國人，德國人非常拘謹，你幾乎無法和德國人交談。不過一旦你得到我們的關注，我們是非常樂於助人的。」他說。

他的經驗顯示，有效治療社交焦慮的方法就是暴露療法：把人擺在最糟糕的情況下，意即他們一定會被反覆拒絕的情況。舉例來說，他可能會叫一位治療對象站在路邊大聲唱歌，或者他會請另一位治療對象在地鐵站裡接近一百個陌生人，跟他們要四百英鎊；又或者要某人在大庭廣眾之下把一杯咖啡濺滿全身，而且每天都重複一次。

你知道，就是一些你最怕會發生的噩夢。

史蒂芬解釋道：「就算你做這些事，也不會有人要把你開除、跟你離婚或逮捕你。」這些實驗對象有百分之八十的人因而減輕焦慮，所以他的瘋狂治療法也許頗有道理。

「那……你會怎麼治療我？」

「妳害怕什麼？」

接踵而來的是一場即興的心理治療課，經過一番問答後，我坦承自己最怕讓陌生人以為我是怪咖或蠢蛋。

「那麼這麼做最好，我們設定一場對話，妳走向一位陌生人，對他說些愚蠢至極的話。」史蒂芬建議道。「我會請妳去問一位陌生人：『不好意思，我忘記英國有沒有女王了，如果有，她叫什麼名字呢？』妳必須逐字逐句這樣說。」

我的心跳得非常快，他繼續說下去。

「妳也不能只挑看起來和藹可親的老婆婆或是面容和善的人問話，而且妳不能說：『很抱歉，我有點忘記女王是誰……』因為這種問法就會是安全的行為，會讓妳無法戰勝恐懼。」史蒂芬補充道。

「這下可好。」我說。我還寧可在強颱的颱風天在恐怖又陌生的地方斷了雙腿，也不要在倫敦問陌生人愚蠢至極的問題。

「妳覺得如果做這件事，那妳會有什麼後果？」

我說我覺得對方可能會以為我在說謊、惡作劇或患有失憶症。更有可能、而且是我最害怕的情況，是以為我是白癡。

「對，然後想像一下，接下來會發生什麼事？」

我閉上眼睛。

「他們會翻個白眼然後走開，或者如果是在電車上，他們會一直看我，把我當笨蛋或怪胎。」

「很棒，太棒了。」史蒂芬說。「妳所描述的是一個我們都可能遇到的真實情境：妳問某人問題，他翻了個白眼然後離去。所以對方覺得妳很蠢，如此而已。妳繼續過自己的生活。世界上的人那麼多，總會有些人覺得我們很笨，但就算如此也無妨。」

「光是想到這件事就讓我好有壓力。」我告訴他。

「妳知道我怎麼想嗎？」史蒂芬問。

「怎麼想？」我問。

「妳何不試試看呢？」

我緊張地笑了笑，我的反應讓史蒂芬也笑了，於是我們就這麼一直笑個不停。掛斷電話後，我看了看沙發，再看看我的電話，然後是我手裡的徽章。

「我會和陌生人交談。」

我站了起來，拿起外套。

我好緊張，我覺得自己會被逮捕。對於接下來即將要做的事：妨害治安行為與擾民，我可能真的該被抓起來。（這是情緒虐待嗎？我想這可能算是一種情緒虐待。）

有個男人在地鐵的月台上朝我走來，約莫四十出頭，穿著一套深藍色西裝，看起來好像在趕時間。他愈走愈近、愈來愈接近。

他經過我身旁時，我在他的臉前面揮了揮手。他猛然停下腳步，一臉錯愕地看著我。

「不好意思，我忘了……」我愈說愈小聲。

他看著我，等我繼續說下去。

「呃，英國有女王嗎？如果有的話，她叫什麼名字？」我匆匆脫口而出。

「英國女王？」他揚起眉毛，一副不可置信地複述我的話。

「對，有這個人嗎？她……她是誰？」我問。

「是維多利亞。」他說。

我想像過各種情況，但就是不包含此情此景。

「維多利亞？」我問。

「對。」

「所以你是說，英國女王叫維多利亞？」現在換我不可置信了。

「沒錯。」他說完跳上電車，留下超困惑的我。我接著立刻朝下一個出現在眼前的人揮手，示意要他停下腳步：又一個男生，大約二十來歲，身高至少一八〇，一身運動裝扮，手裡提著健身房的袋子。我很快地問他這個問題，他困惑又帶點鄙視地盯著我看。

「是維多利亞。」他說完便走開了。

好，姑且不管這個外向實驗，是不是沒有人知道現任的英國女王是誰啊？

如果是我，我會知道英國女王是誰嗎？

接著我又暈頭轉向地連續叫住四位女士，她們每個人都回答我「伊莉莎白」。其中有些驚訝地笑了，有些恐懼地停頓半晌，但她們看著我的表情，全都像把我當成大笨蛋。其中一人問我還好嗎？可是就是沒有人報警。

而且我沒陣亡。

史蒂芬說對了。

當然，現在我對於一般英國人對歷史和時事的了解程度嚴重存疑，可是我呢？我很好，好上加好。克服那道關卡之後讓我整個人超級飄飄然，我幾乎可說是蹦跳著回家，沿途還開心地把樹葉高高踢起。

有些人說世界上沒有所謂愚蠢的問題，可是藉由問出史上最愚蠢的問題，我總算得以面對自己和隨便一個陌生人說話的恐懼。

我自滿到很離譜的地步，此刻的自信心就像一個高壯的美國人灌下四瓶啤酒那麼高。也許我真的辦得到。

隔天，我獨自在一間壽司吧用餐，享受一個人的午餐獨處時光。就在我咬下一口嗆鼻的鮪魚時，我打了一個超大的噴嚏，把那口壽司噴得我的黑色牛仔褲到處都是。這時我聽見身後傳來一名男子的聲音。

「我可以坐這裡嗎？」

我的嘴裡塞滿食物、鼻子掛著鼻涕，同時全身都是飯粒，而一位西裝筆挺的男子正一臉期待地看著我。噢，不！這太可怕了，根本是噩夢一場，對我們兩人來說都是。

我對那位男子點點頭，用手比了比旁邊的座位請他入座，然後狼狽地用紙巾遮著嘴說：「我剛打噴嚏，抱歉。」

他坐下了。

這時我意識到，不管我說什麼都不會比剛剛打的噴嚏還糟：最糟也不過如此。我深吸一口氣。

等他終於看完手機抬起頭，我立刻把握機會上前。

「你是哪裡人啊？」我問。

剛才我聽出他有口音，他是法國人。他報以微笑，接著作勢要專心吃午餐，可是我沒那麼容易被打倒。

「你來自法國哪裡？脫歐會讓你……不滿嗎？」這不是我最成功的一次對話，不過在那之後的談話已經算不錯了。（而且他的確對脫歐很不爽。）

之後幾天，我聊天氣忽然變冷的話題就聊了七次。我會這麼問陌生人：「你覺得今年會下雪嗎？」

沒人知道答案。

在連鎖咖啡館裡排隊時，我對一位年約五十的女士說：「我得來杯咖啡。」

「沒錯，咖啡很好。」她這麼回我。

聽見我們對話的每個人也都感受到我們有多尷尬。

最後我發現，要從閒聊進階到有意義的對話其實很困難。

我摸過很多隻狗，找藉口和飼主聊天。我在一場說故事活動中和身旁的女士交談，我們聊到天氣。在公車上，我坐在一對在玩猜謎遊戲的祖孫後面，我突然插話問他們：「是狐狸嗎？」他們起初困惑地看著我，不過漸漸地讓我一起加入遊戲（答案是浣熊）。

我覺得自己宛如一個和善的鄉巴佬逛大城市，然而不管我怎麼嘗試，都無法脫離無趣尋常的主題。史蒂芬幫助我成功和陌生人接觸，現在我需要有人協助我與他們建立連結。

所以我決定打電話給第二位專家：尼可拉斯・埃普萊（Nicholas Epley），他是芝加哥大學布斯商學院行為科學教授，也是開啟我之後那段奇異冒險的心理學家。他發現人們在通勤時和他人交談會比較開心。我告訴他這對我而言是很奇怪的現象：你是說人們實際上很喜歡在巴士或電車上交談？那不正是與人交談**最糟糕**的地方嗎？

「對我而言，那似乎是最容易和陌生人交談的場所，」他說。「在其他地方，別人都已經在做其他事了。而在電車或巴士上，他們就只是坐在那裡，什麼也沒做。」或是在玩《糖果傳奇》。

尼克說，倫敦那些寂靜無聲的車廂，很可能是「多數的無知」[4]的結果：其實每個人都願意交談，但都以為別人不願這麼做。電車上可能充斥著想與人聊天的人，但最後依然保持沉默。

於是他回到芝加哥測試此情形，受試者一致認為他們想和鄰近的人說話的意願，比起那些人確實與他們談話的機率還高。

我們對他們做了問卷調查，問道：「如果你先和別人開啟對話，你認為有幾成的人會願意跟你交談？結果他們估計電車上有百分之四十二的人願意，而巴士上有百分之四十三。」

但他們錯了。實際上願意與人交談的人，比例幾乎達到百分之百。基本上是每個人都願意，除了莫里西[5]之外。據說有次他參加人聲鼎沸的好萊塢居家派對，但卻獨坐在一間空蕩蕩的房間裡靜靜地喝茶。

「很顯然，有些人是不回話的，可是那並非常態。」尼克說。

尼克能如此自信滿滿地說這件事，這讓我大為訝異。

「所以你是說，你可以來倫敦，在電車裡到處和陌生人交談一整天？」我問。

「一點也沒錯。」

來人啊，快把這人抓起來。

好吧，也許他真的辦得到，不過要是有些內向者不想在通勤時被打擾呢？這項研究有比較過外向者和內向者的反應嗎？

4 多數的無知（pluralistic ignorance）為社會心理學術語，指儘管對一件事不以為然，但因以為大家都同意，而仍依循著某些規則行事。

5 史蒂芬·派崔克·莫里西（Steven Patrick Morrissey）為英國創作歌手，一九八〇年代擔任史密斯合唱團（The Smiths）主唱與作詞，樂團解散後單飛，成績依舊斐然。英國音樂雜誌《NME》曾稱他為「史上最具影響力的音樂家之一」。

「我們的實驗包括外向者和內向者，在實驗中衡量人的性格，發現外向者和陌生人談話時，並不會比內向者還開心。」

這讓我很驚訝，也為我這一年接下來的日子帶來一點希望。

我提及自己長久以來的問題：我似乎無法跨越比閒聊更進一步的話題，無法建立真正有意義的連結，永遠都是聊天氣、你的狗叫什麼名字、你是做什麼的，或者英國女王是誰。

「只聊天氣？」尼克聽起來很失望。「可以比這更深入嗎？」他問。

當然可以比這更深入，如果我是別人的話就可以。可是我對這件事極度不在行，根本不知道該怎麼做才能聊到更深入的話題。

「妳需要更敞開心胸、分享更多關於妳自己的事，和問他們私人問題。」

尼克教我什麼是有意義的談話主題，例如你喜歡自己工作的哪一點、跟我談談你的家人、你今年去過最有趣的地方是哪裡等等，此時我才發現，自己是個在學習如何和別人聊天的成年人。

我也發現我不知道該如何和剛認識的人聊天。

不過如果你仔細回想，其實從小到大都沒人教過我們怎麼做。好，也許實際生活中有學習的機會，但我遇過好多不擅長和別人聊天的人，他們不提問、語無倫次地閒扯、不傾聽、打斷別人說話，又或者他們問太多問題，但關於自己的事卻絕口不提。

談話是最能讓我們和他人建立感情的方式，而我們理應透過在真實世界中闖蕩來學習這項技能，但我把那些時間花在與書冬眠了。

「分享私事」讓我想起昔日害怕被拒絕的感受。

接著尼克提醒我，社交生活是建立在互惠的原則上。

「幾年前，我開車經過衣索比亞的一處郊區，沿途行經許多當地人住的泥屋，一些媽媽帶著孩子們站在屋前。他們每個人看我的樣子彷彿看到死人一樣，完全面無表情。那是我此生覺得最不舒服的時刻。

「可是後來我忽然想到，我坐在那裡看著他們的方式，就和他們看我的模樣如出一轍。於是我開始在經過時揮手微笑，這就宛如我打開了開關。一旦我開始微笑、揮手，看起來是友善的，他們也開始透過窗戶對我揮手、咧嘴笑，並跑出屋子來和我擊掌。

「潔西卡，這就是世界真實的模樣。」他稱呼我全名，讓我知道接下來他要說的事情很重要。「沒人會主動向妳揮手，但每個人都會招手回應妳。」

我聽見在芝加哥那頭的他掛斷電話。

後來在同一週，我走在家附近看見一名男子在街上塗鴉。我想起自己得當先揮手的那個人，於是我說服自己他的眼神看起來很和善，希望能讓自己鼓起勇氣主動認識他。我一和他打招呼，他就把畫筆放下，和我小聊了一下這個地區的瑣事（我最近一直在小聊一下），接著他說出讓我驚訝的話。他邀請我下週去參加在某人家裡舉辦的私人藝術展，也因此，幾天後的我現身在一間偌大的房子裡，那間房子一共有三層樓，有挑高的天花板，牆上還掛著畢卡索的畫，我的整間公寓就和他的廚房一樣大。我承諾自己這次一定會超越閒聊這個關卡，今晚，我會去了解這些人；就是今晚，我會敞開心胸。

我意有所圖地穿過走廊，看見一位穿著體面、年約六十歲的男子隻身一人，令人有點距離感。要和他說話讓我很緊張，所以我慢慢接近他，而他也一直從我身旁走過。最後我決定硬著頭皮一鼓作氣，忽然跳到他面前，像個鬼魅一樣。

「嗨，我是潔絲，」我說。「你住哪裡啊？」那瞬間，我聽見自己的聲音好大聲，而且還意識到這問題可以很基本，也可以很糟糕，端看你如何解讀。

結果我發現麥爾坎住在我幾乎每次跑步都會經過的寧靜美麗社區。

說些關於自己的事吧，尼克的聲音在我耳邊迴盪。問他一些妳很想知道的事情。

「我幾乎每天都看到那些房子，透過窗戶看進去。」我說。「看到廚房很寬闊而且延伸到庭院，還有美不勝收的後花園。有時我會假裝自己就住在那裡。我一直都想知道，那裡是不是世界上最棒的住所啊？」

「那裡的確是。」他說。

他說完便走開了。

沒人說過這會很容易。

我尋找屋子裡的下一位受害者，結識了一位名叫戴夫的五十歲男子，他是一位半路出家的單人脫口秀表演者。我們兩人都站在同一幅抽象畫前面（那幅畫看起來像隻病懨懨的海象），是他先開啟話題。我們交換一些當作家遇到瓶頸時的訣竅，他說喝點紅酒和聽洛・史都華很有效。目前為止對話進行得還算順利。

我繼續找別人聊天（我最近很常這麼做），當晚快到尾聲時，我和邀請我來此地的藝術家羅傑聊天。他把話題帶到他的畫作上。

「藝術是唯一讓我覺得有道理的東西，」他說。「它的光線、質地和……」

不對不對，我並不想在這個藝術展裡聊藝術的優點。我心想：我真正想了解眼前這位說話輕聲細語的溫柔男子什麼事情？

「羅傑，你做過最差勁的事情是什麼？」我開口問。我不敢相信自己剛才問了這個問題。有那麼一瞬間，我懷疑他會嘲笑我的蠢問題。

然而他沒有。他想了一下，手拿著酒杯深思著。「我還是青少年時，把學校的藝術系燒掉了。」

這就是我要聽的。

如果是以前的我，我會直接與眼前這個男人擦肩而過，而現在我身處在此生參加過最高級的派對上，聽他揭露以往的罪過，這一切都只因我當時停下腳步，向他打了聲招呼。那份研究是對的，這件事的確為我帶來愉悅。我的意思是，這並不像在小木屋的火爐旁重讀一遍《我的秘密城堡》[6]那麼有趣，但也不差了。

6 《我的秘密城堡》（I Capture the Castle）為英國劇作家多蒂・史密斯（Dodie Smith）的第一部小說，於一九四九年出版。

這場派對啟發了我繼續前進的動力。這不表示我每次認識新朋友就不緊張了，我還是很緊張，不過就像把石膏拿掉一樣，深呼吸一口氣，只要忍受一開始的敲擊，令人痛苦的部分就結束了。就在同一週，有天晚上我搭電車回家時坐在一名男子旁邊，我鼓起勇氣跟他攀談，同時盡量不讓他以為我在搭訕他。

「嗨，」我總算開口。「你的外套是在哪裡買的啊？我先生也想買一件這種外套。」應該是艾芙趣（Abercrombie & Fitch）。

起初他有點嚇到而退縮，把包包抓在胸前，後來才放下戒心。「芬蘭。」他告訴我。這資訊對我來說不算有用，不過至少卸下石膏了。

一開始被我嚇到之後，這位芬蘭男子開始問我問題。他說他住在倫敦五年，我們發現我們都很喜歡電視節目《超級製作人》（*30 Rock*）。在寒冷的雨夜和他聊天，比安靜冷漠地坐在這裡、小心翼翼和別人避開眼神接觸來得好多了。儘管聊天內容並不深入，但當他起身準備下車時，他轉身對我說：「今晚能遇見妳真是很棒的驚喜。」而後留我坐在那兒，還有剛剛一直盯著我們看、簡直把我們當一場科學實驗的乘客們。

的確是如此，我們就是我的科學實驗。而我想這場實驗也許進展得頗為順利。

回到教室裡，當馬克在準備下一組幻燈片時，我悄悄瞥了一眼穿格紋襯衫的男子。馬克指著一張幻燈片，那是愛德華．霍普（Edward Hopper）的一幅畫，畫裡是一位憂鬱的女子形單影隻地望向窗外。

「身而為人，我們都是非常脆弱的，我們是這座偌大星球裡微不足道的小東西，在浩瀚的銀河裡穿越時空。我們脆弱到就連樹上的一根樹枝掉在頭上，都足以使我們致死。」

我反射性地壓低身子，手摸了摸後頸。

「我們需要盟友才能生存，因此有了社交的必要。我們都希望與他人建立更深的連結，然而隨著我們的年齡逐漸增長，孤單卻是人生中不可避免的一部分。」他說，手再度比向霍普的那幅畫作。

這堂課名為「如何變得善於社交」，是在由暢銷書作者艾倫・狄波頓所創立的人生學校[7]授課。

對於一堂承諾教你如何變得善於社交的課，我不知道該抱持什麼期待。在我十二歲的某個夜晚，媽媽要我參加一堂方舞課，那在當時的美國南方很盛行，是教導禮儀的課程。我猜她把我送去上課，也許是為了讓我別那麼害羞吧。我整晚都對那位個子嬌小的芙勞爾斯女士怕得要命，她拿著麥克風、腳踏低跟鞋來回梭巡教室，眼看她

7 人生學校（The School of Life）是作家艾倫・狄波頓（Alain de Botton）於二〇〇八年所創立的教育組織，目的在探討人生各種課題，提高現代人的情感智慧。該校目前遍布包括英國倫敦、荷蘭阿姆斯特丹、德國柏林等世界十二個城市。

就要點到我時，卻放下麥克風，讓我整晚都緊張得要命，而且還被迫和一個流手汗的十二歲男孩跳狐步舞。這讓我覺得自己很蠢，花了好幾年的時間才平復，但願今晚不會是類似的情形。

這堂夜間課程的上課地點在一處地下室，約四十名學生涵蓋了各個年齡層。指導老師馬克詼諧而自信地看著我們講課，在羅素廣場齊聚一堂的我們很專心地注視著他。

我不知道是什麼原因驅使其他三十九人也來上這門課，不過英國最近被稱為歐洲最孤單之首，所以我猜其中一個原因是孤獨。最近一個研究顯示，盯著手機看而忽略旁人已成為人們的最新日常，這可能也是使我們忘了如何和自己的族類相處的原因。

孤獨已被宣告是一種攸關健康的流行病，而和他人相處是顯而易見的治癒方式。馬克告訴我們，為此我們得和彼此交談，不過並非指一般日常的閒聊；反之，他強調深入、有意義的對話才會讓我們和他人產生連結。這也正是尼克對我說過的話。我想到他所說的建議：聊更私人的話題，也就是我在藝術展派對裡試過的方法。我想眼前此人似乎真有兩把刷子。

老實說，獲准直接導入比較有趣的領域其實讓我滿開心的，因為我真的不喜歡閒聊。我不想談工作、天氣和通勤的過程。內向者普遍討厭閒聊（閒聊不只是令人尷尬的社會互動，還很沒意義又沒好處），但馬克所說的充實豐富的對話又相當罕見、很難遇到，這是我在倫敦街頭已有的領悟。

馬克告訴我們，藉由了解每個人都有「淺層自我」和「深層自我」，我們就能展開更富有感情且更有趣的對話。淺層自我談論天氣和事實、晚餐吃了什麼和週末的計畫；深層自我則談論這些事實際上對我們而言有什麼意義，以及我們對它們有何感覺。

深層自我保有我們的恐懼、希望、愛、不安全感和夢想；淺層自我則淨是日常瑣事邏輯推理、事實、細節和管理。深層自我是結婚誓詞，淺層自我是婚禮策劃人。深層自我喜歡直視你的雙眼，談些你不為人知的欲望，而淺層自我則不斷從談話中分神，以計畫他們的購物清單。我偏好這樣解讀：天命真女的《有跡可循》（*The Writing's on the Wall*）專輯就是淺層自我，例如〈*Jumpin' Jumpin*〉、〈*Bug A Boo*〉、〈*Bills, Bills, Bills*〉等歌曲；碧昂絲的《檸檬特調》（*Lemonade*）專輯則是深層自我，像是〈*Pray You Catch Me*〉、〈*Daddy Lessons*〉和〈*Don't Hurt Yourself*〉等。這樣了解嗎？

馬克給我們看一段短片，那是在一場晚餐聚會上，有個男人描述自己通勤的細節，然後問他對面的女士大學就讀什麼科系，再繼續談論自己的主修。而後對面的女士開始聊起自己最愛的素食食譜。這是「淺談」的範例。這讓我有股奇妙的熟悉感，就像我參加過的每場（其實是很少）晚餐聚會那樣。

在另一段短片中，另一個男人提到他母親過世的事，接著輕描淡寫帶過，很快把話題轉移到足球上。他突然被一位女士打斷，對方問他對於母親離世有什麼感覺，有鑑於母親是在和他父親離婚後不久去世的，一下子發生這兩件事，他是如何調適心情的呢？短片裡的女士很和善，不過她也讓人感覺有點侵略性。

馬克把影片停下來。「你也許會想：『他可能並不想談他媽媽的事，那女人問這件事很沒禮貌。』可是提起母親的人是他，他確實想談這件事，只是他不知該從何談起。」馬克說。「如果提問的人是真誠且友善的，人們通常很樂意回答私人問題。」

我前面的女人發出「嗯哼」的聲音表達贊同。

有個三十多歲的男人舉手發問。「但不是每個人都想分享自己私人的感受和私生活吧？有些人可能很排斥。」

馬克轉向他，告訴他當然，或許是如此，但我們太害怕冒犯到別人了。更重要的一點是：我們真正該害怕的，是做個無趣的人，而且到死都不曾和任何人有過連結。

他意味深長地注視著我們所有人，放慢速度再說一次：「做個無趣的人，而且到死都不曾和任何人有過連結。我們嚴重低估了對這件事的恐懼，也太小看了這個冷酷的現實。」

馬克拍拍手，要班上半數的同學面朝向坐在右邊的陌生人，告訴對方自己的一件事或生活中發生的事。由對方來決定是否要把談話內容從表面導向深層、富有情感、具有價值的領域。

我轉向坐在我右邊的女子。她名叫琳賽，是美國人，來自阿拉巴馬州，身穿黑色喀什米爾毛衣，戴了一條珍珠項鍊。

我誘使她開口，說道：「我就快要去德州探望家人了。」老天，她可以藉此發揮的話題太多了，家人、家人之間的緊張關係，還有回美國伴隨的焦慮感或可能會有的渴望和懊悔。

「噢……那要飛好遠。坐飛機要多久時間？」琳賽問。

「十一小時。」我說。太表層了，琳賽。

「等等，我再試一次。妳……妳會去逛街嗎？可惡！」她說。

我就像個睿智的大師，不發一語地作勢要她再試一次。

「妳會期待晴朗的天氣嗎？」她嘗試提問。

琳賽辦不到，她沒辦法問深入的問題。我還以為這點美國人可能比英國人在行。來啊，琳賽，問我關於我家人的事，問我會不會有時醒著躺在床上，納悶自己為什麼要搬到離他們那麼遠的地方，明明我一年比一年還想念他們。真的是因為倫敦有上等的戲劇、不錯的咖啡館和我想為之執筆的報社嗎？琳賽，問我真正的問題吧。

在我們周圍的兩人小組對話不停盤繞，深入又私密，但琳賽正在問我是否期待在德州吃墨西哥料理。我無法掩飾失望。鈴響了，表示輪到我深掘琳賽的內心世界。可是她必須先講述一件關於自己的事才行。她吸了一口氣，但什麼也沒說。她想不出半件關於自己的事好說。沒關係，也許她很緊張。我決定先起個頭。

「妳在英國住多久了？」我問。

「五年。」她回道。

「妳怎麼會來這裡？」我問。我的問題還是很淺，不過我需要一些話題才能深究。

「我先生的工作調來這裡。」

我點點頭，直視她的棕色雙眼。

「妳平常白天都怎麼度過？」
「通常只是在家帶小孩。」
我要開始問深入的問題了。
「妳會來上這堂課，是因為妳覺得交朋友很難嗎？」我直截了當地問。
「我只是覺得這也許很有趣。」她回答。
她在閃避問題。她不打算深入談話，而是一直停留在表面。我已經躍入又冷又深的水中，而她正站在岸邊，緊握著她的珍珠項鍊，甚至連泳衣都沒換上。
「噢，我只是以為……」我開口說，不行啦，管他的，重點是要直搗脆弱的那一面。
「琳賽，妳孤單嗎？」我輕聲地問。
「孤單？我才不孤單。」她大聲回我。
「如果是也沒關係的。」我說。
「我不孤單。」她再度重申，這回說得比較小聲。
我想妳是，我們都是。我回想起那幅愛德華・霍普的畫。我們每個人都會孤單地死去，尤其是琳賽。
好吧，**沒關係**，也許這段對話不如預期。而且，對，沒錯，當然了，我只和琳賽相處五分鐘，我們完全不認識彼此，可是我在找尋那電光石火的一瞬連結。不過轉念一想，如果琳賽有上芙勞爾斯女士的方舞課，那她應該會得高分，因為她在那堂課上教我們晚餐間的對話必須是有禮而愉悅的。既然她來自阿拉巴馬州，也許她還真的上過這門課。

鈴聲響起，我再次往前看。

課堂的第二部分，馬克告訴我們分享自己的弱點所在和沒安全感的事物，就是和人產生真正連結最快的方法。大多數的人都想吹噓自己的生活，但這反而會讓人感到嫉妒和憎惡。

「我們並不是希望別人失敗，而是得知道從別人的生活中也能看見自身的悲傷，就是這點把我們連結在一起。堅強也許令人刮目相看，但能搭起友誼橋梁的其實是脆弱。」馬克說。

我回想起真正和兒時麻吉裘莉成為好友的時候，雖然我們十歲就認識，但到了十四歲才真正成為麻吉，那可能是青春期最脆弱的時候。裘莉對我開誠布公很多事，也表現出她脆弱的一面：迷戀的對象、缺點、在學校嫉妒的人、學校到法國旅行時她如何獻初吻給一個帥呆了的法國男孩（結果他偷了她的數位相機，還害她肚子痛得厲害）。她毫不保留的誠實讓我覺得彷彿可以對她掏心掏肺，而她完全不會對我作任何評斷，於是我們變得非常親近。

我換了座位和另一個女生一組，這女生穿平底鞋和黑色緊身褲，體態很輕盈，說她十二歲都會有人相信，不過可能實際上是二十二歲。馬克在螢幕上秀出一串問題，協助我們開啟脆弱的對話。我問她一個螢幕上的問題。

「告訴我令妳感到遺憾的一件事。」我問道。

「我沒有任何遺憾。」她說。
「一點遺憾也沒有？」
「沒錯。」她回道。
「完全沒有？真的？」
「這麼說吧，我對我現在的生活很滿意，所以如果我改變了什麼，那我的生活就不會是現在這個樣子了，對吧？」

噢，得了吧。這不是像那種「蝴蝶效應」的問題，不會是單單談論其中的一項改變，就顛覆妳的整個人生，這只是一段假設性的對話。除此之外，這種說法根本是自我吹噓！公然吹噓！吹噓在這裡是不合法的。我甚至有一瞬間萌生向馬克舉發她的念頭。

幸好鈴聲響了，我回到自己的位子上。我剛和兩位一點也不會深入對談的女士一組，不過也許是我自己期望太高了。也許我才是徹底做錯的那個人。

接著重頭戲來了：「脆弱網球賽」。

現在馬克用一種萬事通的語調告訴我們：「我們以為要當個有趣的人，就一定要把事情做到盡善盡美，可是和別人分享我們的失敗，實際上更能讓我們和他人產生連結。」

我們的下一個練習是要和新的夥伴你來我往地把不安全感、恐懼和情緒擊向對方，就像瑟琳娜．威廉斯和維納斯．威廉斯姊妹那樣，只不過我們沒有截擊和時速一百二十公里的發球，有的是發自內心的告白與不可告人的秘密，而那疼痛的程度，事實上可能和被網球直接擊中胸腔不相上下。

這項遊戲的唯一規則是不能評斷他人的陳述，唯一能給的回應就是報以同樣難堪的告白，就像是一場魯蛇大對抗。

我就是這樣認識克里斯的。

「有時我覺得，自己想要生小孩只是因為我怕孤苦伶仃地死去。」我對他說。

他聽我說完，但從他的臉上看不出任何情緒。

「我在工作上總是覺得矮同事一截，很後悔沒念大學。」他說。「其實我不確定自己的腦袋夠不夠聰明，是不是上大學的料。」

看吧！這才是我可以繼續下去的對話。

和琳賽跟那位一點遺憾也沒有的女子相比，克里斯才是可敬的對手。

正如同馬克所預期，我自覺在這場「網球賽」之後和克里斯產生了連結。我們經歷了一連串血淋淋的私生活大公開，而且已經匍匐爬到對岸，筋疲力盡卻也充滿腦內啡，感覺就像痛哭一場之後獲得的解放。共有的情緒波動意味著儘管我們才剛認識，但我和克里斯有種親密感，尤其是他很願意分享，誠實而且不帶批判。在這場練習中，我們都知道眼前這情況有多荒謬，而且我們輪流說出真心話之前都會先虛弱地乾笑，聽起來很像是：「哈哈哈，我要告訴你深埋在心底的暗黑秘密囉！那就是我真心討厭自己的地方，聽好囉！哈哈……有時候我晚上睡前會哭到太激烈，哭聲大到還把鄰居吵醒……哈哈哈……」

不過無論有沒有尷尬的乾笑，和一個素昧平生的人說這些事情事實上容易多了。

當對方對你一無所知，那他就無法評斷你或把你的秘密洩漏給認識的人知道。這是種解放，而且對方很樂意把事情與你分享，這點也令人訝異。如果你在街上看到克里斯，你可能會以為他擁有一切。他長得好看、有個稱頭的工作、和一位女強人結婚，而且支持的足球隊還屢創佳績。

沒錯，他就和我們任何人一樣孤單又迷惘。

我們要離開前，馬克說我們應該想想看下回和朋友或剛認識的人在一起時，能如何運用今日所學。「想像一場晚餐派對，我們花好多時間在打掃家裡和烹煮食物，但到頭來卻讓對話內容紊亂無章又膚淺。可是我們可以聊得更深層，我們可以有所安排。我們可以把對話的方向轉移，創造生命中的連結。」他這麼說。

課程的最後讓人如釋重負，就像坐了一趟高強度的情緒雲霄飛車。這堂課歷時兩個半小時，而我要帶著這些從此絕口不提的珍貴秘密回家。不過我覺得自己對生命獲得了截然不同的新觀點。原來我們可以聊得深入，原來我們可以分享最慘澹的失敗。事實上，這讓人備受鼓舞，而且感覺滿棒的。

這堂課大多數的人似乎也有同感，當我們魚貫走出教室大門時，每個人的臉上看起來還有點餘悸猶存。克里斯要走出去時，我叫住了他。

「你想跟我當朋友嗎？」我問他，把所有正常的社交禮儀拋到腦後。

「當然。」他說完把電子郵件寫在一張紙上。

我興高采烈地走回家，想像我們在未來成了摯友，約了星期天共進午餐而且天南地北地聊了好久，愉快而滿足。這可能是一樁美事的開端。

但到了隔天早上，我回過頭來冷靜地想一想，這才逐漸意識到現實。我在想什麼？我和克里斯在現實生活中絕對不可能成為朋友，因為我知道太多了！他說謊騙了太太自己的去處，而且我知道他對於自己賺的比她少而感到蒙羞。我們兩人彼此都知道最令對方丟臉的事情是什麼，而且確切說來這是我們唯一了解彼此的事。事實上，如果他認為會再和我見面，我很確定他絕對不會再對我傾吐任何秘密。

我寄了一封電子郵件給他，信上說我很高興能認識他，不過他沒回信，對此我如釋重負，克里斯也知道這段友誼不可能萌芽。我們曾在課堂上有過一段傾訴恐懼與秘密的奇異網球賽，我會永遠記得這件事，記得如此特別的情境，而且這讓我們兩人都不那麼孤單了。然而我們的友誼最多也只能發展至此。我開始真正體會這句俗語：「我可以告訴你，但那樣一來我就不得不殺了你。」我們正在滋長的友誼正是被迫過度分享彼此機密的受害者，總之我們是不能再見面了。

所以這表示克里斯正在世界的某處走動，他知道最令我缺乏安全感的事情有哪些。他知道破產、地位低和沒小孩這幾件事最令我苦惱。

我做了什麼？

上完這堂課的幾個星期後，我搭歐洲之星去法國拜訪瑞秋，我坐在靠窗的位子，隔壁是一位年約七十多歲的法國老先生。由於過去一個月我已經閒聊太多了，這回我打算這趟旅程就盯著窗外或看書就好。誰知這份寧靜竟毫不留情地被一個二十多歲的大嗓門女子打破了，她朝著朋友大聲嚷嚷。

「威爾被我搞得很尷尬，因為我說話太大聲了。他覺得我很兇又沒禮貌，可是我很幽默啊！」她扯著嗓子對朋友說話，那位朋友似乎已被猛烈的言語攻勢搞到麻痺了。

我匆忙在包包裡翻找我的頭戴式耳機。

「你知道，如果威爾死掉，我可能會很難過，不過一定不會比前男友史帝夫死掉還難過。如果史帝夫死了，我會徹底崩潰！可是如果威爾死了，我還是會活得好好的。」她叫嚷著。

我把包包倒過來，索性把所有內容物清出來倒在折疊桌上，繼續努力尋找我的頭戴式耳機。

「威爾每次都說：『不要在公眾場合喊那麼大聲，要顧及妳身邊的人的感受。』」此時她開始在車廂內大動作地比手畫腳，我忍不住想，那位可憐的威爾聽起來是個好人。「我才他媽的不管其他人咧！」她下了結語。

我回想史蒂芬說的：「如果有人一點社交焦慮也沒有，那他可能有很大的問題。」火車上的每個人都刻意讓自己放空、呆望向前方，一面聽著這位女子謾罵。我知道大家一定都聽見她說話，就連地底下的維多利亞女王都能聽見她說話。

「土耳其是把皮膚曬成小麥色的絕佳去處！」她對朋友說，同時間我發現不小心把耳機放在家裡廚房的桌上，沒帶在身上。我簡直快哭了。

我瞥了一眼坐在隔壁的老先生。他正看著座位的折疊桌，同樣被這段占滿空氣的瘋狂談話嚇呆了。

「我和威爾昨晚在廚房做愛，可是他對我來說還是太女性化了。」她說。我不確定她朋友究竟有沒有回半句話。

我又偷瞄一眼隔壁鄰居，發現他跟我一樣被打入地獄。如果我不跟他交談，那麼從倫敦到巴黎的這整段旅程，我們都得忍受這場折磨。我必須採取自救措施。

我必須當這節車廂的英雄。

我的意思是，我不會叫她小聲一點。當然不會，我又不是那種超級英雄。不過我可以救一個人。

這回我莊重地看向坐在隔壁的老先生，他的折疊桌上放了四本書，大部分都是卡夫卡的書。他穿著一件舊式米色軍用雨衣。我可以對他說些什麼？如果直截了當地說：「你和你的母親的關係會不會很緊張？」似乎有點冒失。我為了開場白想了五分鐘之後，轉過身去面向他。

「你是教授嗎？」我問。當然，這是刻板印象，不過從他那身嚴肅的外套和平滑的雙手看來，他應該沒砌過磚塊，而是較可能對哲學推理下過苦功。他轉頭看我，一臉驚訝。

「我是。」他以濃濃的法國口音說。

我比向他面前的那疊書。

「你是作家嗎？」我再問。

「對，我很累。」他說。「妳看得出來嗎？」

他誤解了我的話，於是我只是點點頭。

我們又陷入沉默，接著我又更清楚地再問一次我的問題，他回我說，對，他是一名作家。他名叫克勞德，專門寫藝術與藝術評論的書。我們繼續聊，他告訴我所有他曾居住的國家：西班牙、巴西和日本。他遊歷世界各國策展。他的英文很流利，不過口音很重，所以我得非常專心才能聽懂他說的話，而不去理會前方的大呼小叫。

我忍不住看到他的左手。他的小指上戴著一只精緻的紅寶石戒指，光是看著它就令我難過，因為這戒指看來原本應該不是他的。這戒指讓我覺得背後有著悲傷的故事。

最後我們還是不知怎地聊到他和他母親之間的緊張關係，不是故意安排的，而是我問到他在哪裡長大時，他開始談到他的母親。然後他突然噤聲。我等著他繼續開口。

「關於我的母親……」他停頓半晌後看著我，似乎認為我是值得傾訴的對象。「呃……」他說。「有個……有個故事！」他用手指為這兩個字標示引號。

他說他以前不知道母親是猶太人，戰時因為害怕納粹而保密不說，所以他一直到母親過世後才知道自己是猶太人。他不知道自己的父親是誰。

我的天吶。

我和克勞德在這趟前往巴黎的旅途中一路聊著天，他跟我說他是如何在義大利結識他的太太，那是好幾年前的事了。他很友善，很常大笑，而且告訴我許多巴黎的觀光景點，還有波爾多雖美麗，但住在那裡又顯得太過庸俗。

我們一起下車後並肩走在月台上。我看到瑞秋在旋轉柵門旁等我，而且我注意到她看見我正和一位七十多歲的老先生一起走向她。我直視著她臉上的表情，像在用眼神說：「冷靜點。」我和克勞德一起接近她時，她的雙眼睜得好大。

「克勞德，這是我的朋友瑞秋。」我說。他們握了手，用一點法文交談，然後克勞德向我們道別後消失在火車站之中。

瑞秋不解地看著我。

「我開始會和陌生人聊天了。」我告訴她。

「那樣很好啊，不過妳一定要跟法國陌生人聊天嗎？我的媽媽咪呀，那是進階版了。」瑞秋說。

我們走出車站時，我因為可以和好幾個月不見的好朋友重聚而興奮得不得了。總算不必再絞盡腦汁或擔心該說些什麼了，因為我們都喋喋不休地想把所有過去錯過的進度快速補回來。

十分鐘後，瑞秋在地鐵上叫我小聲一點，我太吵了。

別人總是告訴我，年紀愈大，和陌生人說話就會愈容易。隨著年齡增長，我們變得更有自信，也比較不去理會別人看自己的眼光。有天在一班擁擠的公車上，有位年長的女士在我附近坐下來，拍了我的手肘一下，怒斥道：「打開窗戶，我熱死了！」

光是想像我八十歲時會做出什麼鳥事就讓我暈眩。

電話中，尼克．埃普萊說他認為現在的社會上，人人都比從前更孤立了，而如果人們和彼此交談，找機會建立小小的連結，那麼我們都會更快樂些。當你和另一個人一起排隊排了二十分鐘；當班機誤點，你被困在登機門前，已經聽了四個podcast節目，而且很欣賞坐你隔壁的女生腳上的鞋，你很想與她分享剛剛在電台聽到的某件事情，可是覺得這麼做有點怪；當你想問問坐在公園長椅上吃午餐的人，他是在哪裡買到手上那碗香噴噴的咖哩，這些時候也許你就該採取行動，大部分的人都會很樂意交談。

而如果你勇於嘗試真正的談話，那麼就直截了當地進入「深層自我」的領域吧。只是不要把別人正在看的書搶過來，劈頭就問：「所以，你上次在別人面前哭是什麼時候？」（雖然尼克已經測試過這件事，而且真的可以非常快就帶你們進入豐富的深層談話，但相信我，千萬別這麼做。）

我曾和一些我從沒想過會交談的人對話，例如陌生人和法國人。我在充斥陌生人的派對上與人們聊天，在街上和畫家交談，我也可以參與「脆弱網球賽」而且獲得勝利。我曾在地鐵裡做些丟臉的事。重點是（雖然有點與成長背道而馳），我知道自己不必和每個人都交談（例如在公車站牌等車的人、任何會讓你覺得不自在的人，還有覺得土耳其只是用來把皮膚曬成小麥色的人等等），而這讓我感覺更堅強。不過最主要還是我不敢相信這些相遇，竟和我在腦海裡所想像的情況大相逕庭。

我依然尚未完全克服社交焦慮，不過至少我現在知道，如果我想要或需要，我是可以與人交談的，這不再是一件不可能的任務。

我也很訝異地發現，和陌生人交談竟是其中一個最便宜也最容易讓人心情豁然開朗的方式，而且當你感到沮喪、被人漠視或在自己的世界裡迷失方向，這能讓你獲得多巴胺。我和克勞德在巴黎北站道別時，他對我說：「我從來沒這樣過，但願我有。這趟旅程如同一場夢境。」（他是法國人，所以他可以說這種羅曼蒂克的話。）

不過當我告訴別人我如何在地鐵裡問路人誰是英國女王，你可以明顯看出他們臉都綠了。他們一方面不可置信我竟然問這個問題，另一方面又被迫聽我說那些讓那些人經歷的超困窘情況（再次不悅），也為那些回答「維多利亞女王」的男人感到難過。他們是時光旅人還是蠢蛋兩枚？或者他們是在取笑我？答案沒人能說得準。

第3章 在鎂光燈下發抖（舞台恐懼症）

我二十多歲時曾度過幾個月非常慘澹的時光，當時我在北京當電視台記者，我是電視台裡最糟糕的記者，或者我懷疑是全世界最遜的。我之所以會那麼想，是因為我的製作人這麼告訴過我，而且還說過很多次。這並非我對那位製作人沒好感的唯一理由。她自稱叫蘇菲亞，我不知道她的本名，因為中國人通常會向西方人介紹自己的英文名字（然後西方人會向東方人介紹自己的中文名字，所以最後變成每個人的名字都叫錯）。她自詡為蘇菲亞，這讓我很不高興，因為第一，蘇菲亞是個好名字，我自己都會想取這個名字；第二，我幫自己取了個特別的中文名字，後來我的朋友告訴我，那就相當於稱呼自己是安潔莉娜．裘莉一樣，而現在一切都已經太遲了。

每個人都有不為人知的過去，通常是和難堪的工作經歷、糟糕的室友，或是低潮時睡過的爛人有關。還有那些自以為是狼人的高中男友（這點也許只有我經歷過，不過安迪，我永遠不會忘記你的）、那些曾經令人羞恥的暗戀對象（阿諾．史瓦辛格和《小美人魚》裡的艾瑞克王子），和開始學彈豎琴就像著魔一樣。說真的，我們當時究竟在想什麼啊？現在的我們頭腦很清醒，一副後見之明似地這麼問自己。

我很少談到當電視記者的那段過去，如果提及，聽起來會像是我那時在坐牢；我出獄了，不過拜託別問發生了什麼事，也不要問我是怎麼進去的。

那是因為我不只做得非常非常爛，我還怕死了那份工作。

我任職於一間新成立的電視公司，他們缺乏英語記者，而我的生活技能雖局限，但我確實會說英文。我所符合的另一項，也是唯一一項條件就是我剛從新聞系畢業（在澳洲，不過我想還是可以充數）。我一直都夢想能一邊旅行一邊寫作和體驗新事物，當記者似乎是能達成目標的絕佳方式，即使這意味著很多時候我必須訪問陌生人、打電話和逼自己跳出舒適圈。如果我必須為工作而做些會讓我焦慮的事，我通常都能逼自己辦到，我想幾乎每個人都有過這種經驗。然而我的害羞個性，其實只適合這份工作裡的一件事情：讓我坐下來寫自己的文章。

不過既然我進了電視圈，我暗自希望可以製作一個現場直播的節目，叫做《華人荒島唱片》[8]，直接成為東北亞版的柯絲蒂．楊。

但事情的發展並不如預期。

我總是刻意避開每一次成為焦點的機會，當我接下這份工作時，我也刻意忽略這件事實。以前學校戲劇表演時我會裝病，也會閃避所有和口頭報告沾上邊的事，而且儘

8 荒島唱片（*Desert Island Discs*）是BBC的著名廣播節目，節目中請來賓假設自己被流放到一座荒島上，要選出八首陪伴流放生活的樂曲，柯絲蒂．楊（Kirsty Young）是該節目主持人。

管知道答案為何，我也不願在班上舉手發言。我一向都是如此。

在普通人數的班上舉手發言，對很多人來說可能沒什麼，不過要在更多人面前成為眾所矚目的焦點，那就可怕了！而要站在大眾面前發表演說，又是普遍令人嚇破膽的事。比起外向者，這件事對內向者而言又難熬許多。通常我們對於新的刺激和新環境會更敏感，所以當面對會讓人緊張的事情，例如在一大群人面前說話這回事，內向者可能會心跳加快、血壓升高。

不過管他的！那是過去的潔絲。以前的她沒穿西裝外套，也不住在北京。現在煥然一新的潔絲想當電視記者，而且老天為證，她真的會這麼做。

只不過每當代表攝影機開始錄影的小紅燈亮起時，我都像快暈過去一樣。我會瘋狂冒冷汗、心臟劇烈蹦跳到我自己都能聽見、頭腦當機，最後變得焦慮不堪而且渾身不自在。我會開始說話說得超快，快到我結巴。這時鏡頭外的蘇菲亞會在耳機裡對我狂吼：妳說太快了，不要一直揮動妳的手，為什麼妳點頭點得像饒舌歌手一樣？不要再看起來這麼害怕了，不要哭！因為妳的妝會花掉……好，我們需要補妝。

有沒有人看到電視上的自己之後罹患創傷後壓力症候群（ＰＴＳＤ）？如果有，那我一定也快了。在我眼前所見，是自己看來像被綁架、用古銅色的化妝品畫滿整臉，而且被拿槍逼著念出提字機上的字一樣。

儘管我努力多練習，但似乎一點進步也沒有。我總是愣在那裡過度緊張、汗流浹背。我缺乏動作技能，成了在車頭燈前的鹿，只是把車頭燈換成了攝影照明燈具，而且人們是叫我站在燈前面，而不是驅趕我安全地躲回森林裡。

其他的記者或新聞主播似乎都極有自信，個個是鏡頭前美麗的天生好手。他們就是職業與與生俱來的才能完全相符的典範。不像我，似乎骨子裡就篤定會把每一個機會搞砸。

為了撐過那段時間，我把所有懷疑與痛苦都掃進一個虛擬盒子裡，我稱之為「心理治療素材」，但那盒子有裂縫，一直以來都有。我以為自己很好，直到有一天我坐在工作場合後方的階梯上，看著當地的老年人在對面廣場跳舞，同時我的手機播到酷玩樂團的〈修補你的心〉，這時我突然哭了出來。

在澳洲和山姆同居後，因為我們的簽證雙雙到期，於是山姆搬回倫敦，我搬回北京。我們就這樣遠距戀愛，談遠距戀愛實在糟糕透頂。我的同事都是天賦異稟的表演家，和我無法產生共鳴，而我又與一個不太熟的女生和一隻會讓我過敏的貓同住。我沒有人可以說說話，唯一能做的就是聽 podcast。我最喜歡的節目是《飛蛾》（*The Moth*），是由像我這樣的市井小民在現場訴說自己的真實故事。我喜歡他們並非經驗老到的表演者，而只是站在舞台上說著自己親身經歷的普通人。於是這成了我的應對機制：躺在床上又哭又笑地聽著這些陌生人的故事。

話題再回到工作上，我在鏡頭前的焦躁不安意味著我生性扭捏、很不自在，可是當我想試著改進時又會挨一陣罵，而這又讓我更加緊張。我的恐懼來自於成為焦點，儘管聚焦於我只是一台攝影機也一樣。直視著鏡頭，我知道自己的臉會被投射在每個人的家裡，人們還會納悶為什麼我這麼不會當記者。我很想做好這份工作，可是每一天走進辦公室時，我都心懷恐懼。

最後我辭掉了電視台的工作，離開的那天我以手刀奔逃的方式跑出攝影棚，手上還拎著我放在辦公桌旁備用的五件西裝外套。這和我想像中越獄的感覺很類似。我搬去倫敦，和山姆結了婚，努力忘掉這段磨難。

我發誓再也不要讓自己成為焦點，這樣對身體很好，我這麼告訴自己：我們是成熟的成年人，知道自己終究無法成為眾人所期望的模樣。

就在桑拿事件發生不久後，我和山姆決定搬離倫敦的公寓。

樓上嘈雜的鄰居讓我們萌生搬家的念頭，多數的噪音是他們的女兒製造的。我知道不該討厭小孩，可是我也知道，如果你看到這個體型嬌小、用力跺腳的八歲小孩，你一定也會討厭她，你會的。也許她長大會成為下一個米莉·芭比·布朗（Millie Bobbie Brown）或馬拉拉（Malala）或瑪麗亞（Malia），誰也說不準，可是八歲的她毫無節制地在我們樓上用力踏步、大吼大叫和扔東西到地上，就連她開心的時候也會這麼做。要對鄰居說：「請安靜一點。」已經夠難了，而要告訴對方：「你的小孩把快樂建築在我的痛苦上。」更是難上加難。當她開始學小提琴，我和山姆都知道這下大事不妙了。

於是我們搬到同一條街上的新住處，我整理一箱箱打包的東西，把成堆的名片、雜誌、書籍和傳單分類整理好。

就在這時我發現它，《飛蛾》的節目單，就藏在一疊書籍和雜誌裡。我仔細看這張節目單，找到一位導演的名字：梅格。

幾年前我總算看到了在協和禮拜堂舉辦的《飛蛾》現場秀，那裡白天是教堂，晚上則搖身一變成為知名的音樂與喜劇表演場所。那一夜，我為站在聚光燈底下說故事的人深深著迷，他們矗立在色彩斑斕的玻璃花窗下方為九百位觀眾表演。在觀賞表演的過程中，我為他們感到焦慮、敬畏與同情。

大部分的日子我會路過協和禮拜堂，因為我就住在同一個社區裡。事實上，之前我在街上認識了畫家羅傑，與他一同參加私人藝術展的地點，正是與協和禮拜堂兩戶之隔的地方。今天我放下手邊的事，手裡拿著節目單，想著下一步該怎麼做。

我一直都盡力想成為外向者，我和陌生人攀談，也出席更多社交場合，可是這件事是我心中無法跨越的障礙，一件我無法想像自己辦得到的事：在舞台的聚光燈底下訴說自己的故事，而且還沒有小抄。

當電視台記者的牢獄時期和閃電式退場，都是使我覺得困窘和丟臉的原因，因為我逃離了恐懼，而不是直截了當地面對它。在內心深處，我知道人都會被自己的恐懼所支配，而我再也不想被我的恐懼支配了。

毫無疑問地，我上台會怯場，但這仍然不是阻撓我放手一搏的理由。每天都有其他害羞的內向者踏上前來克服這份恐懼，這次我何不試一試？

找到節目單讓我心生勇氣，於是我寫了一封電子郵件給梅格，告訴她一個我能分享的故事。主舞台的敘事者通常都是成就斐然的人，像是太空人或知名的小說家，或者曾有過某種不尋常經歷的人，例如發現自己竟有個雙胞胎手足這類的事。不過偶爾也會有發現自己置身奇怪處境的普通人來說故事，例如在電車上隨機問人誰是英國女王啦這種事。這是我能試著闡述的故事，梅格可能會對此有興趣，尤其又因為此事發生在本地，就在距離協和禮拜堂咫尺之處。我很快地把大綱打下來，趁自己改變心意前按下傳送寄出，也趁我想像到自己站在舞台上，而底下有九百名觀眾正在黑暗裡望著我之前；趁我意識到報名參加這種活動是多大的賭注之前。信寄出之後，我立刻到外頭散散步，努力壓抑自己因為太害怕和後悔而想仰天長嘯的衝動。

■

「那麼請告訴我完整的故事。」梅格說。

我在和她通電話，她是從瑞典打來的，而我正在倫敦的新公寓裡。

梅格是個溫暖的人，她的聲音充滿活力，我可能已經從《飛蛾》的播客聽過十幾次了。我很快地告訴梅格自己突襲陌生人的經驗，還有突然對英國人說話，他們受到了多大的驚嚇等等，她被我的經歷逗樂了。

「妳知道，倫敦人比我在瑞典家鄉村子裡的人友善多了。我們這裡絕對不會有人互相交談，他們只會一直瞪著你看。」梅格幾年前從瑞典搬到紐約定居，不過她因為工作需求會定期造訪倫敦。

「我覺得這裡的人也會避免眼神交集。」我說。

「和瑞典比還差得遠呢。」她說。「這裡的一切都很孤立。我每年都辦聖誕派對，邀請我認識的每個人來參加，可是這裡的人無法理解我為什麼會約不同群的朋友一起來，他們認為這樣很奇怪。」

我沒告訴梅格，辦一場盛大的聖誕派對，邀請我所有認識的人來參加，這在我聽來也像一場噩夢，所以這一點我必須和瑞典人站在同一陣線。

我們的談話到了尾聲，梅格說她不確定能否把我的故事加進她的節目中。

「我過幾週會再跟妳聯繫。」她說。

我掛斷電話，心跳怦怦跳得好快，心裡一半希望她永遠不會跟我聯繫。

可是事情並非如此進展。梅格後來告訴我，她想把我加進下一場節目中，在一個月後。

什麼？一個月後我不可能準備好面對這麼巨大的任務，我原本以為會有好幾個月的時間準備，也許在我接受催眠或是執行腦葉切除手術之後，抑或是在一場及時發生的宗教奇蹟之後。

我告訴梅格我還沒準備好，可否參加六個月後的節目？但她說不行，她已經安排好在我的前後登場的適合故事了。

在我決定成為外向者的這一年裡，我原本是想把這項挑戰當成終極大魔王。公開演說是我最大的罩門，但我想學著克服這件事。此外，拖延也許可以增加變數，很可能在演說之前會發生某些完全無法預知的大災難，這樣一來我就不必做這件事了（也就是我說的「及時發生的宗教奇蹟」）。

不過這些話我沒對梅格說，而是刻意忽略在我腦中肆虐的瘋狂混亂大災難，在我還來不及完全意識到自己的作為之前，就迅速略帶猶豫地答應了她。

接著我立刻開始在Google上搜尋對抗怯場的方法。我看見的第一篇文章建議服用一種治療高血壓和心臟病的藥物「β受體阻滯藥」，來抑制人體對於腎上腺素所產生的反應。

有一部分的我躍躍欲試，可是同時我也知道這方法治標不治本，並非與心魔正面交戰的方法，而是給心魔服用鎮靜劑，然後躡手躡腳地從它旁邊繞過去。

我知道距離《飛蛾》的表演只剩區區幾個星期，這讓我怕得半死。一想到要站上舞台面對所有人，沒有小抄、沒有後援，什麼也沒有，我就開始冒冷汗。我想把身體蜷成球狀，藏匿起來。我想逃離目前的生活，重啟一段嶄新人生，最好是某個氣候溫暖的地方，那裡沒有公開演說，只會有大量的碳水化合物。也許我可以當個麵包師傅。不行，我討厭一早就開始忙個不停。不管啦，嶄新的我自有辦法。

那天晚上，山姆用烤爐把起司吐司給烤焦了，我激動地大喊：「**你到底是哪裡有問題？**」

他被我嚇了一跳，注意到我的雙手在顫抖。

「潔絲，妳不會有事的。」他說。

「不，我會有事。」我回道。我在心底尖叫：「難道你不知道這是世界末日嗎？」我知道他想理解我，但我也知道他辦不到。他不像我如此懼怕這種事情。

有百分之七十五的人害怕公開演說更甚於死亡。社會生物學家將這股恐懼追溯至我們的祖先：把自己從人群中孤立，就等同於邀請他們來攻擊你或排擠你，這在現代生活中可以比擬成孤零零地死於凍傷與飢餓時，手裡仍緊緊握著簡報的小抄。

要站上那個舞台，我會得和根深柢固、深層又在逐漸演化的自我相抗衡。

在街上和陌生人交談很困難，但現在看來，同時與九百個陌生人談話似乎都還像小菜一疊。

我開始出現典型的自暴自棄現象，恐懼到什麼準備工作都沒做，因為就連嘗試看看都讓我畏縮。梅格希望我重寫我的故事，讓它更適合舞台演說，而我根本半個字都還沒開始動工。我也沒在練習、預演或是被催眠成為另一個能辦到這件事的人。

我失眠了，清醒地躺在床上，雙眼望向黑暗，思緒不停翻轉。我下載了好幾個幫助放鬆的應用程式，但我沒耐心冥想，只能選擇聽一些睡前故事來幫助自己入睡。不知道為什麼，我的童年可以不用聽《天鵝絨兔》的故事，而且老實說，對此我感到慶幸。我們都知道那隻詭異的兔子擁有自己的感受，可是它不是真的兔子。那它是什麼？而且它的眼睛還是用鈕釦做的？這真是超恐怖的，哪裡讓人平靜了？

幾乎每晚我都是醒著迎接黎明，此時我累斃了的頭腦才終於棄械投降，終於進入夢鄉。一小時後，我又被手機裡傳來一個女人扯著嗓子大吼大叫的聲音驚醒。「我是真的！」那隻小兔子說，「我是真的！」

「我不知道自己做不做得到。」我對朋友說。她不久前從柏林飛來（記得嗎？我在倫敦沒朋友），我們正穿越漢普斯特德荒野，在前往游泳池的路上。

「妳還不是最後會成為的那個人。」她說。「可是為了因應這項挑戰，妳會改變的。那會是一段很棒的經歷。」

我們在戶外更衣室脫下牛仔褲、靴子和外套，她率先泡進冷水中。我們兩人都有一半的華人血統，而且名字都叫潔西卡，但她很擅長公開演說以及和陌生人交談，我們兩人的個性天差地別。

我才正要緩慢地把身子泡進水裡，她就已經游到池子的一半了。冰冷刺骨的水戳刺著我的皮膚，撼動我的身軀。

過了四十五秒後，我爬出水面，在池畔享受陽光，這時珍來和我們打招呼。珍年約六十，和潔西卡是舊識，因為潔西卡以前住過倫敦，也因為她和每個人都是朋友。

珍和我們說完話後，轉身就以頭朝下躍入池子裡。她浮上水面時，我對她說：「我不敢相信這麼冷的天氣妳還弄濕頭髮！」

「噢，我一向會把頭弄濕，這麼做可以消除憂慮，還能讓思緒清晰。」珍回道。

我盯著黝黑的水面看得出神。我很怕寒冷和黑漆漆的水，但我也許得直接一躍而下，就像珍一樣。我也想刪除一切。

表演前第十一天，又是一個失眠的夜晚，我下了床。若要克服這份恐懼，我會需要協助，實質的協助。於是我看到一個關於治療公開演說恐懼症的網路論壇，上面有些建議，像是催眠療法、不斷地練習、想像約翰・亨弗瑞斯[9]穿著內衣的樣子（這會有用嗎？）、應用程式、呼吸練習，和用一條色彩鮮豔的圍巾圍住自己，增加自信。

接著，我看到有個叫茱莉亞的人推薦一位聲音教練與演說治療師，據她的說法，那位治療師「改變了她的人生」而且「將她完全治癒了」。那位聲音教練名叫愛麗絲。於是我拿出手機。

一位女生一接起電話，我就開始滔滔不絕地說：「妳好，我有舞台恐懼症，可是再過十一天我就有一場盛大的表演，妳能幫我嗎？」

「妳認為自己有哪些問題？」愛麗絲問。

神經質、極度怕生、間歇性口吃、沒安全感、重度焦慮、背痛、對語言沒天分、怕蜘蛛、長得比我希望的身高還矮，還有新陳代謝很慢。

「我在眾人面前就會腦袋一片空白，我會很害怕、說話說得太快，而且忘記原本要說什麼。」

9 約翰・亨弗瑞斯（John Humphrys）是威爾斯一位廣播節目主持人。

愛麗絲察覺到事情的急迫性。

「星期二下午兩點來我的辦公室。」

總算有人可以應付這個情況，我想我找到下一個心靈導師了。

愛麗絲住在南倫敦。我坐在倫敦地上鐵裡，心情開始興奮。我終於要克服這件事了，這次一定沒問題的，我已經把自己的故事寄給愛麗絲，現在她會幫我泡杯茶，讓我坐在沙發上，聽我傾訴後給予我安慰，可能還會擁抱我。今天的天氣有點涼意，天空很灰暗，我從火車站走去她家的路上，用身上的黑色風衣緊緊包住身體。

我按電鈴，過了一會兒愛麗絲來應門。她的頭髮灰白，往後紮成整齊的馬尾，劉海很整齊。她的身材嬌小纖細，衣著得體，讓她看起來相當整潔而富有。她的年紀可能是四十五歲也可能是七十五歲，我真的看不出來。

「請進。」她說完作勢請我進入這間大到不真實的屋子，帶我走到有著玻璃落地窗的大廚房。

我們在餐桌坐下，愛麗絲坐在我對面，開始問一些簡單的問題。她的舉止有點冷酷，我覺得自己有點像在被審問。她開始問起令我害羞的事和舞台恐懼症，這讓我起了防衛心，感覺一點也不像泡進溫暖的熱水澡。我對自己的恐懼感到難堪，發現有點難對她開誠布公又不感覺受到批判。

「那麼，告訴我妳在那晚要說的故事。」她一臉期待地說。該我表現了，即使只是對她表演都讓我手心冒汗。我吞了一口口水。

「就是我當時在一間咖啡店裡，然後我發現一枚徽章……」我對愛麗絲說。我說話時，愛麗絲目不轉睛地盯著我看，這讓我很緊張。我不知道自己講到哪裡了。

我重新組織故事，再繼續說下去，告訴她搬到倫敦的事和我有時會摸陌生人的狗，可是此時的我口乾舌燥、心跳加速，接下來輪到腦袋也遭殃，像是電源啪地被關上一樣，腦袋忽然一片黑，裡面什麼也沒有。我是說真的，空空如也。

「我忘了我的故事。」我震驚地對愛麗絲說。我的意思是，這只是一則趣事，她又不是在問我《坎特伯里故事集》的細節或蒙古的口述歷史，她就只是問我發生在我自己身上的事。我想我可能罹患了暫時性失憶症，因為我不記得接下來的片段了。

我想像協和禮拜堂的舞台。聚光燈灑落，現場一片漆黑，還有數百張臉孔盯著我看，我站在那裡說著：「我有徽章……徽章……徽章？」天啊！真的超級丟臉。每個人都會瞪著我看，心想這人到底哪裡有問題。我一向都是搞砸事情的高手，無法振作起來，把這麼一件簡單的事情做好。

潔西卡，努力想啊。想想妳自己的親身經歷，接下來發生什麼事。

愛麗絲繼續不動聲色地看著我，我渾身發熱，荒謬的眼淚戳刺著我的眼窩，從臉頰汩汩流下。

她推給我幾張紙，說：「寫下來吧。」我接過紙張，灼熱的眼淚模糊了視線。我拿起筆。

「我辦不到，我不記得了。」我說。我曾聽過刑求罪犯會導致虛假的供詞，這我現在完全可以體會了。我差點就要承認我就是班克斯[10]，只要愛麗絲別再用那雙咄咄逼人的藍眼睛瞪著我看都好。

「是轉換的問題。」她說。「是故事裡的轉折令妳覺得不自然，就是它擾亂了妳。」她要我用圖畫的方式把故事畫下來，但就算這樣我還是辦不到。所以她拿出一張紙，開始幫我畫。

「好，所以妳有個徽章。」她畫出一枚徽章，然後畫了一隻貓。

「為什麼妳要畫貓？」我問。

「妳說妳和陌生人說話的時候會摸一摸他們的狗。」

是這樣沒錯，我心想。是狗。

她畫出一架飛機，畫得不太好。我看不出來這麼做能怎麼對我有幫助，而且我的故事裡沒談到飛機。愛麗絲畫出一個時間表，在裡面填入無意義的符號，包括象徵我來到英格蘭的英國國旗，還有一隻貓代表我會輕撫狗狗，和一副眼鏡象徵……

「那是什麼？」

「是和妳談過的教授。」

什麼？我的人生故事看起來就像小孩子的尋寶遊戲。

這只會讓我混沌的頭腦更加混亂而已，她畫了一個皇冠代表女王，不過我個人對於女王的象徵圖案顯然不會是皇冠，而是雙腳腳踝交叉的樣子，克萊兒・芙伊（Claire Foy）在電視劇《王冠》（*The Crown*）裡都是這樣坐的。

我假裝配合，但其實心裡知道這麼做不會有用。

「現在再說一次妳的故事。」她說。「妳已經哭過了，宣洩了一點情緒，現在告訴我整個故事吧。」

什麼？妳錯了，愛麗絲。我的情緒還沒發洩完，我還可以好好大哭一場。此刻的我還在隱忍情緒，還沒經歷那令人歡快的痛哭流涕和哽咽抽搐。要經過像那樣的大哭一場十到十五分鐘後，我才算真正哭完。

可是我們沒那個美國時間。

我跑上樓到浴室拿些衛生紙，坐在她的大浴缸角落努力要自己振作起來。愛麗絲顯然是虎媽的類型，她不會像我想像的那樣抱著我給予安慰。這次的會談會是一場硬仗，不過我不是來這裡躲在陌生人的浴室裡哭泣，我是來這裡克服這份恐懼的。

10 班克斯（Banksy）為匿名的英國塗鴉藝術家，其街頭作品經常帶有黑色幽默與諷刺意味。

我回到樓下，在愛麗絲的對面坐下來，接著她繼續說話，彷彿什麼也沒發生過。她劈哩啪啦說了好多，可是我完全沒聽進去，得花一點時間才真正聽到她說話。

「妳並不特別，妳也不是宇宙的中心。」她告訴我。

天啊。

我想我知道愛麗絲在做什麼了，她在告訴我，除了我自己以外，其實沒人會在乎我的表演。我知道確實是如此，她說得沒錯，可是我除了過度在乎觀眾的反應和自己的缺失之外，還時常覺得自己並不特別，這就是問題所在。我認為自己不夠格站在舞台上攫取觀眾的注意，所以她說我並不特別，只是證實了我的恐懼：我是個冒牌貨，我不夠好，我不屬於那裡，我注定會失敗。

「沒人在乎妳會不會失敗。」愛麗絲說。

我不這麼認為，梅格會在乎，觀眾會在乎，我也會永遠記在心裡，對我而言這很重要。

此時我只想離開，我想走出這間屋子，一直往前走，不再回頭。而且我真的這麼做了。我說我得走了，於是我向她道別，走出大門，一直不停往前走。走了五條街之後，我才發現我的外套還在她家，而且我正在往車站的反方向走。

我站在陌生的街上，天氣寒冷又颳風，我身上只穿著一件薄T恤而開始顫抖，同時雪上加霜的是，天空開始下起了雨。我身在倫敦一處未曾到過的地方，手機電力只剩百分之九。

我閉上眼睛。

網路論壇上的茱莉亞說過愛麗絲改變了她的生命。她說的應該不是她拋下了原本的生活，重啟嶄新人生吧？因為那看起來對於現在的我是頗不錯的主意。

我總算沒穿外套就來到車站，在地鐵上時，腦中一次又一次回想先前的畫面。我坐在愛麗絲對面接受審問。「告訴我妳那晚要說的故事。」她說，而我支支吾吾：「我有徽章，然後我不記得了。」聽起來好像《法網遊龍》（*Law and Order*）裡一個精神不正常的證人被滔滔不絕地訓斥的橋段。

但願我能向別人解釋為什麼我在一間非常舒適的屋子裡和一位衣冠楚楚的女士談話後，會在這麼尋常的時刻哭了起來。後來就連我自己也想不透。可是在受到仔細審視的時刻，我變得緊張不安又不理智，一點也不像平時的我。也許那份感受把我帶回在北京時擔心受怕的那幾個月，當時我覺得自己太醒目，彷彿赤裸裸地呈現在眾人面前。

在愛麗絲凝視的壓力之下，我想像站在舞台上的巨大壓力，挾帶著過去表演的失敗經驗累積所導致的焦慮不安，我的身體釋放出戰逃反應的荷爾蒙腎上腺素。要擔心的事情好多（我聽起來還可以嗎？我說對了嗎？我看起來很怪嗎？我把細節說錯了嗎？她會不會討厭我？），於是我變得反應過度、心煩意亂而且容易分心，這和表演時人們會希望達到的狀態：專心致志與禪的境界正好相反。研究顯示當我們感覺到壓力，我們的身體也會釋放皮質醇，而那會影響到我們的專注力和短程記憶。

簡而言之，那時我的頭腦暫時短路了。雖然我無法控制對這份恐懼的反應，但我可以為它找到合理的解釋。儘管我在腦袋裡這麼想，但實際上我並非在舞台上被劍齒虎追著跑，我不必把當電視台記者的失敗經驗套用在未來的每次表現上。我可以學著放手，不要執著於過去公開演說時每每纏繞著我的焦躁。

可是這是在我心底非常深層的事，要把它們挖掘出來得費好一番工夫。

我回到游泳池畔，這次只有我自己。趁我退縮之前，我把頭埋進水裡，浸濕頭髮，把頭浸入絲綢般的棕色水面下，命令池水消除一切。池水依舊冷冽，寒冷使我的身體處於亢奮狀態，後來才慢慢平靜下來。在水裡游泳，隱匿在樹林後方，我抬頭仰望天空，所有煩惱似乎都遠在天邊。

我把身體擦乾，換上牛仔褲和套頭毛衣，在希斯區的樹林間漫步、沉思。我決定至少試它一試。我必須與焦慮對峙，看看究竟會發生什麼事，總不能一直躲在廁所裡哭。我今年發誓要更勇敢，不要放任自己想逃跑和藏匿的天性，所以我不能這麼快就放棄。重點是，我想擺脫這個毛病。我想擺脫困擾了我三十多年的恐懼。現在就是我驅魔的好機會，我不想白白浪費。由於我想得太專注，後來還在希斯區迷了路，花了一個多小時才找到我要搭車的車站。

我回到家時，由於泡過池水和走了一段路之後覺得心理負擔減輕了些，於是我逼自己獨自在公寓裡大聲練習說故事。我從頭到尾講了兩遍，稱不上是愉悅的體驗，但卻是必要之務。

我又回去找愛麗絲上第二堂課，我別無選擇，因為我還沒治癒，也還沒找到其他治療方法。除此之外，我的外套還在她那裡。

這次，她帶我到另一間房間，裡頭有鋼琴和一座美麗的古壁爐。愛麗絲擺好兩張椅子，我們再次對坐，雙腳平貼在地，兩人的膝蓋大約相距三吋。她為我示範一種呼吸練習，先用一隻手指壓住一邊鼻孔，用另一個鼻孔吸氣，然後對調再做一次。她要我做二十遍，我們一起練習。

我不知道該把視線擺在哪裡，而且感覺就像過了一輩子那麼久。愛麗絲身體往前傾，坐著把雙腿打開。「盡量讓自己陽剛一點，占據很多空間，讓妳的身體放鬆。」她說。我模仿她的動作，這感覺很棒。

然後我們面向彼此站起來。

「有時我們啞然失聲，是因為沒有氧氣通過聲帶。這種情況下，我們就需要做『惹人厭婆婆』招式。」愛麗絲故作傲慢地「哼」了一聲。

「現在換妳。」愛麗絲說。

「哼！」我假裝擤鼻子，在聲音震動喉頭的同時把空氣擠出去。

「很好！」她說。我開始放鬆了。「如果妳覺得發不出聲音來，這麼做會幫助妳把聲音找回來。」

接著她要我呈站姿，並一手放在自己的橫膈膜上。我應該要感覺到它收縮之類的，可是我什麼也沒感覺到，只好假裝有感覺。

「好，現在我要帶妳做些聲音的暖身，只要模仿我的聲音就好。」愛麗絲說。我點點頭。

「巴——巴——巴——巴——」她大喊。

「巴——巴——巴——巴——」我照做。

「我我我喔喔喔！」愛麗絲繼續大叫，她的聲線像波浪般起伏。

「我我我喔喔喔！」我學她。

「很好！」愛麗絲說。

我喜歡做簡單任務所獲得的稱讚，這我應付得來。

「我的媽咪棒呆了！」愛麗絲大喊。

我愣住了。

「像我一樣說一遍。」愛麗絲說完再示範一次。「我的媽咪棒呆了！」

可是愛麗絲是用英國腔說這句話的，而我的口音屬於混搭風，最貼切的形容詞是「一位美國人已經不住在美國十年了，住在倫敦可是又嫁給一個以前住在澳洲的英格蘭桑德蘭人」這種概念。

「妳要我跟妳說得……一模一樣嗎？」

愛麗絲不悅地點點頭。

我忽然覺得自己就像《王者之聲：宣戰時刻》（*The King's Speech*）裡的柯林・佛斯（Colin Firth），而她就是我那狡猾又頑強的傑佛瑞・洛許（Geoffrey Rush）。我望著愛麗絲的眼睛，她也回望著我。對了，就是這樣。從我搬到英格蘭那天以來，這就是我一直在等待的鼓勵。

「我的媽咪棒呆了！」我以桀驁不馴的英國腔大聲說，聽起來簡直就像《歡樂滿人間》（*Mary Poppins*）裡的那些小孩。

「我的媽咪棒呆了！」愛麗絲也為了鼓勵我而朝我大喊。

「我的媽咪棒呆了！」我開心地再次喊道，現在我聽起來像妙麗。如果此時此刻有人撞見這幅景象會作何感想？應該會覺得我們是神經病，而且我們都對自己棒呆了的媽咪超級自豪的。

接著我們又繼續大吼大叫一會兒，可能有點叫太久了。

愛麗絲說：「很棒，現在我要坐下來，妳來對我說一遍妳的故事。」

噢。

愛麗絲坐到房間後方，而我到走廊等她喊我的名字：「歡迎下一位講者……潔西卡・潘！」

我從走廊跳進來。她坐在一張椅子上，纖細的雙腿交叉著。我不看她，而是望著她頭頂上方那精緻的冠飾模頂。（真美的房子！）

接著我讓自己專心，站在她前方約十呎處，開始說我的故事。這回我總算、終於說完整段內容，沒有停頓也毫不遲疑。說完後愛麗絲為我鼓掌。

我沒能沉浸在這份喜悅太久，因為愛麗絲接著說：「現在妳要再說一遍，然後我會朝著妳起鬨，因為那晚可能會有些人喝醉了，也許會大聲說話，也可能會對妳鬼吼鬼叫。」

我真的不想對她再說一次，重述故事讓我覺得自己很愚蠢，可是她又喊了我的名字，這次像個吵鬧的一人團體一樣，所以最後我還是從走廊跳進房間裡，再說一次我的故事。這次愛麗絲在假裝講電話，故意在我沒說笑話的橋段大聲笑。我大概開始講三十秒後，她就叫囂道：「誰在乎啊？」我無視她繼續說下去。

愛麗絲，這位個頭嬌小的叫囂者可能救了我一命。我設法再次說完故事。當我步出她家大門時，一切感覺都不一樣了，我感覺如獲新生。

之後我再去找愛麗絲一次，她要我再說兩遍我的故事，每說一次我就更冷靜了些。我的聲音變得沉穩，思緒更清晰。我開始相信自己辦得到。我！演出！在真人面前！說到第二遍的尾聲時，我用眼角餘光看見某個東西：一隻蜘蛛以不可能的任務式地從天花板垂降下來，近得幾乎快碰到我，我退到角落去，忍住尖叫。

今日啟示：永遠要保持警覺！

我在收拾東西準備離開時，愛麗絲告訴我：「我要妳記住自己說這個故事的初衷。妳必須是自己想要這麼做，妳得保有那股熱忱。當妳覺得緊張得不得了的時候，試著回想妳想做這件事的原因。」

我直接從愛麗絲的家前往《飛蛾》的彩排。正式表演是明天，而今晚我就會先見到其他四位登台的講者。

講者分別是有著一頭金黃色精靈短髮的澳洲紀錄片作者黛茲、從學者轉行當作家的英格麗、剛從美國華盛頓哥倫比亞特區飛來的大衛和我。第五位講者因為女兒生病而不克前來，我沒聽清楚他的名字，也許是因為當時我剛得知大衛竟是歐巴馬在白宮的撰稿員。

我有沒有聽錯？我要和幫歐巴馬寫演講稿的人同台演出？我要接在這位老兄的後面演說？我不能排在他後面啊！

不過後來我意識到：除了他，還有誰能給我更好的建議？他可是為當今世上最棒的演說家撰稿的人吶。如果有人可以針對公開演說給我建議，那非他莫屬了。呃，其實確切來說應該是歐巴馬，不過此人會是第二個選擇。於是我叫住他。

「你認為歐巴馬是會怯場的人嗎？還是你覺得……」

「我認為比起怯場，他還有其他很多需要擔心的事情。」大衛說。

「這倒是。」我點點頭。

大衛告訴我他和歐巴馬會彩排很多次，聽到他這麼說讓我心裡寬慰了一點。不知道為什麼，我就是無法想像歐巴馬在彩排的畫面。我以為像他這樣的人生來就是口齒伶俐、冷靜又優雅。

「我覺得碧昂絲會怯場這件事也讓人覺得很安慰。」大衛說。

我喜歡大衛，但提起這件事對我來說意義不大。人們常會說這類的事情，可是我不是碧昂絲，連一點邊兒都沾不上。過完一天後，她仍舊是碧昂絲，而我是我，那就是為什麼她總是會表現得很好，而我呢，每次都滿懷希望，但沒一次有把握。

有一次愛黛兒在葛萊美典禮現場演出，演出到一半時她忽然停下來，罵了句髒話，然後轉頭向後面的人說：「對不起！我罵了髒話，可以重新開始嗎？」比起碧昂絲，我更像愛黛兒。

「你覺得……大衛，你覺得我做得到嗎？」我問。

「我覺得妳可以。」他說，像是我個人的歐巴馬啦啦隊。我努力相信他，就如同歐巴馬一定也很信任他。（我和歐巴馬？我們終於有了共通點。）

梅格要我們所有人圍聚在一張桌子前，接著我們四名講者開始輪流說自己的故事給大家聽。英格麗一開始有些猶豫，但她的故事無敵感人又生動。當她說到照顧死於乳癌的母親，與處理她兒子在校被霸凌的種種時，她已不再遲疑，全神貫注地融入其中。我看得出來她仍在為喪母而難過，不過她就是有辦法集風趣與悲傷於一身。

我很喜歡聽其他人的故事，看見他們回顧自己人生中重要、關鍵的時刻時那般感動的樣子。可是我真正喜歡這些講者的地方，在於他們看起來全都嚇得半死，這大概是我見過最棒的事。他們共同的恐懼帶給我安慰，告訴我我不是瘋子、我並不孤單，我和他們都一樣。梅格宛如我們的童子軍老師，精力旺盛而且不斷地為我們打氣，儘管我們會怯場，但一切會很順利的。雖然我們沒有人相信她的話。

那晚我整夜未眠。

天氣很熱，悶熱又燥熱。我一整天一事無成，因為完全無法集中精神。等到傍晚時分終究來臨，我沖了澡、山姆幫我熨襯衫。我穿得和莎朗・霍根[11]一模一樣，就如同以前在協和禮拜堂的一場《見信如晤》（*Letters Live*）活動裡看過她的裝扮：淺藍色寬鬆排釦襯衫、黑色牛仔褲、灰靴子，頭髮放下來，戴一雙很大的玉耳環以趕走邪靈。

我抵達現場時，看見門口已經有一小群民眾在排隊。觀眾對我而言一向是「理論上」的東西，而現在他們是真實存在著而且正在排隊，有些人還在看我。我站在外頭，害怕地無法動彈，此時門打開了，一位製作人探出頭來，比手畫腳要我進去。接著她提醒我在《飛蛾》表演的規則：每則故事有十二分鐘，一旦十二分鐘到了，就會有一位小提琴手演奏出一連串具有催促恐嚇作用的旋律，讓我們知道沒時間了。我們絕對不能講超過十五分鐘。

此時我聽得心不在焉，遲疑地走進禮拜堂時，我看著所有的空位，也看見有些講者正在練習使用麥克風。輪到我時，我跳上舞台，腎上腺素上升令我作嘔。我說了一些話，覺得自己聽起來有夠奇怪的。突發狀況。此刻我最不希望遇到的就是突發狀況。

「有件事大家沒告訴妳，那就是一旦這裡擠滿了人，每個人都坐好之後，聽起來

11 莎朗・霍根（Sharon Horgan），為愛爾蘭女演員、喜劇演員與作家。

回音就不會那麼大。」站在舞台旁的一名男子說，「等妳開始說故事的時候，聽起來就不會這麼奇怪了。」另一位也是最後一位獨具風格的講者剛從一個文學季直接趕來現場，他自我介紹叫奈克什，不過我聽得不是很清楚。他的全名是奈克什．舒克拉（Nikesh Shukla），當下我有所不知的是，他正是《好移民》[12]這本書的編輯，而且我還讀過他寫的兩本書。可惜我當下實在太六神無主，無法進一步詢問細節，對我來說他就像另一位要赴戰場的人。

他穿著鳳梨圖案的成套襯衫和短褲。

「你看起來不緊張。」我猜測道。

「我會緊張啊。」他回道。「不然妳覺得我為什麼要穿成這樣？這樣大家才能注意看這些鳳梨，而不是看我。」

我們在講者休息室裡等待，在裡頭來回踱步。那位澳洲人黛茲一直進出休息室，她比我更躁動，身上穿的長版飄逸外套在她大跨步穿越房間時儼然像個斗篷，更加深了她給人焦慮不安的印象。不用問也知道這件外套就是她今晚的盔甲。

她衝回休息室，在鋼琴前面坐下來開始彈奏。

「這會讓我放鬆一點！」黛茲說，琴聲蓋過了房間裡的其他聲響。一位自稱是我們的計時員、個子嬌小的黑髮女子拿出她的小提琴，開始和鋼琴合奏，但這些大聲又亂無章法的音樂聽起來讓人心神不寧，彷彿我踏進了一部主角發瘋了的前衛電影裡。

與此同時，梅格正因為嘈雜的背景音樂而和另一位製作人扯著嗓子說話。大衛穿著黑色西裝外套來回踱步，而我站在角落看著大家。這整個場面讓我覺得頭腦像正在被翻轉搖晃。

我跑出房間，穿越走道，從黑色大帷幕後方窺探。光線暗了下來，太陽下山了，人們開始入座。

我體內的腎上腺素激增，幾乎足以飛起來了。距離表演時間開始還有半小時。

「潔絲在哪裡？」我聽見梅格在房間裡大喊。鋼琴的樂音戛然而止。他們以為我想臨陣脫逃。

這也有道理，因為我把頭髮往後紮成馬尾，調整襪子，儘管穿著有跟的踝靴，但我還是可以逃跑。事實上，我穿這雙靴子可以跑超快的，還可以就這麼跑走，永遠不回頭。

這時有人在我後面說話，我轉身一看，是大衛。

他正懇求地看著我。

「妳可不可以帶我去……」他開口問。

我困惑地直視他的雙眼。

過新的生活？去海邊？找歐巴馬？不過說真的，歐巴馬到哪裡去了？

12 《好移民》（*The Good Immigrant*）於二〇〇九年二月編製出版，為回應美國當權者鄙視移民而集結二十六位作者撰文出版，包括曾獲英國獨立電影獎的楊．迪曼吉（Yann Demange）和《浮生釣手》（*The Fishermen*）的作者奇戈契．歐比奧馬（Chigozie Obioma）等。

「……買一杯冰咖啡？」他問。

我嘆了一口氣。

「我缺乏能量，需要來一杯咖啡才有動力。」他說。

這是逃跑的藉口。我帶他繞過協和禮拜堂裡蜿蜒的走道，沿途經過製作人、舞台工作人員和外頭排隊的人潮。

門外現在排了很多人。

「是狗仔！」我說，害怕到精神恍惚。

「狗仔才不是這樣。」大衛說。

「我知道！」揮揮手示意我在開玩笑，同時視線仍盯著群眾。

他們在這裡，就在這裡，觀眾都來了。

「我們要去哪裡？」他問。

「現在是倫敦的週日夜晚，而你想喝冰咖啡，所以大衛，我們要去星巴克。」我說。

我們過了馬路繼續往前走，但我其實不太能感覺到我的身體，也無法思考。大衛一直在說話，可是我回應不了。他在說英國人不喜歡他，因為他太愛聊天，還有一次在菜市場把用過的竹籤誤放到乾淨的竹籤堆裡之類的事。

「呃哼。」我說。

買到咖啡後，大衛繼續一路說著走回禮拜堂。我在前排坐下，等到燈光暗下來，就是輪到我們上場的時候了。

大衛坐在我旁邊啜飲著冰咖啡。

「我緊張的時候話特別多。」他說完又開始講述冰島民主和維京人的歷史。

我開始可以體會為什麼英國人不喜歡大衛了。

「大衛，我現在無法聊天。」我終於開口。

「好。」他點點頭，一邊喝著冰咖啡，一邊喃喃自語講著冰島的政府系統。

剩五分鐘就要上場了。我離開現場去做我的愛麗絲式呼吸練習。

這就是人生，有時妳會有充裕的時間，有時卻又時間匱乏。**沒、時、間、了。**

我迅速走進廁所做鼻孔呼吸法讓自己安定下來。噢，我究竟為什麼得在廁所裡做這件事？「莎朗・霍根也上過這間廁所。」我這麼告訴自己。「還有戴米恩・萊斯（Damien Rice）也是。」我再多做幾次呼吸法。

「莉莉・艾倫（Lily Allen）來過這裡，還有艾美・懷斯（Amy Winehouse）和艾爾頓・強（Elton John）。」

一定有超多人在這裡吸毒的，不行不行，腦袋得集中精神才行。

我繼續做呼吸練習，就像愛麗絲教我那樣把身子往前傾。就這樣，我覺得好多了。有人走進廁所，我感覺到自己的心又跳得更快了。我望著牆，非常小聲地再背誦一遍我的故事。現場就只有我和戴米恩・萊斯和艾爾頓・強的小便痕跡相伴。

我閉上眼睛，想著愛麗絲說過的話，必須是我自己想說這個故事才行。我想著自己有多想和觀眾分享我的人生故事，以及這會是我人生中第一次在這麼大的舞台上表演的機會，還有我為了走到這一步所做的努力。

我走出隔間，看著自己。紅色口紅、襯衫熨得筆挺。我盯著鏡子裡自己的倒影，身子往前傾。

此時此刻我的頭腦裡只出現一句話。

「我的媽咪棒呆了。」我對自己說。

「歡迎下一位講者：潔西卡・潘！」

我感覺不到我的腿，還有臉也是。

我穿過黑色幕簾，走上階梯。主持人和我擁抱後，我走到舞台上調整麥克風，努力不去想此時有數百人正盯著我看。梅格就坐在我的正下方，但我不去看她，因為我怕我會亂了方寸。

我唯一只能看見聚光燈，周圍是一片黑暗。燈光炫目耀眼。

好戲上場。

於是我開始敘說故事，沒有開場白，而是直接進入故事，正如同這個表演節目的習慣方式。

「我去買杯咖啡，然後我發現一些徽章……」

我太熟悉這個故事了，對每個節奏都瞭若指掌，接著在我意料中的橋段聽見笑聲，但我無法好好享受，因為我得專注在故事本身，而且我的腦袋裡有一部分聲音在說：

「啊～妳要辦到不要搞砸啊！我竟然在做這件事，實在太瘋狂了！別失敗，不要口吃，繼續說下去。」

在同時有著明亮燈光與大片黑暗的禮拜堂裡，這份感覺就像我在對上帝說一則好笑的故事，而上帝不時在天上為我鼓掌來回應我。

我快死了嗎？這是死亡的感覺嗎？在這間禮拜堂裡？就只是因為說一個好笑的故事嗎？

終於，我總算感覺快來到故事的結尾。我說出最後一句話：少了支支吾吾，多了心靈富足。

走下舞台前，我對著麥克風咯咯笑了一聲，這下真的可以大大地鬆一口氣了。接著迎來鼓掌和歡呼聲。我跑下台，步伐輕快地坐到第一排長木椅上。

英格麗摟著我的肩膀，對我燦笑。我感覺自己飄飄然，在黑暗裡笑開懷。

下一位登台者是奈克什，我完全沉浸在他闡述母親的故事中，以及母親過世時他因為太失落，而決定開始學做母親的拿手菜。我彷彿被帶到他的廚房裡。他故事裡的悲傷深深撼動了我，我感覺淚水在眼眶裡打轉，發現英格麗也在我旁邊哭泣。

我好愛他們兩人，我和他們並不熟稔，但我愛他們。兩天前他們對我而言還是全然的陌生人，但現在我們像是共同度過了很親密的時光，打從第一天就直截了當地進入深層對話。

在我還沒回過神來之前，演講就結束了。

我還活著。

那晚我和其他講者在外面待到很晚。我們共同經歷了一場戰鬥，所以要慶祝光榮的勝利。山姆恭喜我，他和我一樣對於我辦到這件事而驚喜雀躍。他後來回家睡覺，而我一直待到酒吧關門才離開。梅格早上要搭機回瑞典，大衛要飛回華盛頓哥倫比亞特區，奈克什已經搭火車回布里斯托，而英格麗搭巴士回到馬斯韋爾希爾區。我們相擁並親吻臉頰互道別離，簡直不敢相信我們才剛認識不久而已，因為今晚我就是覺得和他們好親近。

我在漆黑又溫暖的夜晚步行回家。

當你以某種方式看待自己好一段時間，但最終能挑戰並改變它，你會覺得自己煥然一新。我想跳舞，我想奔跑，我想去敲每一扇門，大喊：「我是真的兔子！我是真的！」因為此時我覺得輕鬆又快活到產生幻覺的地步。我完成了以前絕對不可能會覺得可能的一件事。

我回到家仍無法入睡，經歷一場大冒險的興奮感與所帶來的愉悅使我的身體仍轉個不停。在台上說故事時，一開始我說得又快又害怕，可是當我繼續說下去，我的信心也逐漸增加。我已經把那份恐懼成功解鎖了。

我的恐懼是在他人面前表演，可是藉由在愛麗絲面前演出，我漸漸變得從容。如果我沒在別人面前演練過就跳上舞台，肯定又會腦袋一片空白而且還哭出來。

可是藉由在其他人面前練習（愛麗絲、梅格和其他講者），感覺到他們投射的視線，我的恐懼雖然依舊存在，但卻已大幅降低，取而代之的是，我開始相信自己做得到。

我曾對自己鄭重承諾要遠離公眾舞台，但現在這項承諾被打破了，而我樂不可支。恐懼與焦慮主宰了我好幾週的生活，而比這程度上少一些些的壓力主導了我人生的前三十二年，從中國又回到這裡。但在那一晚，我眨著眼望向耀眼燈光，感受著自己的劇烈心跳聲，我站在舞台上演說給觀眾聽了。我掙脫了恐懼的束縛，跨越到恐懼的另一端。

我不知道這會持續多久，但有大約十二分鐘的我是自由的。

第4章 心臟病（現實生活的插曲）

第二階段結束時，我覺得自己已經準備好面對更多挑戰，不過我忘了那句意第緒古諺語：「人謀，神笑」是多麼真實而令人苦不堪言。

我計畫這一年要努力把自己推出舒適圈，不過因為我已經設好自己的界線，所以這裡面還是有安全的假象。然而現實生活當然不理會這些，現實生活才不管你列了什麼清單、訂定什麼計畫或有哪些崇高的夢想。

幾天後的我還沉浸在表演成功的喜悅裡，有天午夜，我才剛爬上床就收到一則簡訊。是我爸傳的。「我們可以聊聊嗎？」

出事了。他打來告訴我，他一直以來都有心悸的問題。他去接受掃描檢查，發現長了腫瘤，而且就在他的心臟上。長腫瘤的位置糟糕透頂。

我知道他有心悸的問題，可是一直不覺得這是個大問題。

他要在洛杉磯接受開心手術，因為我們的家鄉德州沒有施行這種實驗手術。洛杉磯的醫院最近開放了一個手術機會，所以三天後就要為他執行心臟手術。

我爸爸。要接受開心手術。就在三天後。

和陌生人交談、要變得外向和改變我渺小又孤獨的生活等等，這些所有的念頭都從我的腦袋一掃而空。

我還沒準備好面對這件事。這種事不會有人做好準備。

我訂了隔天飛往洛杉磯的機票，不知道自己何時會回來，也不知道我爸爸是否會康復或者康復的情況會是如何。我什麼都不知道，無法思考接下來可能會發生什麼事，只知道我得盡快飛越半個地球到他身邊。

我愛我的爸媽，我真的愛。不過不是詩人菲利浦．拉金[13]那種風格的愛，畢竟你我確實在成長過程中都被爸媽搞砸過一些事情，不過有時我在想，是否我的新內向人格和我爸媽每天的外向行為有直接關聯。首先，他們和誰都可以聊，舉凡飛機鄰座的人、服務生、和他們一起排隊的人、路過的郵差和用餐時坐在隔壁桌的人，樣樣都難不倒他們。他們最近一次來倫敦的行為還令我餘悸猶存，當時我爸對優步（Uber）司機說：

我爸：你是哪裡人？東歐？俄國？

司機：我是喬治亞人。

一陣靜默。

13 菲利浦．拉金（Philip Larkin）為英國詩人，並於二〇〇八年被《泰晤士報》評為最受歡迎詩人。拉金於一九七一年發表一篇膾炙人口的詩作《詩曰》（*This Be the Verse*），以冷嘲之語勸人不要生兒育女。

我爸：史達林就是喬治亞人……

我爸是最令人難以捉摸的人，我看過他在飯店大廳趴到地板上，告訴門衛如何改善伏地挺身的姿勢；也看過他問一位波蘭女侍者她會不會很想家人，後悔搬來倫敦；還有他在我的婚禮早餐茶宴上大談英國和美國行割禮的比例，而對方是我爸前一晚才剛見到面的、我的英國公公。

「你爸和誰都能聊。」我媽常這麼說。

好，是這樣沒錯，但他應該如此嗎？

在我爸動手術之前，我們一起度過了「尋常的」一天。我每到洛杉磯總會和祖父母同住，他們兩人都九十歲了。手術的前一晚，我和爸媽、祖父母一起去合利中餐館用餐，那是我們外食的固定選擇。我們吃著脆口的港式麵條、蒜蓉茄子和芙蓉蛋時，我的祖父母叫我爸媽喝蛋花湯，而我爸媽一如以往地拒絕。一切感覺起來是如此正常，正常得好不真實。到了傍晚，愁雲慘霧籠罩了我們。

幸運餅乾端上桌時，我媽媽不想拿，她很明顯地把頭別開，不看它們。我知道她害怕會拿到壞運餅乾，對於明天將迎來的事情，她無法冒任何風險，我也沒拿。我們只吃了桌上的切片柳丁。

那晚睡前，在我和爸一次又一次互道晚安之前，他在地上做了二十次伏地挺身，向我證明他很強壯。別去想，別去想，別去想這是否就是他最後一次做這件事。他曾對手術感到畏懼，但現在的他其實很期待趕快作個了結，所以鬥志高昂。

他在我祖父母家的廚房裡用兩支烹飪鉗演示這場手術的過程，而且不只一次把他心臟上的腫瘤稱作「松露」。在他心臟的回音影片掃描中，每當血液流過他的心臟，那顆腫瘤就會來回地顫動。它看起來是如此無害，猶如只是在他的血流中隨著微風擺盪的一株小蘑菇。「我們進入、取出那顆松露就完成了，簡單。」他說得有點太輕鬆。

只是他省略了一些部分：醫生會把他全身麻醉、用幫浦維持他的身體運作，然後直接切開他的心臟取出松露，再把他的心臟縫合，重新開機。他省略了他們要把他的身體重新組裝的這個部分。

我不常跑醫院，對醫院大部分的印象來自於美劇《奇異果女孩》（*Gilmore Girls*）的其中幾集，這是我唯一可以和爸媽一起看的電視節目，恰恰好的搞笑和幾近於零的性愛場面，令它適合闔家觀賞。

劇中的爺爺理查因心臟問題演變成心臟病發，那幾幕蘿蕾萊和她的女兒蘿莉為了找咖啡和垃圾食物而不斷地在醫院的白色走廊上奔走，同時兩人還一邊安慰對方。劇裡總是有販賣機、壓力太大的護理師、和藹的醫生和數不盡的、用紙杯裝的難喝咖啡。現實世界真是如此嗎？

有一次我們在看其中一集，我爸對我和我媽說：「妳們會不會希望像蘿蕾萊和蘿莉那樣？是最好的朋友？」

那一刻有點令人尷尬，因為我們的關係和她們一點也不像。蘿莉十六歲，蘿蕾萊三十二歲。當我十六歲時，我媽已經五十一歲了。在我成長的過程中，我們很常吵架。我們不會每天放學後在餐桌上一起喝咖啡，我更不可能告訴她初吻的過程或破處那晚的事。我們的關係不是那麼一回事。

我和我媽很不一樣，小時候我會安靜地坐在她旁邊，看她一天和陌生人聊天聊好幾次。我們很愛彼此，但我們的個性迥異，就是無法當最好的朋友。

心臟手術的當天，我和爸媽早上五點就起床前往醫院。護理人員告訴我們儘管我們早到，仍可能因為延遲而需等上好幾個鐘頭才能開始為手術做準備。

我們停車時天還是暗的。我爸取下他的手錶交給我。我戴上他的手錶，把銀色卡榫喀啦一聲扣上，它沉甸甸地掛在我的手腕上。我們走進醫院，他填寫資料辦理入院。

一位醫院員工要爸爸再填幾張表格時，我和媽媽坐在他旁邊。接著那位男子說：「好，我現在帶你上樓，這樣你就可以換上住院服，他們要幫你打靜脈注射。」

我和媽媽都站起來。

男子說：「只有一位訪客可以同行。」

就這樣，這一刻來臨了。

我以為我們還可以在一起久一點，此時我忽然想到這可能是我最後一次看到還活蹦亂跳的爸爸，於是我開始哭，用力抱著爸爸，對他說我愛他。我不知道在這種時刻還該說些什麼，不過想起在我四歲得肺炎時，我爸爸對我說過的話。他說：「我知道妳很堅強。」於是我這麼對爸爸說，再擁抱他一次。

我獨自待在等候室，盡可能坐得離大家遠一點，開始無聲地哭泣。我身上沒帶衛生紙，沒能好好痛哭一場，只能用我的襯衫代替。就在此時，我發現我的月經來了。就在我覺得哭笑不得的時候，有個女子走向我。

「他們要妳上樓。」她說。時間不過才過了五分鐘。我困惑地看著她，可是她只是告訴我該往哪裡走，和給我一張訪客卡。我衝向電梯，來到人滿為患的樓層。我在走廊上狂奔，尋找爸爸的病房號碼。

接著我聽見聲音。

是媽媽的聲音，大聲且清晰。

「媽？」我猶豫地大喊。

她大聲回應我：「我們在這裡！」然後拉開幕簾。爸爸現在已經換上住院服，打著靜脈注射，躺在搖高的病床上。我跑去再擁抱他一次，趁還能這麼做時多把握機會，也不管我究竟為什麼突然又可以上來這裡，也不管我得盡快買衛生棉條才行。

醫生和護理師接踵進入病房，麻醉師、心臟手術的醫師助手、另一位麻醉師，然後是一位護理師，他們用一些艱深的詞彙快速地講解接下來會發生的事，向我們解釋接著會逐步在爸爸身上使用的藥物，他們說會讓爸的心臟停止、切穿心臟壁，最後讓心臟重新開始跳動。這一切讓我害怕得頭暈目眩。

二十分鐘後，終於到了爸要進手術房的時刻。我開始慌張，覺得自己需要能說服他一定要回來的理由，確保他的心臟必定會再次跳動的籌碼。賄賂在我們家一直都很管用。

「如果你撐過來，二〇二〇年以前我會生個孫子給你抱，好嗎？」就在他離開前我脫口而出。

他聽了眼睛一亮。「我可以有白紙黑字的證明嗎？」

我爸其實已經有五個孫子了，可是他堅持要組成一個足球隊。

時候真的到了，護理師和醫生都來了，他們把爸爸的病床推到走廊上，於是爸爸慢慢消失在我的視線裡。

我和媽媽走向電梯，再進到電梯裡。「我們去吃早餐吧，我餓了。」她說。在人生最戲劇性的時刻，平凡的生活卻照常上演著，這種感覺很奇怪。

我們穿過大廳來到醫院的餐廳。

「你們是怎麼讓我上樓的？他們說只有一位訪客可以同行。」我問。

「上次我們來做初步檢測遇到了一位很和善的烏干達護理師，我們聊了很多關於他家人的事。剛剛他過來跟我說，『我認得這個笑容』，於是我告訴他，我很怕把妳一個人留在等候室裡，我說我們現在真的需要在一起。他對我微笑後說：『我來想辦法。』」

我聽了既感動又有點震驚，因為我媽剛利用她的健談讓天殺的奇蹟發生。

透過和幾週前交到的護理師朋友訴說心願，我的老媽在這一陣混亂之中仍教我要如何變得外向。

我們在餐廳裡排隊，在偌大的餐廳裡找個位子對坐。我們都需要來點櫻桃丹麥麵包和濃咖啡。爸爸的手錶還沉重地掛在我的手上，我努力不去想它在我手上的原因，專心地吃我的甜點。在這種情況下，這個櫻桃丹麥麵包吃起來比想像中的好吃。媽媽啜了一口咖啡，雙手圍著紙杯，手肘撐著桌子，望向在餐廳裡的醫師和護理師。

「妳猜他們是不是都在樓上的工具間裡做過愛？」她問。

「什麼？」

「妳知道，就像在《實習醫生》（*Grey's Anatomy*）裡那樣，戲裡每個工具間都有醫生和護理師忙著做那檔事情，這裡的清潔工壓力一定很大。」她說。

我笑了，而且是大笑，感覺好幾年以來自己是第一次這樣大笑。

也許我們不是蘿莉和蘿蕾萊，但在那一刻，我們似乎終究還是有一丁點像她們，只不過在我們之中三十二歲的是我，不是她。

不過當我提起我忘了自己的月事來了，她立刻起身去幫我找藥局買衛生棉條。我又正式回到十六歲了。

幾個小時後，護理師告訴我們爸爸動完手術了，後來心胸外科醫生過來一趟，告訴我們他已經成功從爸爸的心臟移除腫瘤，並修補一個我們原本並不知道的破洞。我們應該幾小時後就能見他了。

總算可以進病房時，我爸還沒清醒而且還戴著人工呼吸器，看起來仍是昏迷狀態。

媽媽握起我的手。一位名叫彼得的加護病房護理師來告知我們手術進行得很順利，要我們別擔心。他的笑容很親切，而且他非常溫柔，身材略微矮胖，我立刻就很喜歡他。他感覺就像有著加州口音、年輕版本的華人聖誕老公公，完全是我意想不到自己在生命中會需要的護理師類型。

我爸逐漸開始有些微的動靜，我和媽媽屏氣凝神、仔細觀察他的每一個細微動作。彼得打開收音機，讓房間的氣氛不那麼緊張。正播到洛·史都華（Rod Stewart）的歌〈瑪姬梅〉（*Maggie May*）時，我爸睜開眼睛了。他虛弱昏沉地看著我們，接著彼得慢慢地幫他拿掉呼吸器，我爸開始說話。就這樣，他回來了。

日常生活中令我害怕的事多不勝數：和陌生人交談、駕車行駛在高速公路上、公開演說等，但失去爸爸或媽媽絕對會在我的心上與人生中留下巨大坑洞，我甚至無法想像這在現實生活中發生，想個三十秒我就會失控大哭。總算放下心中的大石後，回頭看所有的事情都顯得清晰明瞭。此時此刻，爸爸歷經開心手術後安然甦醒，這讓我開心到快瘋掉。

我必須緊緊記住此刻的感受，因為接下來的幾天，我們白天時間都待在醫院裡，陪著爸爸在加護病房逐漸康復。這意味著我一天和媽媽相處的時間長達十七個小時，大概從我七歲之後，我們就不再忍受這種事了，而且我很確定那時媽媽讓我自己看電視的時間比現在還久。

我爸在休息，可是我媽不知道該怎麼休息，反而一直填滿這段寧靜時光。

我飛到洛杉磯來陪爸爸時，壓根沒料想到我竟然無意中報名了外向新生訓練營，而且訓練者是我老媽。

這實在是一場激烈又嚴峻的洗禮，我媽會在醫院電梯裡跟人聊天，並且毫無節制地加入他們正在進行的對話。「你們說的那位女演員是艾莉西亞．薇坎德（Alicia Vikander），她超美。」她對其中一群人說。她會跟門衛聊天，也會在星巴克裡把一名正把奶精倒進咖啡裡的男子叫住，問他到威爾希爾大道要花多久時間，雖然我知道她明明就認識路。她會在廁所和女士們聊體重觀察者（Weight Watchers）飲食的優缺點。

我們在附近一處公園散步時，她還會對別人揮手打招呼。

她會走到半路就加入別人的對話，而且一天還會有兩次這種情況。兩位遠在三十呎外的護理師在聊一部她們忘記片名的電影，「《進擊的鼓手》（*Whiplash*）！」結果媽媽從加護病房的另一頭大喊片名，然後還補充說：「不過我也還沒看過！」

在這些令我如坐針氈的對話之中，有個閒聊是每天不斷持續的，那就是老媽和那位護理師彼得的談話。他們很常閒聊，不過是好的方面，是「讓你不再擔心所愛的人身上還插著大大小小的管子」的那種聊天，我很感激她這麼做。我們得知彼得的華人祖父母和我的祖父母來自同一個村莊，他們在一九四八年來美國，彼得在舊金山長大，而且他知道在洛杉磯可以去哪裡吃到最棒的韓式料理（他列了一張餐廳清單給我們），於是我媽也與他分享她和爸爸以前在中國的居住地、他們以前在舊金山的住處和他們在洛杉磯最愛的餐廳。

在這同時，我爸在加護病房漸漸好轉，身體逐漸康復。五天後，彼得說我們可能不會再見面了，因為他要休幾天假，而我爸很可能在他下一次值班前就會出院。

我聽到時心揪了一下。彼得要離開？我們的彼得？我已經變得很依賴他，媽媽也是。「我真的很喜歡彼得。」「我也是。」每晚我們從醫院離開，要走去停車場的路上都會重複這樣的對話。

彼得目睹我們哽咽、哭泣與爭執。他幫爸爸抽血、給他服藥，確保他吃的食物對身體有益。他也看過我和老媽玩摔角，我當時想把她手上的手機搶過來，好把她打字和訊息的提示音關掉。他參與了我們的每一天。

說真的，這男人知道太多了。不過他溫暖、充滿熱忱地與我們聊天，並且對全然的陌生人如此坦承，這一切都讓這次的糟糕經驗變得好過一些。他讓我想再付諸多一些努力成為外向者，但願我有朝一日也能成為別人的彼得。

在加護病房待一週後，我爸總算出院了，洛杉磯的公寓因充斥著復元中的病患而顯得擁擠。我躺在沙發上看《王冠》，左右兩邊各坐了奶奶和我爸，他們都在服用治療心臟病的藥物，奶奶是因為她已高齡九十，我爸則是因為他剛經歷了心臟手術。

時間在這間公寓裡宛如停滯。午餐時我媽問：「有人要吃三明治嗎？」我們所有人都大喊：「我要，謝謝！」同時視線離不開電視。

這開始讓人感覺像一種不尋常的新日常生活，而我剛接納了我的新生活：沒有過去、沒有未來，就只是滯留在這間充斥著糕點、美味三明治、網飛和九十歲老人家的洛杉磯公寓裡。

可是我知道我不能永遠待在這裡，我得回到我在英格蘭的現實生活，回到我先生身邊，回到我的工作，還有我那令人作嘔的社交實驗，這些全都耐心地等著我回家。這趟旅程有好多超出我預期的事，其實這整件事都天殺地出乎我意料，但現在我親眼見證了在令人緊繃的時刻，說話與保有敞開的心胸如何能扭轉情勢。一位對的陌生人就可能成為你的英雄。

像老媽和彼得這樣滔滔不絕的外向者有時令人惱怒，但他們卻也可能讓生活中難以承受的片刻變得好過一些。他們會說服護理師偷偷讓你進病房探視你爸爸，他們也會照顧你爸爸直到恢復健康。

在這場全宇宙最令人意想不到的外向者訓練課程中（而且我竟然撐過來了），我和我媽奇蹟似地只發生過一場小爭執，而且最後和好還是因為我們都覺得一位麻醉科醫師超帥的，我們認為他應該去演《實習醫生》，因為他在工具間裡脫掉上衣一定無敵迷人。

我爸媽幫我叫了一輛計程車，堅持要看到我坐上車，而且要我在機場登機門時傳訊息告訴他們。我又回到十六歲了，可能這是最後一次了。我幫老爸把手錶戴回他的手腕上，向爸媽道別後，我背上背包登機飛往英格蘭。

我在清晨飛抵倫敦，從希斯洛機場搭地鐵回家時，仔細觀察著車廂裡站在我周圍的陌生人，我也在想，不知爸爸在醫院裡甦醒的那一刻是否會永遠烙印在我心裡。這件事提醒了我，當面臨到生死攸關的時刻，我先前的恐懼和問題是多麼微不足道；相較於剛剛經歷過的事情，這一切顯得多麼渺小。

接著我想起答應爸爸要在二〇二〇年之前生一個孫子給他，看來這件事我可能得和山姆討論討論了。

第5章　尋覓對的人（朋友約會）

「妳要去度假嗎？」女子一邊問，一邊把溫熱的液態蠟塗在我的比基尼線上。

「呃，不算是。」我說。

「那是有特別的約會囉？」

我停頓了一下，瞇起眼預期接下來會有一陣火辣刺痛感。

她也停下來，晃到我面前等待我的答案。

「對。」我說，這也算事實。

她撕下一塊在我私密處的毛。我痛得捏緊雙手，忍住不叫出來。

我之所以用熱蠟除毛，並非因為我要去伊維薩島或有個浪漫的週末計畫。我這麼做是因為即將和一位可說是陌生人的對象一起「朋友約會」，而其中涉及到游泳，我不能讓這位有可能成為我摯友的人看到我這副狂野不羈的模樣。還不行，還太快，我可不能把她嚇跑。

有些研究顯示，人在二十九歲時是一生中最多朋友的時候，不過有些研究則說一旦過了二十五歲人們就會開始失去朋友，等到了三十歲社交圈會銳減，而且往後的日子朋友只會愈來愈少。我以前就看過這個研究，但沒意識到自己三十歲時會成為那統計數值的典型代表[14]。（那海報上寫著：小心！這女人會和陌生人說話，所以對她自己或其他人來說都具有危險性。）

《飛蛾》表演當晚，山姆在觀眾席看我表演，可是那晚結束時，我看到其他講者走下台時，他們的親友們蜂擁而上，把他們團團包圍。雖然演說完後我還處於亢奮狀態，但這一幕讓我有點沮喪。我沒有親友簇擁著我。就在醫院的等候室握著老媽的手之後，我曾想到要是我忽然要動一場大手術，而我的父母遠在世界的另一端，那麼會發生什麼事？我不希望到頭來是山姆孤單一人坐在等候室。所以，基於種種原因，我想找到更多和我住在同一座城市裡的親近朋友。

打從我滿三十歲，所有在倫敦的親近朋友就都搬走，生兒育女以及搬去別處生兒育女。對內向者而言，朋友的「質」通常比「量」還重要，友人大量移居別處後，我被獨留下來，而今一個朋友都沒有。我從沒想到要為預防「朋友旱災」做準備。

你長大後都去哪裡交朋友？

我是認真想問這個問題，究竟在哪裡可以交到朋友？因為這段時期已經不會有深夜讀書會或是大學裡的社交活動。雖然你可能認為在工作場合可以交朋友，然而如果你沒遇到志同道合的同事，或者如果你是自由業，那麼交友的選擇少之又少。（此外，如果你只和工作場合上的人交朋友，那你要跟誰抱怨同事啊？）

我沒當志工，也沒參與制度性宗教[15]，更沒參加球隊。那麼一來自私自利、無神論者和懶惰的人都去哪裡交朋友呢？那就會是我要去的地方。

幾乎我所有的好朋友都是經由分派認識的，例如透過學校的座位表、大學室友，和上班坐在我隔壁的好夥伴。我清點過後，才發現大多數的朋友都沒得選擇，他們一定得坐在離我一呎遠的地方，而且一坐就是好幾個小時。我從沒有主動和超出可觸摸距離之外的人交過朋友。

少了那些行政因素當我的交友幫手，我要怎麼以大人的身分交到朋友？少了天真爛漫、用之不竭的空閒時間和年輕人的大膽直率等令人興奮的組合，是否還可能培養出親密的友誼？又或者這些在我們三十歲後就永遠遺失了？

另一方面看來，孤單卻沒有年齡的分際。我以前以為令人雀躍的城市讓我就算隻身一人也能感到快樂、溫暖。但現在我知道，你可以搬去巴黎，在城市裡狂歡和品嘗你的咖啡歐蕾，但無論那些建築和陽台有多美，最終你還是會發現自己抱著路燈取暖，彷

14 典型代表的原文為 poster girl（亦作 poster boy 或 poster child），此字由慈善募捐海報中的兒童引申而來。

15 制度性宗教（organized religion）可用來代指世界上最廣為人知的宗教，如佛教、基督教和道教等，也可用來指合法地以個人名義加入的宗教。

佛你身在《悲慘世界》裡的世界。

所以我得走出去找新朋友才行。

想結交朋友的念頭讓我難堪，我甚至不想說出來，因為這聽起來是如此絕望又令人沮喪。於是我找一位交友專家來幫我。瑞秋．伯特奇（Rachel Bertsche）在暢銷書《*MWF Seeks BFF*》裡詳述她如何在一年內擁有五十二次朋友約會的經驗。她會懂我害怕看起來很可悲的心情。

「我告訴別人：『我在找新朋友。』但在別人的耳裡，聽起來卻會是：『我沒有朋友。』」，瑞秋在芝加哥和我通電話。「我有朋友，只是他們都不在我現居的城市裡。我們對於自己渴望友誼這件事感到荒唐或奇怪，但我們不該有這種感覺。這件事很重要。」

的確。朋友會聽你說話、和你一起大笑、給你建議、鼓勵你、激勵你，並且讓你的生活充滿愉悅。我的孤獨感有個很大的來源是，我並沒有隨時一通電話就能出來喝咖啡的親近朋友，沒能和她分享生活中的大小事，也沒有一群可以相約出門的朋友。不用太多，也不用太招搖，只要一小群我可以仰賴的女巫來幫我對敵人下咒語。布芮妮．布朗（Brené Brown）稱這些朋友為「運屍體」朋友。你知道，就是當你不小心殺了某人的時候，你會打電話給他們的那些朋友。

而我的運屍體朋友全都在國外。

在倫敦有交友障礙的一定不只有我吧？有一天我在推特看到一則令我心有戚戚焉

的文章。一位兩年前搬到倫敦、名叫迪佛斯（A.N. Devers）的作家在推特上寫著：

> 因為在這個天殺的國家交朋友難如登天，我最後竟成了一位稀有書籍交易商……去你的這地方。我只不過想要有一點點微不足道的社交生活而已，看看我花費了多大的力氣才能得到。

我的第一個念頭是：稀有書籍交易商會有很多朋友嗎？這是我還沒考慮過的解決方案。總之，那則推特引起廣大的迴響，很多人加入討論說這都要怪罪於年紀和忙碌的生活。不過也因為倫敦是特別冷冰冰的地方，包括我在內的有些人回應她的推文，說很樂意和她約出來聚一聚。

但她回應自己現在太忙，可能之後再約吧。

我忽然覺得很丟臉，刪了留言。

研究顯示，現代人比以前花更多時間上網，我們快速瀏覽自己的社群媒體帳戶，對陌生人的貓或晚餐擺盤按讚，閱讀二十四小時的網路新聞，看國家領導人做些失控之舉的最新貼文等等，可是這些網路上的連結只會讓我們更加孤立。

雖然網路為內向者創造出一個空間，我們得以尋找和自己志同道合的人並建立線上社群，但仍有限度。現在大家的互動似乎太仰賴科技和社群媒體，我們雖可以寫出機智詼諧的推文或真誠的ＩＧ留言，但卻不知該如何在雜貨店裡向收銀員打招呼而不冒冷汗。我們就快失去和其他人面對面互動的能力了。

社群媒體是造成這個孤獨病很大的元兇（我們已經不再和真實存在的朋友約出

來聚會，和彼此深度交談也變得困難），不過也許科技同時也是解決方法。至少這是ＩＧ一直想告訴我的一件事。交友應用程式 Bumble 現在有「好友功能（ＢＦＦ）」，會幫你和新朋友配對（或者說是新閨蜜也行）。現在這個時代，透過手機上的應用程式尋找對象是常態。如果人們會透過媒合應用程式尋覓愛情，那麼我也可以利用它來找新閨蜜嗎？

而且為什麼要設限於一個閨蜜？一整群麻吉也不錯？我希望可以在ＩＧ上寫類似像這樣的話：「全員到齊！」而非只是我和一堆藍莓馬芬與一本莎莉・魯尼（Sally Rooney）小說的合照。

當我提及加入應用程式來尋覓新朋友這件事，山姆的朋友尚恩嚇了一跳。「什麼？所以妳要去認識一群怪咖？」我在談話中隨意帶過這個話題時他這麼問道。還真是個好的開始。

「不對，」我緩緩地說。「我不認為他們是怪咖，我覺得他們……就和我沒什麼兩樣……」

就算他是在 Tinder 結識他的未婚妻，他還是無法忍受我做同樣的事來結交閨蜜。

為什麼這件事如此背負惡名？原因之一是要承認自己渴望朋友本來就不容易，研究顯示男人比女人更不可能公開地這麼做，可是有鑑於研究也顯示，男人比女人更難交到朋友，有兩千五百萬名英國男性缺乏親近的朋友，所以也許男人比我們更需要這些應用程式。我在手機下載了 Bumble BFF 和 Hey Vina! 兩個交友應用程式。不過要是尚恩是對的呢？萬一那裡真的有一堆怪咖怎麼辦？例如喜歡鄉村音樂或腹語師的人，或是排隊要進杜莎夫人蠟像館的人，又或者喜歡在公開場合跳舞的人，還有那些會說「歹謝」[16]的人。

那我要在個人簡介裡放些什麼？

我向山姆一位好友約翰詢問建議，他已經使用交友應用程式好幾年了。他有很多想法：「說得精準一點會有幫助，大家通常會把自己的簡介包山包海寫了一堆，但我認為重點是要讓你不喜歡的人打退堂鼓，和吸引志同道合的人來親近你。話雖如此，我還是會避免列出太多不喜歡的事物，以免讓人感覺很負面。」

首先，我想勸退那些住得很遠的人，我的遠距友誼已經夠多了。有一次我參加聖誕派對，結果當晚大部分的時間我都在摸一隻友善的棕狗，有位女士和我處境相同，那晚她似乎也和我一樣想遠離人群。我們輕鬆地談笑，我很確定自己總算交到朋友，一位得來不易的閨蜜。就在派對接近尾聲的時候，我才發現她的住處和工作地點離我家搭地鐵要一個半小時。最後我們連交換電話都省了，因為我們都知道，這段友誼在還沒開始前就結束了。

一位志趣相投的人就這麼隱沒在東南倫敦了。在她穿上外套、離開派對之際，我

16 為英國俚語 Soz，相當於 I'm sorry.「對不起」之意。

看著門在她身後關上，輕聲說：「再會了。」

未來我想避免再有這種心痛的感覺。倫敦是座大城市，我一定能有些在北倫敦的知己，我才不要為了誰大老遠跑去格林威治。

於是我寫下自己喜歡看現場喜劇秀和戲劇、吃辣的食物、造訪有質感的咖啡店和讀好書。這些都是事實。不過我沒寫上我在倫敦沒朋友這件事，宣布這件事感覺好像在說：「都沒人要跟我當朋友，也許你要？」還是晚點再提起這件事好了。

我謹慎地挑選檔案照片，找些看起來「有趣」、「可愛」又不是太嚴肅的照片。一張是我自己一人在快餐車前微笑，另一張是我站在山頂上，臉上脂粉未施，背景是美麗夕照的照片。這就像在說：「你看我多正常又有趣啊。」我沒有在沙發上啜泣呢！

就這樣，我加入了。我的簡介正式上線，也開始快速瀏覽每個可能成為我閨蜜的檔案。

我端詳其他女子的臉和自傳。是妳嗎？還是妳？可能是妳？仔細看一張張面帶微笑的檔案照片。這個穿著豌豆色外套、在摸狗的和善女子怎麼樣？還是這位在摸狗的紫頭髮女生？又或是這個穿著短褲……也在摸狗的金髮女子？

使用這個應用程式幾分鐘後，我發現幾乎每張照片都圍繞著三個主題打轉：和狗狗擺姿勢拍照的女子、手握著普羅賽克氣泡酒酒杯的女子和站在山頂上的女子（汗顏啊）。摸大象（斯里蘭卡今年很夯）的比例比想像中還高，這是女性朋友版本的「挑逗」，相當於在 Tinder 上那些在老虎旁邊照相的單身男子。

我看到一個女生在沙灘上拿著衝浪板的照片。「我可以和妳一起窩在床上看電視嗎？我們可以一起旅行嗎？妳會在我難過的時候逗我笑嗎？妳會忽略我的大腿肥肉嗎？」我對著她的照片問著。

她的介紹文上寫著：「我有次專門為了吃午餐而去巴黎，對此我一點也不後悔。」我立刻對她產生好感，不過也有點膽怯。也許她會成為我的外向老師也說不定。

這個應用程式的使用方式就和其他一樣，往右滑表示你想認識那個人（養寵物和吃塔可的人），往左滑略過你想跳過的人（參加格拉斯頓柏立藝術節的人）。我一開始有點猶豫，還想仔細看每個女生的資料，不過不用多久我就因為滑得太累而成了痲木無情的浪子。用自拍濾鏡讓每張照片看起來都像可愛動物？下一位！興趣包括探索心靈與正念？下一位！只有嘟嘴親親的自拍照？下一位！

這個應用程式的設計是雙向的。就算你對感興趣的人向右滑，可是如果對方並未對妳也這麼做，那這段友誼就掰了，你們永遠沒機會交談。顯然那位不後悔在巴黎吃午餐的女生並不想和我聊天，這也無妨，因為這是她的權利。隨便啦，我沒事。（希望她會後悔沒找我聊。）

當兩人完成配對時，會響起叮的一聲（就是這麼迅速），應用程式會鼓勵你傳訊息給「未來的閨蜜」。

重點在於，配對成功後必須在二十四小時內傳訊息給對方，否則你們的友誼就會失效，而且如果對方沒在一天之內回覆你的訊息，那麼他們就會永遠消失。這個應用程式有很多拒絕對方的關卡。

有位名叫伊莉莎白的女生，她的檔案寫著：「我喜歡烹飪、嘗試新餐廳、看沒營養的脫口秀、進劇場看戲、閱讀、旅遊和探索世界。喜歡和女生朋友一起窩在家，一起外出也很好。住過紐約幾年。想找朋友一起探索這座城市，也許開始或加入一個女權主義讀書會。」

就是她了！對，伊莉莎白，就是妳了！我傳了一則訊息給她，說我很想加入她的女權主義讀書會和嘗試新餐廳。打安全牌，讓人感覺值得信賴，雖不是太創新，但也夠友善了。

伊莉莎白沒回應我。

「伊莉莎白，別這樣對我們！」我朝著她的相片吶喊，看著時間一分一秒流逝。於是，我們的關係還沒開始就結束了。她的檔案照片變成灰色，彷彿她成仙了一樣，對我而言她是不在了沒錯。

我沒時間哀悼，應用程式裡的人多得是，還有很多在摸大象的女生等著我認識。

我和另一位女生配對成功，她叫愛倫。她很漂亮，眼神也很和善。她問我是否打算留在倫敦。我欣賞這種坦率的態度，因為如果只是暫居於此，為何要在我身上付出時間和心力？那就是我們一開始選擇在這個應用程式上交友的原因。我們認識朋友、花時間相處，和彼此分享趣事，為了什麼？可不是為了等她們出發回雅典。

接著她問我是什麼星座？

「牡羊座。」我回道。

愛倫傳下一則訊息時，我正在切洋蔥準備做辣肉醬。我把身子靠向料理台，讀她傳的訊息。

「不會吧！牡羊座最糟糕了！跟我超不合！她們開口閉口都是自己，而且超級情緒化又固執，還有她們的生活中一定少不了男人。」

我看著這個訊息感到不可置信。好，愛倫，冷靜。也許我是牡羊座，也就是妳說的最糟的星座，可是妳這樣批評我，難道我不會受傷嗎？（然後馬上報復，因為我和跟我同星座的人習慣這麼做。）可是愛倫，我不也需要朋友嗎？難不成所有牡羊座的人都活該孤獨死嗎？

我忍不住問：「那妳是什麼星座？」

「我的檔案裡有寫。」她回道。

我看了一下她的檔案，她是雙子座。我決定不理會她的評論。她的檔案裡寫著她是卡萊爾人，而且熱愛足球。「妳支持哪一個足球隊？卡素爾隊？」我問她，想把話題帶到比較不相干的領域。

「以前是，不過現在我支持阿森納，因為我搬到倫敦了。」

不要理她，山姆的聲音出現在我的腦海。現在就把她甩掉。

山姆的交友判斷力不是很好（我只能說他可以再更有眼光一點），不過他極度不齒那些為了追求更光鮮亮麗或更時髦的球隊，而變心不支持自己家鄉的足球隊之人（他支持新特蘭隊，最近他們正面臨近幾年以來最低潮的時期）。對自己城市的隊伍忠誠是基本的禮儀，反之就變成一日球迷和酒肉朋友罷了。不需要明說，他們通常不太值得信賴。

也許是因為他們是蛇，雙子座雙面蛇。

「我想我們就到此為止，愛倫。」我大聲說，一邊更用力地切洋蔥。直到我做完晚餐，我們兩人都沒再傳訊息給對方。

事情的發展已比我想像得還要複雜許多。我因為出生的月份而被視為不值得結交的朋友，而我只因為支持的足球隊而回絕了一個女生。說實在的，這個應用程式是不是把每個人都變混帳了？

至少一開始不是如此，每一次配對都是以友善的訊息和笑臉符號作為起始。準確來說是臉羞紅的笑臉符號，因為每個人都用這個表情符號，就像在說：「我是個好人，我想認識妳，我立意良善，不是謀殺犯。」這招有效得令人打寒顫，多麼能令人卸下心防。彷彿法律規定謀殺犯都得用謀殺的表情符號（我猜是骷髏頭）作為開場白，好讓我們有心理準備一樣。

大多數的女生說喜歡早午餐、瑜伽、品酒、演奏會、跳舞和看電影，也有很多人喜歡逛藝廊和看展覽。大家都想當電視廣告上，那種炫耀自己在特內里費島度過充實完美假期的人。

我傳了一些訊息，內容包括：「我也喜歡喜劇秀！」和「妳最喜歡哪種冰淇淋？」。不出幾個小時，我就開始體會到人們常說的應用程式疲乏症。有次一位同事告訴我，她在 Bumble 上拒絕了一萬五千個男人，因此受夠了應用程式。當時我回道：「不過下一個配對對象也許會是很棒的人！」那時的我圓睜著眼、滿懷希望，心想：妳可能會遇到各式各樣的人！獨特、有趣又有各式各樣的人就在妳的掌心裡等著妳認識！開啟冒險旅程吧！

一小時後，我就在不停地往左滑，刪掉那些自稱是「忠於原味」、喜歡去俱樂部和會去「燃燒人」[17]節慶的女生。

當我和某人配對成功，我們會藉由即時訊息有點尷尬地互開玩笑，在這之後其中一人得先有所行動，讓這份友誼實際發生在現實生活裡。大多數的對話內容都很無聊，所以很難向對方啟齒：「我們要邊吃晚餐邊繼續這場沒內涵的對話嗎？」再加上很多女生根本對妳的訊息置之不理，彷彿妳的開場白：「嗨，珍，照片裡那隻是妳的狗嗎？」對她們來說不夠有趣。

我的配對主要的障礙在於我太羞於「邀她們出來」。我們好不容易走到這一步：都使用這個應用程式、對彼此往右滑，和在即時訊息裡聊天，可是我們都太躑躅不前，

17 燃燒人節慶（Burning Man）為每年在美國內華達州的黑石沙漠舉辦的活動，名稱始於在週六晚上焚燒巨大人形木肖像的儀式。

無法提議在現實生活中見面。

這份感覺和我剛開始跟山姆交往的時候有點類似。我們在線上聊天，打情罵俏，而且頻率很高。但因為我們都很害羞，可能拖了好幾個月才真正第一次約會。

只不過在我和山姆認識之前，他就訂好一張單程而且不退費的機票飛往澳洲，準備定居在那裡。愛情，又或者是害怕失去可能到手的戀情，使我們變得勇敢，於是我做出行動。我邀請他參加我朋友的生日派對，讓整件事聽起來很隨興，而他在凌晨兩點出現，喝得醉醺醺的，說我是他在中國最喜歡的人。隔天我邀他共進晚餐，他吻了我，於是我們從那時起就形影不離。

我不確定這些經驗能否套用在朋友約會上。

少了那麼一點急迫性，我不知道該怎麼「約」那些女生出來。很多和我聊過的女生也不太會處理這個攸關成敗的關鍵時刻，因為她們不想讓自己顯得太躁進，同時也不希望被拒絕。可是這個應用程式的目的在於認識新朋友和擴展朋友圈，而不是在五到六次了無生氣的對話之後，就再也沒傳過訊息給對方。如果兩方都沒有進一步的動作，那麼前面所做的努力就付諸流水了。

後來有一天，我在ＩＧ上收到一個素未謀面的人傳來的訊息。她叫維娜斯，是在美國念過書的澳門人。她讀過一篇我的文章，最近搬到倫敦，問我是否想共進晚餐。她似乎毫不遲疑就提出這個要求，令人措手不及卻也果敢。

我覺得很榮幸。愛倫，妳看吧？有些人還是會喜歡像我這樣令人作嘔的牡羊座女生，還是有人想和我共進晚餐！

我和維娜斯約在一間馬來西亞料理店見面，我問她在倫敦交朋友的情況。

「我剛搬到這裡時非常孤單，可是我在 Bumble BFF 上找到了一群死黨，就像慾望城市裡的那樣。」維娜斯說。

「什麼？真的嗎？」我問，刻意忽略她拿慾望城市當例子。

維娜斯似乎是和一個叫克拉麗莎的愛爾蘭女生在網路上長談服裝設計學校的事，她們約出來喝咖啡，接著約吃早午餐，從那時起基本上她們就一直膩在一起了。

「克拉麗莎把我介紹給另外兩個她在 Bumble BFF 上認識的女生，現在我們四個很要好，很常一起出去。」

我幾乎要把我的筷子折成兩半。我也要這樣！這就是我夢寐以求的啊！

不過她有交友失敗的經驗嗎？

維娜斯說她曾和一個住得很遠的朋友約出來一次，但後來再也不曾見過彼此（看吧？距離就等於沒戲唱），而克拉麗莎和維娜斯的住處是兩個火車站的距離。

「我們才剛從日內瓦回來。」

我把筷子放下。

此刻我很想說：「妳們的慾望城市麻吉團需不需要第五個人加入……？」

可是維娜斯才二十五歲，我懷疑她會覺得我已是一隻腳踏進棺材的人了，就像所有二十幾歲的女生（包括以前的我）看待三十歲以上的女生那樣。我會像在角落亂入她們自拍照的老太婆，而且還會叫她的凱莉、莎曼莎、米蘭達和夏洛特小聲一點、別太吵鬧。當她問我對於自由工作者的報稅建議時，我開始覺得這頓晚餐比較像是一場拓展人脈的邀約，不過就算如此也無妨，因為她給了我難以用金錢衡量的事物。

希望。

我又抱著滿腔熱情回到應用程式上，不過這回我有個關鍵的改變。我調整個人設定，把年齡層加寬。和維娜斯見面提醒了我，和不同年齡層的人交流是件很有趣的事。維娜斯和我儘管年齡有差距，但我們很喜歡對方，而且我有一個很要好的前同事就大我十歲。

於是我調整應用程式的設定，好讓我能和比我年輕和年長十五歲的女生配對。很快地，一位留著黑長髮的女生出現了。她很高雅，四十四歲，是一位名叫艾比蓋兒的小說家，而且她就住在我家附近。我立刻對她往右滑，叮！我們配對成功。

她傳了一個訊息給我。「我以前從來沒這麼做過，妳想喝杯咖啡嗎？如果不想，至少可以把這當作一則好笑的故事。」

很棒的開場白，艾比蓋兒。

我回傳給她。「好！走吧！」

幾天後，我準備好要和從應用程式認識的朋友第一次見面。我很緊張。對方會認為我是最佳的交友對象嗎？

在愛情裡，追求者可以假裝彼此沒有火花，或者你不是他們的菜。可是因為結交朋友並沒有數量限制，所以被拒絕成為朋友也會是一件殘忍的事，透露的訊息清楚明瞭：「我真心不想和你在一起。」

我洗了頭，而且注意不遲到。

我走進約好的咖啡店，看到艾比蓋兒正坐在角落的扶手椅上。我是藉由她的檔案照片認出她來（聽說和約會應用程式的另一個差別在於，交友應用程式裡的照片比較不會失真）。她起身和我擁抱，然後問我想喝什麼。我點了一杯小白咖啡（flat white）後坐下來，偷偷觀察她。

艾比蓋兒把我們的咖啡端來，我們立刻聊起寫作，她正在進行的第二本小說，目前已經到了校訂的階段。她坦言要寫出小說的初稿有多麼困難，不吝分享自己的弱點，而這能讓人看出她的個性：誠實而溫暖。她在進行深層談話，這我應付得來。

她坦率地談到最近離婚的事，提及她的前夫交了個小三，所以我大膽地問她是否又開始和別人約會了。

對於才剛認識的人來說，這個問題感覺很私密，不過艾比蓋兒點點頭。

「不請自來的屌照可不是在開玩笑的。」她說。

「真是太慘了。」我回道。

「不過往好處想，我可以看到一些很讚的浴室瓷磚設計。」她笑著補充說。

我們還聊到單純交朋友的網站令人鬆了一口氣，因為比起試探對方想不想上床，這顯然輕鬆多了。

「至少我們不會上床而且之後還搞失蹤，這不是太好了嗎？」她說。

這的確很棒。

艾比蓋兒是個溫暖又直接的人，我立刻就喜歡她，令人驚喜的是，從資料上看來，我根本不知道我們會有這麼多共同點。她今年四十四歲，是個獨自撫養一個五歲小孩的單親媽媽。她是考古學博士，而且是那種會把小孩送去學校，自己去慢跑後坐下來寫史詩般長篇小說的媽媽。我有可能會成為像她這麼棒的女人嗎？我不確定，但我很高興認識了她。

我走出咖啡店時心情很雀躍，我和一個陌生人見面、喝咖啡，而且聊得很盡興。我的第一個朋友約會。大成功！

可是接下來我不知道該做些什麼，我要再次和艾比蓋兒聯絡嗎？還是要等她聯繫我？這時，我的友誼導師瑞秋．伯特奇說話了。

「我最大的建議是踏出第一步，而且也要踏出第二步。」

於是我拿出手機，傳訊息給艾比蓋兒：「本人特此立誓，絕對不會寄屌照給妳。」

艾比蓋兒也回我簡訊，向我保證相同的事。她說她很樂意再約見面，不過接下來幾個月她會忙著校訂她的書，我們達成共識大概一個月後再聯絡。

我和艾比蓋兒的進展很順利，這讓我信心滿滿，相信到了這場實驗的最後，我大概會有十個麻吉。我們會一起去特內里費島，在沙灘上喝著貝里尼雞尾酒。

我的第二個朋友約會的對象是任職於慈善藝術機構的潔德，我們相約在國王十字車站附近看喜劇秀。那天的天氣熱到不行，我瘋狂冒汗。潔德留著一頭紅髮，穿一件花襯衫，渾身散發出藝術家的氣質。她幫我們各買了一杯艾普羅香甜酒，我們一邊看秀一邊喝，同時我整段表演都汗如雨下。看到一半時，我發現坐在我正前方的女士穿了和我一模一樣的 H＆M 洋裝，而且我們兩人都汗流浹背。我想和潔德分享這件事，可是又覺得這件事太難為情而作罷。

表演結束後，我和潔德一起走回國王十字車站，就在這時我面臨了兩難的局面。現在怎麼辦？我要告訴她今天過得很開心嗎？再約她出來？側身和她親親臉頰？因為我們一起看喜劇秀，結果根本沒什麼機會聊天，只有在中場休息時在外面納涼，喝著雞尾酒短暫地聊了一下。我很喜歡她，在那短暫的十五分鐘裡，我們聊工作也聊那些脫口秀講者，不過現在要道別了，氣氛卻好尷尬。潔德先擁抱我，說我們應該再找時間約出來看戲。這次我學到了一課：和初次見面的朋友千萬別約出來肩並肩沉默地坐兩個小時。

第三位約會對象是札拉。我們約在大英博物館外頭碰面，然後在地下室的書店裡喝飲料。她很令人驚奇，在法國長大，說話有蘇格蘭口音，而父母是巴林人。不過這次見面感覺不像在交談，反而像是我在看單人女子脫口秀，她談論女權主義、多元文化和她男友的種族主義家庭。我為她著迷，但感覺不到連結。我會聽她的播客嗎？會。為寫個人傳記而採訪她？會。成為她的最新麻吉？這倒不一定。

接著是會計師露西，雖然她是個非常好的人，但我倆毫無交集，我甚至發現自己在找藉口想早點逃離我們的咖啡約會。而後我和一位活動籌辦人共進晚餐，不過她花了四十分鐘抱怨自己的工作，於是我狼吞虎嚥地把披薩吞下肚，好讓我可以盡早衝回家。

我發現自己和她們全都沒有火花。

友誼會需要火花嗎？我一向認為是需要的。你會希望可以和幫你「運屍體」的那些人是契合的，否則那對你們來說都會是極度煎熬的一晚。

雖然忠誠和支持對我而言終究是很重要的，但我也想和新朋友能夠說笑打鬧。不過到了這個節骨眼，眼前的情況相當顯而易見，那就是我尋覓新朋友之路舉步維艱。我和那些女生飲酒用餐的頻率，儼然就像剛恢復單身又有新髮型的約翰・梅爾（John Mayer）前往三十二個城市巡迴演出一樣。

當我看著自己傳給不同女生的好幾排訊息時，我瞬間有種感覺：我就像在 Bumble BFF 上腳踏多條船的花心瞎男。

但我和瞎男不同，因為我是在尋找那份難以名狀的火花，而不是一夜情。

雖然我見過的女生每個都非常優秀，但除了艾比蓋兒以外，我對她們都興趣缺缺，而且我看得出來她們也對我有同感。或者我們可能只是沒越過尷尬的關卡，到達可以自在相處的境界。

我忽然想到一件非常令人憂鬱的事，那就是我的這些朋友約會的對象，沒有任何一人再開口約我出去。這種情況下，到底誰才是「瞎男」啊？

好吧，我想還是我。

我問了夠多問題嗎？說夠多關於自己的事情嗎？或者是我說得太多？我以為如果願意嘗試，那麼我就能輕易地交到朋友，可是我這才發現自己一無所知。什麼朋友？我可以信任誰？不討喜的人通常沒有自知之明，對吧？

我別無選擇，只能繼續堅持下去。

在倫敦的每個人都忙於工作、家庭、約會和收發屌照，我開始懷念起我在德州的小鎮了。在那裡大家都很閒，所以你可以在十分鐘以內就召集二十個人跟你在停車場碰面，把一罐體香劑水點火燃燒鬧著玩。

所以其他人是怎麼一次和很多人約會的？這樣怎麼可能還保有動力和熱忱？他們又是為什麼會想要做這件事？實際執行簡直是一場夢魇，包括不停地閒聊和機械式地交換人生故事。應用程式上有那麼多莎拉、凱蒂和莎曼莎，我根本無從發落。我已經筋疲力盡了，一定還有別的方法。

幾天後，我讀到一則新聞說有位來自紐約叫娜塔莎的女子在Tinder上盲傳相同的訊息給數百位男子，上面寫著：「到聯合廣場『靠近舞台處』，就可以和我第一次約會」。而當數十名男子開始在舞台附近穿梭尋找她的身影時，她拿著麥克風出現，宣布她請大家同時到這裡來，是為了讓她能節省時間、剔除不適合的對象。

簡言之，他們來這裡是要和彼此競爭，以博得她的青睞。

接下來，她以《神鬼戰士》式的說話方式要求已經有對象的人離開、身高超過一七八公分的人可以留下，接著又說：「我不喜歡叫吉米的人，請名字叫吉米的人離開。」

很多男生一發現是這種情況就走開了，不過還有很多留下來比賽短跑和伏地挺身，只為了贏得她的時間與喜愛。

娜塔莎真是天才，我們沒時間逐一單獨約會，最好能把所有人聚集起來，以最快的速度去蕪存菁。我得學一學娜塔莎，把所有的配對結果全都齊聚一堂，這樣我們就能在同時間見到彼此、只花一晚就找到心靈知己，然後一起忙著吃早午餐和做瑜伽，把生活填滿。

我以前都做錯了，安排一對一約會是內向者會做的事。外向者會把所有人聚集在一起，這麼做皆大歡喜，對吧？我不知道實情為何，但我就是這麼亂無章法地猜測他們做事的方式。

我寫了一段可以同時寄給很多人的訊息，一般而言，我得花上好幾個星期才能鼓起勇氣做這種事，但我變了，我現在是個外向又天殺的朋友約會機器呢！

「嘿！我想約這個應用程式裡的朋友們出來喝一杯，時間是下星期三晚上六點半，地點在克勒肯維爾的西蒙斯酒吧。如果妳能加入就太棒了！」

我把這則訊息發給三十個女生。像個老闆一樣，也像個隨興的外向者。從前的我總為了主動邀約別人而猶豫不決，但現在那人已經消失不見了。

我屏息以待。

接下來的一週，我接連收到回絕的訊息：其中三人要加班、一人要參加籃網球巡迴賽、兩人有其他計畫、三人出城去了，還有兩人食物中毒。兩個人食物中毒？成人打籃網球？這些理由實在很滑稽。

我癱坐在沙發上。

我的積極已被擊潰。朋友約會真難。還有，英國的食品衛生糟透了。

約見面的當天我提早到，有幾個女生說她們會盡量趕到，所以我總不能在自己舉辦的大型聚會裡遲到。

我穿著牛仔褲和格子襯衫，就像在說：「嗨，是我，我就是妳那隨興的新麻吉。」我預先想好了一些故事，覺得自己很友善，還放鬆臉部表情。妳看看我，我很風趣、隨興又酷得要命。

然後我等著。

再等著。

啜一口蘋果酒。

繼續等。

隨興外向者如我，此時已經變得有點坐立難安，而且每當閒晃的酒保往我這裡瞥一眼，我就一點一滴變回那個憂慮內向的自己。

只有一個人來赴約，那就是愛蜜莉亞。

我忽然覺得自己很像網路釣魚客，而她是上鉤者。

我要告訴她實話嗎？說我其實約了三十個女生，而有二十九個沒回應或放我鴿子？她是唯一一個答應我要赴約的人？

「原本還有另外兩個女生要來，可是她們最後還是沒趕上。」我說。

愛蜜莉亞優雅大度地接受了這個說法，點了一大杯紅酒。她任職於一間顧問公司，一身西裝筆挺，而我穿著最舊的牛仔褲來赴約，覺得自己蠢斃了。坐在穿著西裝外套、腳踏時尚的芭蕾平底鞋的愛蜜莉亞旁邊，我活脫脫像個青少女，而她正在教我如何獲得第一份工作。

我問愛蜜莉亞為什麼她會使用Bumble BFF的交友應用程式，她說：「我現在單身，想找其他單身女性一起參加約會活動，那就是為什麼我會出席這個團體活動。」

「這樣啊，很抱歉……」我說。

「妳結婚了吧？如果妳認識其他不錯的單身女性，可以幫我介紹認識一下嗎？」愛蜜莉亞問。

妳是說幫妳配對，介紹一些朋友給妳認識，而且妳會喜歡她們多於喜歡我嗎？好樣的。

「沒問題。」我說。

兩杯紅酒下肚之後，愛蜜莉亞漸漸放鬆下來，坦率地與我分享她的感情生活。她和好多魯蛇約會過，可是她想結婚生子。她有個令人欽羨的工作、擁有一間公寓，來自埃薩克斯，所以在倫敦有很多朋友。她說很欣賞我的積極主動和想認識更多人的想法。

「打從十幾歲開始，我的朋友圈就很小，而我是個非常、非常忠心的朋友，對此我很驕傲。不過我覺得彼此漸行漸遠了。在一起的時候，感覺就像我穿著不再合身的衣服一樣。」

事實上，這正是我最近開始常聽到三十多歲的男人和女人說的話。這個年齡層正是人生和事業各奔東西的時候，生小孩、搬離城市、轉換工作跑道等等。二十年前的麻吉可能現在和你不會有太多交集。

你我都有這種經驗：和過去的老友重聚，但卻發現你們的談話最契合的部分，竟然是在緬懷過去？離開時你感到失望和沮喪，心裡明白他們也有同感。

這種情況主要是因為我們的處境會隨著時間改變。家鄉的一位朋友總是催促我懷孕生子，我知道她之所以這麼做，是因為她希望我們可以一起大聊媽媽經，讓彼此迥異的人生再次雷同。不久前我在紐約和以前大學的室友泰迪見面，他不敢相信我結婚了，這事令他驚訝不已。

「為什麼？」我問。

「因為妳大學時期完全沒和人約會過，一次也沒有。」

看著泰迪困惑不解的表情，我這才發現原來在他眼中的我永遠是以前的模樣。對他而言，時間把我凍結了，永遠是單方面愛著被雪覆蓋的校園、手裡抱著書，和眼線畫太厚的十九歲女生。在他眼裡我不會改變，又或者他並不想接受我的改變。

有件事很難讓人接受，那就是有鑑於他以前渴望當校園情聖，但我卻得知他出家成了一位佛教和尚。（不過主要意外的點在於他並非隸屬於需要禁慾的佛教組織。對，我查證過了，而且是對畢業班的每個同學、不分男女都查證過了。）

不過，人是會改變的。那天在紐約，在泰迪眼中的我並非現在的我，或者至少不是我所認為的自己。被對方看見正是我們渴望從友誼中得到的，是一種「這個人比我還了解我自己」的感覺，而當在老友間失去了這樣的連結，友誼的魔力便消失了。

搭巴士回家時，我一屁股坐在座位上，筋疲力盡。我能找到真正能「看見」我、了解我的朋友嗎？我不知道。此時此刻，我不懂為什麼自己只能找到一個人出席團體聚會。

娜塔莎是怎麼辦到的，能讓數百位男子參加她在紐約的團體聚會？我用 Google 搜尋她，發現她是一位ＩＧ模特兒，擁有蜜桃般的豐唇，而且天生就是穿比基尼的料。噢，原來如此。

如果我傳訊息給三十位女生，只有一人出席，那麼如果要有三十位女生出席，我可能就得傳訊息給九百個女生。這意味著我也得和九百個女生配對成功，意思是我得說九百次「妳這週過得如何？對啊，我也好高興快到週末了。」這類的對話。

我的天啊，我可沒時間做這件事。這些時間可能讓我成為當代的ＩＧ詩人，或結算我日積月累的稅金（雖然我還是不會做這件事），也可能創業開一個承辦酒席的生意，或者接受馬拉松訓練然後半途而廢。

我知道實際的男女約會比這還殘酷多了，我懂。可是我已經結婚，所以不再為那件事心煩。在朋友約會中找到真正與我有連結的人，這才是我的終極挑戰，而我表現得不是很好。

在巴士上，我漫不經心地掃視應用程式裡的配對對象，視線停留在其中一人的資料上：那位女生站在一座湖前面，看起來很和藹可親。她最愛的歌手之一是聖文森[18]，而我去年冬天也不停循環播放那位歌手的歌。她的其中一個表情符號是一顆餃子。這是徵兆嗎？

不對不對，重點不是和一百個女生出去約會一百次，而是要找到少數幾個真正和我投緣、能繼續當好朋友的人。

在家裡，我告訴山姆在和愛蜜莉亞的喝酒聚會之後，我已經受夠朋友約會了。我在這方面運氣不佳，就到此為止吧。

「妳參加過幾次交友約會？」山姆問。

「六次。」（還有一次是不幸的酒吧競猜[19]之友聚會，那次我一直扯著嗓子大喊，後來我們輸了，讓當時的新朋友知道我對歐洲歷史的了解有多淺薄。）

「就再去一次看看吧。」山姆說。

「好啦，我會跟她去。」我看著電腦螢幕上的個人資料說。是那位用餃子當表情符號的女生。

「她叫什麼名字？」山姆問。我再往下看她的資料。

「幸運，她名叫幸運。」我回道。

18 聖文森（St. Vincent）為美國創作歌手及製作人安・愛琳・克拉克（Anne Erin Clark）的藝名。

19 酒吧競猜（pub quiz）是在酒吧裡玩的益智遊戲，創始於一九七〇年代的英國，現已成為英國人的熱愛活動。

「第七個幸運兒！」他說。「妳一定要去。」

我往右滑，叮！我們配對成功。

我和幸運約了在乒乓餐館吃餃子，然後去蘇活戲院看喜劇秀。如果我要出席一場可能會搞砸的交友約會，至少我也要吃點餃子我才甘願。

結果幸運得了流感，約會取消。

這提醒了我要去注射流感疫苗，這樣一來才不會得流感，就這方面來說，我是很幸運的。不過我們的友誼不是。

接著事情發生了，那就是我的第一位朋友約會對象艾比蓋兒和我聯繫，她想約我出去。

我們決定去漢普斯特德荒野的泳池，那也是為什麼我要去做比基尼線蜜蠟除毛。為了艾比蓋兒而做這件事，因為她值得。

一週後，我做好了比基尼線除毛，我們兩人都穿著一件式黑色泳裝站在泳池邊。艾比蓋兒以前在這裡游泳過，而因為我之前和潔西卡來過，她說服我一次就全身泡進冷冷的水裡，所以我也給了艾比蓋兒同樣的建議：不要直接跳進水中，因為這麼做妳可能會大口吸氣而不小心吸到水。慢慢來，緩慢且漸進式地呼吸，並持續嘗試。

艾比蓋兒進到水中，再慢慢游到泳池對面。我緩緩跟在她後面，讓自己背朝下躺在水面上。後來我們徒步穿越希斯區，她要給我一本書，邀我去她位於貝爾賽斯公園的家。幾個月前，眼前的這個女生對我來說還是全然的陌生人，而現在我在她家裡讀著她的書，討論她的寫作。

我知道我會再次與艾比蓋兒見面。儘管我尋找的是年少時容易變得親密的友誼，但我卻無意中發掘了一種更成熟的友誼。我們不太可能徹夜聊天、交換衣服穿或每個週末都膩在一起，因為現階段的我們都太忙碌了。但在這個偌大孤獨的城市裡，妳知道有個人就在那裡，就算只有一個也好，可以讓妳聯繫並說：「想去吃個飯嗎？」妳知道他們會出現、逗妳笑並聆聽妳說話，這感覺就像一份珍貴的禮物。

再者，艾比蓋兒很上道，她會知道怎麼處置屍體。

研究顯示要把一個人視為朋友，你們需要見面六到八次。上次你認識並非同事的新朋友，而且一年見到對方六到八次是什麼時候？除非你們是男女在約會、一起參加運動校隊或是室友，否則答案是沒有。

就這個定義來說，我最好的朋友就會是十九號公車司機了。

另一個研究顯示，平均會需要五十個小時才能讓你把對方看作是普通朋友，而需要九十個小時才能讓你順理成章地把他們晉升為真正的「朋友」。

五十個小時？我不確定是否如此。加上一點感情創傷，也許能以十倍的速度達到普通朋友的等級。讀新聞系時，我和一位同學同組製作一則新聞報導。可以肯定的是，在新聞編輯室裡啜泣幾個小時很快就拉近我們的距離。同樣情況也發生在搭同一班遇到亂流後存活下來的班機、遇到殘酷的老師，和懲罰式的冗長爵士演奏會。如果想在這些情況下活著走出來，你們通常會為了生存而產生緊密的情感連結。

我個人認為和自認相當投緣的人見面兩次、相處過幾個小時，再互傳許多情感豐沛的簡訊就足以讓我們感覺是朋友，而且我想我和艾比蓋兒正朝著這個方向邁進。

有時新結交的朋友會神隱，你無從得知別人的生活發生了什麼事，也許是他的家人生病了，或者對方正經歷某件人生大事，因此得全神貫注在那件事上；又或者他們可能遇到某件令人心碎的事，正在調整心態走出陰影。我們永遠不知道發生了什麼事。

正如我的心靈導師瑞秋所說：「在你們成為真正的朋友之前，你不能期待別人表現得像是你的朋友。我的意思不是大家都該有心機，而是他們其實不欠你什麼，所以如果對方沒保持聯絡或回覆你訊息，盡量讓自己不要覺得太受傷。」

交友約會可能令人傷透腦筋，但有件事又讓我覺得更驚訝，那就是相較之下，陌生人友善多了，而且比我們想像得還正常。當我「約她們出來」時，沒人直截了當地拒絕我。我並未「認識一堆怪咖」，一個都沒有。沒有低級的怪咖，沒有屌照，也沒有陰道照。

主動出擊也許令人覺得難堪，可是如果一直沒人主動做些什麼，那麼生活中就什麼事也不會發生。隨口提出邀請，約對方出來喝杯咖啡或喝酒，對你而言並沒有損失。從應用程式上轉移到私人訊息可以讓這件事變得容易些。如果他們回絕也無妨，至少你知道他們的意願是如何。

這也能讓我清楚了解。我的意思是，我曾經在一個晚上被二十九個女生拒絕過，可是我還是安然度過了。

一晚我傳訊息給兒時麻吉喬莉，她和兩個孩子現居休士頓。那時是倫敦時間凌晨三點，她還醒著。

「我不知道為什麼這件事那麼難。」我對她說。

「那是因為妳想要的其實是共同的過去。」她回道。

她說得沒錯，我一直把自己和老朋友、摯友所擁有的化學作用和溫暖來和新朋友作比較。那些老朋友對於從前的我瞭若指掌，同時也接受我長大後的模樣。我真正在尋找的，是無須贅言彼此就能領略玩笑話，和得花上好幾年建立共同過去所帶來的親密感。

然而有時友誼與愛情很像，兩者皆無法計畫。它會在出其不意之處找到你，或出現在你所想得到最顯而易見的地方。

有天傍晚我慢跑完回家，正彎腰在我家的大樓前喘口氣，這時大門打開了，有個女人拿著垃圾走出來。

「我不是在這裡遊蕩。」她對我做了個好笑的表情時，我趕緊解釋。

「噢，我沒有覺得妳在這裡遊蕩，我以為妳住在這裡。」她說。

「對，我的確住在這裡，住三樓。」

我們互相自我介紹，她名叫漢娜，來自荷蘭。當她轉身要走回去時，我說：「嘿！妳想交換電話嗎？以防萬一……發生火災之類的？」

我感覺得出來這一年改變了我，我和陌生人說話已經不那麼害羞了，而且在交友程式的經驗意味著我現在願意主動出擊，即使說到火災那段時還是讓我感覺有點難堪也無妨。幾週後，漢娜和她的先生邀我和山姆去他們家共進晚餐，因為我們在他們去度假時幫忙收包裹。漢娜有好幾百本藏書，我離開她家時還抱走一堆向她借的書。

過了幾個月，漢娜忽然傳訊給我，說：「現在想不想和我去喝杯咖啡？」我確實想。千載難逢的完美交友約會就是：主動邀約、配上好咖啡、有內容的對話和零通勤。我們之間也蹦出很多火花，兩人都讀過好幾本一樣的書，年紀相仿，而且我們正經歷相似的難關。

她一直都住在我家樓下，但要是我沒經歷過那麼多朋友約會和失敗的開始，我知道我不可能在我們見面時向她要電話。事實上，有鑑於我平常對待倫敦鄰居的方式，還有在這場實驗開始前我閉俗的程度看來，我甚至可能在當下乾脆假裝自己的確在閒晃。

漢娜和艾比蓋兒都是個開始，這對我而言就是一種成就。沒有一大票的女性朋友，而是一點點的社交生活，就像迪佛斯想要的那樣（而且我還不必成為一位罕見書籍交易商）。在像倫敦這般偌大又寂寞的城市裡，對我這麼一個害羞的內向者而言，此刻令我感覺心滿意足。

第6章 人數控管（拓展人脈）

國際酒吧之夜。

女子站在酒吧，手拿著一杯酒。她轉向身旁的男子，兩人眼神有了交集，她對他抿嘴微笑。

男子：嗨。

女子：嗨。

男子：所以……這裡妳有認識的人嗎？

女子：我認識這場活動的協辦者，羅伯特，你認識嗎？

男子：（聽不見）

女子：抱歉，你說什麼？

男子：噢，妳是同性戀嗎？妳知道，我就覺得是這樣！

女子：蛤？

男子：妳剛說妳是同性戀，妳是嗎？

女子：不是，沒有，我剛沒這麼說。我不是……不是同性戀。

停頓半晌。

男子：所以，妳為什麼會來倫敦？
女子：說來話長，我嫁給了一個英國男人。
男子：噢，真的嗎？
女子：呃……對，沒錯。
男子：哇！哇嗚！
（小聲吹口哨）
男子：（繼續說）所以妳是那種人。
女子：什麼？哪種人？

男子的朋友走過來。

男子：（對朋友說）這女生說她來倫敦，是因為她嫁給了一個有錢人！
女子：什麼？有錢人？不是！是英國人！不是有錢人。他是英國人！**英國人**。

對話結束。

類似這種對話構成了我在拓展人脈的場合裡多數的經驗，在這場談話後，我想做的是說聲：「嘿，我家裡的烤箱忘了關，所以再見囉！」然後立刻逃離現場。

我參加那場活動是想拓展職場的人脈。我盡力了，可是有時就算我們用盡一切努力，事情仍遠遠不如預期。既然這樣，又何必麻煩？

因為即使我們聰明又努力，事業有成的一大因素仍是人脈。研究顯示，會為你的生活帶來重大改變的人，是在你的交際圈外圍的人，亦即「弱連接」[20]。「強連接」是指你的麻吉和家人，他們可能和你有相似的連結和知識。而弱連接的那些人，也就是我們鮮少聯繫的對象，事實上卻在我們的生活中更具影響力。他們帶來新穎的訊息、建議和觀點：新工作前景、職權、嶄新的靈感，或成為我們可能永遠不會認識的合作對象。

內向者和害羞的人社交圈較小，這是天性使然，這使我們得「建立人脈」，而且我顯然很需要多加磨練這項技能。我和陌生人說過話，但如果今天是踏進滿屋子都是陌生人的場所呢？這些人脈會讓我擁有更豐富、更完整的人生嗎？

20 弱連接（weak ties）理論是由美國社會學家馬克．格拉諾維特（Mark Granovetter）於一九七四年提出，指在人際關係中，溝通互動的頻率較低的朋友、同學或親友。

建立人脈是指認識新朋友，並和不同的人建立情誼，如此一來我們可以交換新想法或工作機會，這是官方的定義。在現實生活中，感覺起來更像《飢餓遊戲》（*The Hunger Games*），只不過是在一間人滿為患的會議室裡的版本：微溫的普羅賽克氣泡酒、寫著名字的名牌，以及和素昧平生的人說些尷尬的對話，同時大家的心底都暗潮洶湧，想著：「我要如何利用你，才能對我有利？」

就我個人而言，我還寧願在真實生活的飢餓遊戲裡自願當貢品。與其交換名片，你可以互換有毒的莓果；比起閒聊，你大可以派致人於死的大黃蜂去攻擊敵人，這兩者都比自由接案者的快樂晚宴還有趣多了。

但我還是經常報名參加拓展人脈的活動，因為我奢望著某一晚會完全翻轉我的人生。在某天晚上，我會認識某人望著我的雙眼，看出我所有瘋狂不羈的潛能，而且把我納入麾下、開導我，並說我成了網飛的新頭頭。

我也對自己承諾，等活動進行到一段落，我就會煥然一新，成為某個自信、善於社交、果敢的人，而且還能穿上網襪，還有長高。

可是當那天到來，我卻缺席了。臨陣脫逃名列我的嗜好前五名，名次只排在看狗狗跳進樹葉堆裡的影片後面。

無論你是誰，只要說到「按計畫進行」這回事，你的表現可能和我一樣糟糕。英國是「取消國」，一項針對兩千名英國人所做的研究顯示，他們平均一年有一百零四場社交聚會，但半數會放鴿子不出席。（只有半數？還真令我訝異。）

但現在我不會再讓這件事發生，經過被取消多次朋友約會的坎坷經驗後（好多人打籃網球，也有好多人食物中毒和偏頭痛），我發誓要開始出席更多活動。去年冬天，我的朋友取消了計畫已久的晚餐約會，因為她「怕會感冒」。她根本還沒感冒。難道她就不能花點力氣至少假裝感冒一下嗎？傳一個簡單的流鼻水的表情符號會有多難？比起她在最後一刻取消約會，不願付出努力更令人反感。

我在度假、我得加班、我弟來找我、我的籃網球隊打進奧運了、我遇到水逆、地鐵罷工了、正在播《大英焗烤大賽》（*The Great British Bake Off*），而且這週是蛋糕週、我腳痛、氣溫下降了、我朋友今晚有碧昂絲的票，她沒邀請我去看讓我嫉妒得要命。以上話術都能解讀成：現在我只想坐在我最信賴的沙發上吃外帶食物，而且對於不再認識新朋友、永遠做我的無聊職業等事情，此刻的我一概不想管，至少我現在不必穿黑色緊身褲和跟鞋搭地鐵，還要挺直背脊，把話語組織成讓人能聽懂的文句。

上述這些藉口我全都用過，我用的可能還比這些更多。

可是要想看到這世界有所改變，我就得成為那項改變。這顯然是甘地所言的真諦。我要和世界打好關係。

問題在於，我出席那百分之十的拓展人脈活動，但總是一再發生同樣的情況：我走到門邊，聽見裡頭人聲鼎沸，於是我杵在那裡，手裡拿著外套，感覺有點反胃。我打開門，看見裡面的人已經分成幾個小群體，圍成緊密的圈子在聊天，於是我僵在原地。我不知該如何走進那個空間裡，加入其中一個群體。而若有人跟我說話，不知為何我總會開始漫無邊際地說個不停，或者完全噤聲不語。不到十五分鐘，我就會感覺身體開始發熱、慌張，解救自己，然後回家。或許現在的我已經能從容地和街上的人單獨對談，但在高張力的社交氛圍之下，結果顯得更重要。一旦在企業派對裡獲得「一直在徘徊的怪女人」的封號、一個難堪的誤解或失禮的言論或作為，就可能永遠毀了你的一生。

我最主要的恐懼來自於與人社交時感到難堪，尤其那些應該給人帶來好印象的場合更令我害怕。有沒有辦法可以學習罩得住這種場面？我用 Google 搜尋了「如何變有趣」、「如何不變成人前一條蟲」，又馬上羞愧地把搜尋歷史刪除。後來我發現，我以前不知道自己正在尋覓的正是一位魅力大師。此人知道如何能不費吹灰之力地與人交談以及在職場上施展魅力，而且他願意教授別人如何能辦到這些事。究竟誰握有如此不可思議的秘密？

我的魅力大師是理查．里德（Richard Reid），他是一位教導企業領導人的心理學家。他引用研究，宣稱魅力有五成是與生俱來的，另外五成則是習得的。事實上，根據理查所言，魅力是一套行為，任何人都能將之融入在個人的性格之中。

我們拭目以待。

我坐在診療室裡的綠沙發上，理查蹺著腿坐在我對面。他告訴我和剛認識的人握手時，保持眼神交集很重要，這是留下正面印象的第一個方法。我聽了很訝異，因為我們三十秒之前才剛握過手，而我不記得自己是否這麼做。

他說我有，要我放心。於是我如釋重負，在沙發上坐好，感到心情愉悅的同時也有點懷疑，不管他的魅力是不是裝出來的，都真的奏效了。

理查說話時一直看著我，他的聲音沉穩、面露微笑，而且善用手勢，肢體語言很豐富。魅力指數：滿分。這門魅力課我願意再上一次。

理查告訴我，在他的魅力課程當中，許多元素都和他的心理療程練習重疊：自信、自尊、表現、肢體語言以及冒名頂替症候群[21]。他的課程很受男性歡迎，由於男性多半把心理諮商視為負面行為，因此往往不願尋求治療，但他們卻很願意學習如何在職場上變得更具魅力與成功。

我告訴理查，每次我要認識一群新朋友時都會變得很焦慮。一對一見面對我而言沒問題，可是遇到一群人時我就會慌了陣腳。那些人似乎會繞著我打轉，但從不碰觸到我，彷彿我是太陽。然而我不是太陽，而是社會邊緣人。理查理解地點點頭，對我鼓勵地微笑，伴隨著些許的皺眉，告訴我他也有同感，他知道這很難，但會有辦法解決的。老天，他真的很行。

21 冒名頂替症候群（imposter syndrome）又稱為騙子症候群（fraud syndrome），指常出現在成功人士身上的一種現象，患者無法將自己的成功歸因於自己的能力，儘管他們確實具備優秀才能，但仍認為自己之所以成功是因為別人誤以為他們能力很強使然。

「大腦判斷這些情況的部位極為原始，」他說。「我們稱之為爬蟲類腦[22]。人類的大腦會預先考慮安全的情況，我們不一定會把社交處境視為危險的情況，但大腦可以察覺我們的想法，認為那會對身體構成威脅。」

我忽然想起一件事，有一次我參加在網路上看到的團體聚會，當時我走進一個場地，裡頭充斥著數百位腳踏高跟鞋、風姿綽約的女性和西裝筆挺的男性，進門時我不小心把門關得很大聲，所有人都一致地轉頭看著我。起初我很困惑，空氣中瀰漫著濃濃的古龍水味道，而且有那麼多打扮入時與穿高跟鞋的女子，讓我有種誤闖了聯誼活動的錯覺。當我感覺到有無數雙眼睛直盯著我看，我漸漸脹紅了臉，緩緩往後退，像個想安撫一隻熊的登山客，然後悄悄把門關上。

我把這個念頭從腦袋裡移除。

「這是因為一次接收到太多刺激？」我問。

「答對了。」

一般情況下，內向者比外向者在權衡決策時要來得更謹慎。我們遇到一對一的情況時能處理得比較好，因為如果要應付一個人，我們較容易就能判斷出對方對我們的觀感，和預測他們可能接下來會做些什麼事。理查說當我們開始和十個或十個以上的人互動，情況會變得令人侷促不安，因為我們有太多事情要掌控了。

我告訴理查，當我進入一間滿是陌生人的房間，要打入已在交談的小圈子根本比登天還難。

理查似乎注意到我警戒的眼神，和我把身子蜷縮在沙發邊緣的樣子。

「慢慢來，」他說。「不要直接劈頭就說：『嗨！我是潔絲。』而是要等他們注意到妳才行。妳不會想驚動他們的爬蟲類腦。」有一次我看到一部自然生態紀錄片，有一隻被逼到角落的蜥蜴從眼睛噴出血來。不，我不想要這樣，絕對不要。

他告訴我要和人保持眼神接觸、微笑並低調加入團體裡，在適當的時刻點點頭，然後等待空檔加入對話和自我介紹。這感覺就像人類生存教戰手冊，而我顯然很需要。

我對於這些活動的對策是拿一杯飲料，坐在愈遙遠、昏暗的角落愈好，悄悄地從遠方觀察眼前這些無憂無慮的狂歡者，最後再變回一隻蝙蝠，消失在夜色裡。我向理查描述這件事，而且盡量讓這件事聽起來合情合理。

「妳是在預設自己被排除在外的情況，只是妳自己沒意識到。」理查說。他說我一直待在外圍，把這當作安全界線，這又是被我的爬蟲類腦所主導，永遠都想找一條容易脫逃的路線逃離現場。

這很有道理。我一焦慮，腦袋就立刻一片空白，而且我確實變得更像爬蟲類：迅速移動身體和無法控制體溫，就和我成為人群焦點時的感覺如出一轍。

理查要我再想像一個情景，假設我是派對主人，到場的每一位都是我的賓客。他

22 爬蟲類腦（reptilian brain）位於大腦中最深處，主要負責人類的求生本能、呼吸、心跳和戰逃反應等。

說這是能讓我把注意力從自身移轉到他人身上的好方法：請人們喝一杯，問他們是如何抵達的，以及問他們是否認識其他人。讓賓客認識彼此，好讓他們卸下心防，打個橋牌？

我點點頭。不過我沒告訴他：「理查，其實我這輩子從來沒辦過派對。」我喜歡這個點子，穿梭在派對會場，彷彿那是我的地盤。

當我想到「魅力」的概念和那些追尋魅力的人，腦中浮現的畫面是男人為了讓自己看起來更迷人而口沫橫飛地說俏皮話。想握有主導權的男性會拍腿大笑，熱切地看著說話對象、有胸毛、使用髮膠、不太誠心地咧嘴笑、心照不宣地使眼色、抽菸斗，戴金項鍊等等。也許我在形容的是海盜。

理查也認為預先演練好的行為頗令人尷尬，而所謂的魅力，其實說穿了就是我們在某個場合所展現的活力。那不外乎是評估場合、問對的問題和給予適切的回應，還有與我們的交談對象付出相同的能量。

我坐在綠沙發上，低頭看了看自己的雙腿，再抬頭看理查。管他的，這是我最可能獲得免費諮商的機會了。

「所以……在你看來，我的能量是什麼？」我問。

理查考慮半晌。

「妳最大的特質是溫暖，這很難造假。妳是個很暖心的人，這就是妳最大的力量。」他說。在我還來不及回應之前，他繼續說：「妳需要多培養自信心，妳太常道歉了。」他說。

好喔，理查，我只是問問而已。

「遇到要問問題時，妳會猶豫不決。妳說話很快。」

我說可以囉！

我清了清喉嚨，問他要如何學習成為有魅力的人。

根據理查的說法，要舉手投足都散發魅力其實很容易，而且只要做幾個步驟就能達到：問一個沒有明確答案的問題（不是能簡單以「是」或「不是」來回答的問題），仔細聽對方的答案，表現出你在乎他們的回答，接著繼續問一個有意義的相關問題，例如你對於這件事作何感想？那是什麼感受？吸引你的地方在哪裡？然後很重要的是，你要對他們的感受有所回應。

「我是遛狗員，整天都和狗狗膩在一起。」

「那是什麼感覺？」

「很讚，我超愛的。狗狗最棒了。」

「是啊，牠們很棒。這好像真的很不錯耶，如果是我也會喜歡這份工作！你真是優秀。」

就這樣嗎？這就是魅力？

我想了一下朋友當中最有魅力的人，他的外表像裘德洛，是一位電影製片，而且他……做這份工作做得有聲有色。這就是他的招牌魅力！每次和他見過面，別離時你都會想：「天啊，奧利真是個體貼善良的人，而且他好帥！」可是他根本沒做什麼，只是在適當的時機說：「對於那件事，妳有什麼看法？」附和妳的感受，稱讚妳一番，最後再拋給妳一抹迷人的微笑。那擁有俊俏臉龐的可惡傢伙，聰明、狡猾又俊美的蛇蠍男子。

正當我覺得有點被奧利欺騙的時候，理查繼續說。

「真誠也很重要，」他提醒我。「妳必須是真心對那個人有興趣，而且想和對方產生情感連結，否則對方會嗅出不誠懇的意味。」

這項指示雖然基本，但很必要。在這些場合裡，大多數的互動都是淺層對話：問職業為何、現在在忙些什麼等等，很少會牽扯到深層對話：這樣啊，不過妳有多常在辦公室哭？妳上班有被霸凌嗎？妳有沒有想過，也許遛狗員才是真正想通了人生的每一件事？

理查告訴我，多數人都被日常的例行公事所困，他們不會花時間思考自己的感受，或者認為他們不被允許和其他人談這些事。在拓展人脈的場合中，人們通常會較為謹慎或急於想給別人留下好印象，可是如果你讓他們抒發感受，並展現同理與同情，就能創造出貨真價實的情感連結。不過你得動作快，因為這些會面的時間通常很短暫。基本上適用於我所學到的與陌生人交談的方式，不過是發揮到極致的版本，加快轉速到最快的速度。

就在我收拾東西準備離開時，我問理查他是內向者還是外向者。

「我是扎扎實實的內向者。」他說。

「什麼?不可能。」我說。

理查看起來很驚訝。

「可是你主持大型會議、在媒體上很活躍,而且得整天和別人相處。」我補充說道。

「我學會扮演外向者的一面,身為外向者有許許多多優點,這是不爭的事實,所以我自己學會轉換角色。」他說。

啊,老師果然厲害。

「那你可以單槍匹馬去參加格拉斯頓柏立藝術節,而且還交到朋友嗎?」我問理查,同時一邊穿上外套準備離開。我喜歡問別人是如何看待對我而言形同地獄的事。

「我可以,沒問題。」

「可是你會想去嗎?」我問道,只是想確認我們是不是同一種人。

「我想不出還有哪裡會讓我更不想待。」他說。

「我也是!」我說,「你一直以來都這樣想嗎?」

「就算我還年輕,我也絕對不會想去。」

「我也有同感。不用待在那裡讓我超開心的。」我激動地說。

他聽了笑開懷。這次諮商我第一次看到他這樣笑。

「我也是。」他說。

坐電梯離開時,我回想我們在諮商結束的談話,發現我問了理查一個真正的問題,讓他承認他的真實感受,並以自己的感受作為回應。

現在誰才是真正的大師啊？

總之不會是我，儘管在我流著手汗的掌心裡握有難以教人察覺的神秘魅力，但正如理查點出的，我缺乏自信。為了準備參加更多場活動，我開始接納更多事情。我的朋友莎拉（我們因為一位已經搬走的共同朋友而認識彼此，那位朋友知道我想結交更多朋友）邀請我參加一場新書發表會。

我抵達後，莎拉立刻介紹我認識她的朋友，黛西．布卡南（Daisy Buchanan），她就像在Grazia雜誌裡解答讀者問題的「張老師」，寫過一本書《如何成為一個成熟的人》（*How to be a Grown-Up*）。她在書中提及所有為了工作而做過的社交行為，而且對於找她哭訴、向她尋求協助的女性習以為常。如果有人可以協助我戰勝自己，在倫敦的人脈拓展社交圈闖出一番作為，那就是她。

我想知道她會如何幫助別人重拾自信，或是在拓展人脈上表現得更好。

黛西很樂於助人，她以提供他人建議為生，而且那些建議顯現出她相當有洞察力、心思縝密又見微知著。當我問她拓展人脈是否真的那麼重要，值得讓一位害羞的內向者如此煎熬，她告訴我：「其實妳永遠不知道某人何時又會出現在妳的生命中，所以多認識一點人對妳來說毫無損失，反而是一項利多。妳可能同時獲得朋友、機會，還有愉快的一晚。」

說起時常取消約會和拓展人脈必然的困窘，黛西說她以前會因為過去的焦慮而產生恐慌和取消活動。「現在我知道自己在焦慮時跟平常有什麼差別，焦慮讓我生病。」這就是取消聚會最令人信服的理由。「可是，如果我就只是覺得有點疲憊，想躲起來『自我安慰』，那麼我知道自己也許應該履行承諾，出席活動。」

好，可是如果我真的真的非常想待在家裡的沙發上怎麼辦？

「有時，我們以為對心理健康最有益的，是網飛和外帶食物。然而，事實上，時而踏出家門到外頭和別人見面、體驗新事物要比前者健康多了。」張老師說話了。

她神秘地小聲說：「任何一位害羞的內向者去參加派對都應該有退場機制。」

我點點頭，把她給的最後一項建議銘記在心，感到開心又備受鼓舞，所以我可以因為隔壁的有機超市快打烊，而我需要買點米漿而離開派對也無妨。

今年我試過參加很多拓展人脈的社交活動，每次我都會遇到三種人，妳也會是如此。

妳會遇到一種人，雖然她很和善，但妳們完全沒交集。妳們交換了妳不會想撥打的電話，說完「我想我們該去和大家聊聊了」後便離開。妳心想：「其實這是《BJ單身日記》（*Bridget Jones*）裡的一句台詞。」同時感到鬆了一口氣和心裡隱隱作痛，因為妳被某個不認識或不太喜歡的人傷了感情。從此妳永遠不會和對方見面，壓根連想都不會想到對方。

妳會遇到第二種人，對方是個有趣的人，妳們因為對這個場合都感到不自在而有了共同點。此人通常把口紅塗得無懈可擊，所以妳對她敬畏三分。妳問她從事什麼工作，她也問妳的職業為何，妳們聊得相當熱絡。接著她說：「我之後要出國三個月，不過等我回來我會和妳保持聯繫。」有一半的可能性是她說到做到，妳們在推特上關注彼此（或者她會寄電子郵件給妳，但妳們接下來幾個月的行程對不上。無論是哪一種結果，妳們再見到彼此已是三個月後的事了。），妳們終究會約出來喝杯咖啡，可能會成為麻吉，也可能成為只在推特上聯繫，但永遠不會再見面的朋友。她可能有一天會為妳帶來工作機會也說不定。

妳還會遇到第三種人，妳在活動裡待了幾個小時，幾杯黃湯下肚後卸下心防。此時的妳有點微醺（也許是酒精，也許是因為妳交際得太愉快而情緒亢奮，若是如此，老天啊妳表現得太棒了！），妳和她閒聊了一會兒，也許妳向她坦承某些不太對別人說的事（「我以前曾經愛上我的前任老闆！」），然後到了早上又對這樣的行為後悔不已。他們會趁妳不注意時用話語占妳便宜，像是：「我喜歡妳看事情那樣土裡土氣的方式，這樣很迷人。」妳聽了覺得難為情，拿了外套離開，並在回家的巴士上傳訊息給住在國外的麻吉，問她：「妳覺得我看事情的眼光很狹隘嗎？」

整個過程中，要開始交談是最困難也最令人難堪的部分。試把這想成跳入冰冷的池水裡（這是黛西的比喻），只要勇於躍入水中，之後妳的身子會慢慢暖起來，其餘的事情通常都相對簡單了。

見過理查和黛西之後，我第一次出席社交場合，是參加推特上的快樂時光[23]聚會，會中邀請有興趣談論電影的人參加。我想更深入了解電影產業，所以猜想這可能是個好的開始。

我一走進酒吧，就認出以前見過的一個人，那是一位金髮演員，正在和一位深髮色的男子聊得很起勁。我決定要去打聲招呼，同時想起理查的建議：慢慢來。我謹慎小心、慎重行事，穿過酒吧並讓他們保持在視線之內。

這就和狩獵很像，我心想。安靜地伺機而動，別把我的獵物嚇跑。

最後，我來到他們旁邊，晃到他們的視線死角，同時深髮色的男子說：「我來自北方。」他們發現我在旁邊時停止交談。

「嗨。」我微笑著說，就像一般人會做的那樣。

「嗨。」金髮演員說。

接著他離開再去買一杯酒，我被留下和深髮色的男子站在一起。（為什麼深髮色的男人不叫「brunette」[24]？這是個好問題，不過可能不太適合當此刻打破冷場的話題。）

「我是潔絲。」我對他說。

「我叫保羅。」他說。我們看著彼此，兩人都沒說話。這段沉默有點過久，我曾經在某處讀到一篇文章說安靜四秒鐘就會讓人覺得尷尬。我們大概安靜了八秒。

23 快樂時光（happy hour）是酒吧的行話，通常指酒吧裡優待顧客的一段時間，在此期間飲酒減價或免費供應小吃。

24 brunette 指「深髮色的白人女子」。

問他問題啊！我的爬蟲類腦發號施令。

「你來自北方的哪裡啊？」我問。

「就只是蘭開夏的一個小鎮。」他輕描淡寫帶過，好像在說：「妳不會知道的。」我去過北方，我可以談論北方的事，我甚至還嫁給了北方呢。（誰？就是「某個有錢人。」）

「噢？哪裡？」

「克利斯羅。」

「噢！我去過克利斯羅。我在那裡找過女巫。」我說。

「什麼？」

「你知道，就是你們那裡的人把女巫全都殺掉？在一六一二年的女巫審判期間做的事？我有次為了寫這個專題，在萬聖夜去過潘德爾山找尋她們的鬼魂。」

從保羅的臉部表情看來，我發現在社交場合上興匆匆地分享自己在萬聖夜尋找女巫鬼魂的事，可能不太適合作為自我介紹的開場白。我只是很興奮自己可以聊聊關於克利斯羅的事，可是我是不是說得太過頭了？但那時候……

「潘德爾山？那就在我住的城鎮隔壁！」

「對啊！我那時下榻在克利斯羅一間鬧鬼的旅社裡。」

「真的嗎？」他問。

「對啊。那……你覺得那習俗怎麼樣？」我問。有人給了我教戰守則，我要嚴格執行。

「我覺得……妳會去那裡真的頗奇怪的，但棒呆了！」保羅說。

「很怪但棒呆了，」我說，回應他的感受與想法。「你相信這世上有鬼嗎？」我問。

保羅停頓半晌，接著興致高昂地敘述他有次看見一個十二歲小女孩的鬼魂，就站在他家外面的牆上。我問了很多合乎情理的問題，我們輕鬆寫意地聊了一整晚。

時間快轉幾個月，我和保羅現在是真正的朋友了。很美妙吧！

我在社交場合裡認識的人當中，保羅是我第一個成功的例子。謝天謝地，他跳脫了上述三個不停循環的情況。他是旅遊作家，我們兩人都是自由接案者，所以有很多不只和鬼魂有關的共同點。如今我們會閱讀彼此的著作，在 WhatsApp 上聊天，和分享旅遊與寫作的建議。

現在我知道，唯一真正能和人產生連結的方式，就是實際走出去，盡我所能地在腦中複習理查的魅力建議（問問題、給予有意義的回應和加強情感的表現）。魅力攻勢讓你度過尷尬的對話開頭，得以建立真正的情感連結，並直搗重要的問題：「你有認識鬼魂嗎？它們幾歲？它們對你好不好？」

結識保羅是在平淡無奇的拓展人脈活動中的一大亮點。不管我多麼努力，我還是無法克服一件事，那就是我從來沒能真正享受一場社交活動。也許和陌生人交談已經難不倒我，但要在人多又令人不自在的場合面對一群陌生人著實令我筋疲力盡。

有更好的社交方式嗎？就算我已經漸漸抓到一點點訣竅了，我會不會永遠還是厭惡職場中的這個重要元素？

艾瑪・甘儂（Emma Gannon）是一位作家和播客，時常名列諸如《富比士》「三十位三十歲以下最具影響力人士」的名單。她寫了一本廣受好評的書《不上班賺更多》（*The Multi-Hyphen Method*），主持受到高度矚目的活動，且曾在白金漢宮謁見女王。她的書強調建立人與人之間有意義連結的重要性，這麼做能使你的事業突飛猛進。她能成功拓展人脈的秘密是什麼？她是否不斷地參加社交場合和職場聚會？若是如此，為什麼她沒有躲在被窩裡哭泣？

我寄給艾瑪一封電子郵件，詢問她在這些情況下的應對之道。她的回覆改變了我一生：

「老實說，我會避開這些情況。在那種會把大大的名牌掛在身上的老派社交活動上，我從來都無法和人有真正有意義的對話。反而是和一小群剛認識的人共進晚餐或隨興地喝杯酒，才是『拓展人脈』很棒的方式。訣竅在於創造一個環境，讓妳感覺不到自己正在做這件事。」

我不需要施展魅力，風靡倫敦半數的人。艾瑪剛遞給我一張「免罪卡」。

我決定只參加我覺得有趣的職場活動，在這些場合裡，我找到自己正在尋覓的東西：靈感、知識、同袍情誼、新朋友和職場建議。

我不再報名盛大的社交活動，轉而尋找更有趣的晚宴。有次我在ＩＧ上偶然發現一個名為「女孩們的晚餐」的活動，上面形容它「會是妳參加過最有趣的晚宴」。這場晚宴會是一邊享用包含三道菜的全餐晚餐，一邊由任職於各種創意產業的女性進行小型授課。我後來坐在一位前雜誌出版社負責人旁邊，我們因為都是內向者而對彼此產生共鳴，沒多久我們就會衝回彼此的安靜小窩了。她現在是生活諮詢師，給了我名片，並把我介紹給一位她熟識的編輯。顯然建立人脈這回事的重點其實是付出，而非受惠。重點在於和他人分享你所知道的事，因為我們都想幫助與自己聊得來的人。這場晚宴很成功，但最棒的是，比起一般的滑稽鬧劇，這種聚會讓人更能樂在其中，也許主要是因為我們都坐著好好享用披薩的緣故吧。

後來在同一週，我參加在臉書上看到的聚會活動：幾位作家要在咖啡店裡聚會，喝杯咖啡、聊聊天。最後只有我和另外兩位女性出席，但當然啦，內向者就是喜歡這樣，因為我們能在啜飲咖啡和享用司康的同時，一邊好好認識對方，互相交換職業上的建議。

那一個月我只參加有美食或優秀講者的活動，這個計畫似乎奏效了。我出席過氣氛融洽的小型聚會，也參與過充斥著有趣的陌生人的盛大場合。我甚至可能有點享受其中。

其中只有一次是場災難，那是個慈善活動，有一位即將臨盆的媽媽很想去伊維薩島參加婚前單身派對，我告訴她如果她敢說自己要帶著新生兒出席，那麼她應該會立刻被取消邀請。

「我絕對要帶我的新生兒去！」她大聲說，雙手像在保護寶寶似地護著肚子，彷彿我剛才說要把她的小孩丟進大海一樣。

「噢，聽起來很棒啊！」我說，後來每晚當我躺在床上，腦子裡都在重播這段對話，整整一週都是如此。

我針對每一場活動都訂了一些規則：要是自己樂於參加的、要和三個人交談、謹記理查的建議，還有目標能與一個人有真正的交流或連結。心理學家也說害羞的人需要時間暖機，所以如果你總是在參加十分鐘後便離場，你永遠沒給自己機會達成目標，所以聚會至少要待一個小時。

還有，別遲到。當你其實是非自願地參加一場活動，要做到不遲到相當困難，因為你必定會在沿途每一個使你分散注意力的地方駐足。可是如果你在活動進行到一半才出現，將難以打入已經自成一格的人群。在活動開始前五分鐘抵達，這會讓你有時間放鬆心情，在人們抵達時與對方交流。

這些晚宴很可能無法立刻改變你的人生，但理查、黛西和艾瑪所傳遞的訊息本質上都相同：這是一場長期抗戰與緩慢發展期，比起狩獵，這事實上更像撒落土壤的種子。

現今許多友誼都是在網路上萌芽的，而艾瑪倡導一段友誼至少要在現實生活中見一次面，打穩根基，因此，幾個月後我和在推特認識的凱特坐在火爐前享用手工香蕉蛋糕。她在推特上寫著自己剛搬到一座新城市，發現交朋友很困難，問其他人是否也有同感。

有些人回覆他們也有相同感受，我也回覆了，所以我們在她家客廳裡喝茶，同時問她養的兩隻黑貓會窩在我們的腳邊。這是在交朋友，還是和另一位作家建立人脈關係的舉措？抑或者這只是我人生中最自在的午後？答案是何者似乎都不重要了。

接下來的幾個月，我和更多人聊過、問過更多問題，也分享更多關於我自己的事。我發現其他人開始更常接近我，彷彿我改變了某些分子結構一樣，因為人們走進房間後會魚貫地朝我而來。是我。

我想我可能施展了一點魅力。

這件事也滲入我生活中的各個層面。當我以身為自由撰稿員的身分在雜誌社裡值班時，坐在我隔壁的編輯主動找我聊天，問我在做些什麼。我也問她關於一篇文章的問題，那是她編輯的文章，內容在講述捐精者，於是我們開始聊得更深入。（你知道英國的精子庫存短缺，所以我們必須從斯堪地納維亞進口大量精子嗎？我不知道這回事！）

我們整整花了二十分鐘討論精子（真是個重要的主題），然後聊到頭髮乾洗劑，再到推薦的書籍。我們把工作暫時擱在一旁，聊了好多事情，而且一拍即合。我去過很多交友約會，也經歷過好多無聊透頂的社交談話經驗，所以現在我知道這段談話確實起了化學作用，我鼓起勇氣向她要了電話。

她邀請我加入她的讀書俱樂部，這次我不必獨自走進別人家裡，面對滿屋子的陌生人了；這回我可以和她一起走進門，而我這位新朋友會把我介紹給大家認識。

在某人的家裡舉辦的小型讀書會，還一邊吃著手工派，這就是我想要的生活。這件事似乎是我做過最外向的事情之一，同時感覺又頗正常的。這裡的每個人都從事相同產業，但我們不談工作。我們品嘗紅酒，在晚餐時討論書籍，如此隨興又親近。這就是艾瑪說的，而這一切都始於一個問題：千禧年代怎麼會有那麼多精子從丹麥運來啊？

我在打這段文字時，其實應該要為今晚舉辦的社交活動做準備，而且我想臨陣脫逃，非常想，我想體驗把未來終究會對我有益的聚會取消所帶來的甜蜜感。我還沒戒掉這份癮，這會是我永遠的課題。

有些夜晚，尤其是冬天時，太陽早在三點四十五分就西沉，我知道自己會在下班時間一到就立刻回家沖澡、換上睡衣、吃義大利麵，和看《我們的辦公室》（*The Office*）重播。或者我會想烤個加奶油乳酪糖霜的紅蘿蔔蛋糕，獨自在廚房裡大聲播著安妮·迪弗朗科（Ani DiFranco）的音樂，我可以想吃多少就吃多少，佐一杯茶，讀一本書裡完全沒有謀殺情節的小說。（不過內向者喜歡待在家裡烘焙似乎是刻板印象，有位友人告訴我：「妳知道，有些內向者只想邊吃沙拉邊看暴力電影。」）有些夜晚我會願意花大錢做這些事而不出門，寧願付費好讓自己能待在家中，這件事大概恆久不變。

可是不知道為什麼，藉由踏出我的舒適圈、結識人們和努力變得外向，我漸漸不喜歡放別人鴿子。在臨陣脫逃的當下，這段友誼便停滯不前了，使得好多新的開始無法轉變為貨真價實的友誼。所以若非當晚我真的焦慮到瀕臨崩潰，否則我決定別再讓自己臨時取消聚會。我會趁自己還來不及想「噢，我冰箱裡還有個冷凍披薩……」之前穿上鞋子、拿起外套和包包。

艾瑪認為回絕活動無妨，但我們必須對已經答應參加的活動履行承諾。「我討厭變幻莫測的人，我認為這都要怪臉書上『可能參加』的選項。」她告訴我。「妳不能說『可能參加』，然後等待更好的事情發生。我認為明確地說『出席』或『無法出席』才是對的，因為這麼做才有禮貌。回絕並不容易，但最終這會讓妳成為更好的人。舉例來說，我曾受邀參加很多派對（這超棒的！），可是我也回絕了許多邀請，因為我真的沒時間赴約。這並不失禮，只是誠實以對。」

保羅（來自克利斯羅那位看過鬼的朋友）告訴我，當他害怕自己走進充滿陌生人的場合時，他會試著和一位朋友或同事一起去，然後兩人講好第一個小時先分頭行動（顯然這是我以前從來沒想到過的絕佳主意）。而且我發現，事實上你根本不必費神與人交際閒聊。你可以參加一場問答活動或客座講堂，在活動的最後和隔壁的人聊個十五分鐘，問對方一些問題，聆聽他的回答，如果還想和他見面，可以詢問對方的聯繫資訊。和那些真正有共鳴的人保持聯繫是關鍵，否則我可能還是和冷凍披薩待在家裡比較好。

當然，退場機制是一定要的。

第7章 在德國參加婚禮（現實生活的插曲）

兩天前，我和山姆飛去德國參加朋友的夏日婚禮，山姆當伴郎。正式的婚禮昨天在德國鄉間的一座城堡裡舉行，今天新人包下了一間啤酒屋，用來舉辦第二天一整天的婚禮慶祝活動。

新郎穿著德國傳統的皮短褲，新娘則身著傳統洋裝（dirndl）（就像啤酒屋裡德國女侍者穿的別緻服裝），她站在桌子上向賓客發表感言，自信、嘹喨又詼諧。

在我參加過大部分的婚禮，我對於現場的其他賓客一概不認識，這次也不例外，因為我是山姆的女伴，顯然山姆的朋友比我多。身邊圍繞著不熟悉的面孔和不情願跳的舞，我花很多時間在找藉口逃出去、瘋狂喝水，好讓自己能一直跑廁所，和在空蕩蕩的走廊裡假裝接聽電話。這情況和那場婚禮或結婚的新人無關，但過了幾小時（通常是婚禮儀式結束後、用餐開始前的那段冗長又痛苦難捱的等候時間），我已經筋疲力盡、無話可說了。

但令人沮喪的是，我其實是很喜歡婚禮的，看著人們沉浸在日常生活少有的喜悅中總能令我快樂。

可是在我參加第二十場婚禮之後，我開始默默地覺得也許婚禮都有點……漫長，宛如一場永遠訓練不夠的社交馬拉松。

如果這些儀式可以在兩小時內結束，那不是很好嗎？新娘緩緩走進教堂、交換動人誓約、拿香檳舉杯、鮭魚泡芙、第一支舞、切蛋糕、吃蛋糕、兩位勁歌熱舞的碧昂絲、一位慢歌天后愛黛兒，再一位鐵肺女聲惠妮．休斯頓，結束。

不過在經過那麼多社交練習之後，德國的這場婚禮是我對社交馬拉松準備最充分的一次。我想知道這回自己的表現是否會和上次參加婚禮時截然不同，上次的我獨自到處閒晃、盯著海發呆。

婚宴的第一天，我很訝異自己竟和一位荷蘭男子相談甚歡，他告訴我一些軍旅生涯的軼事。後來我問另一位賓客來到一座陌生城市時交友的最佳途徑（加入終極飛盤[25]的運動隊伍），隨著皇后樂團的音樂跳了一點舞，甚至和同桌的賓客辯論一道起司菜餚的許多優點，就這麼一直待到深夜。

很多人在參加大型聚會之前會有點恐懼，我有個大學女同學有一次就這麼跟我說：「參加大型社交活動之前，大家怎麼做，照做就是了，繃緊神經，在頭髮上噴乾洗髮劑，然後抵達現場時快速地灌兩瓶溫熱的白葡萄酒下肚。」

25 終極飛盤（Ultimate Frisbee）又稱飛盤爭奪賽，是將美式足球的概念與飛盤結合的體育活動。

可是很不幸地，基因就是跟我作對。因為我有一半的亞洲血統，每次喝酒都會有「亞洲臉紅症」，這和孕婦的皮膚發出特有的光澤截然不同，但兩者都涉及到不停嘔吐。我的身體無法適當地代謝酒精，所以酒精會使我的皮膚又紅又熱，而且黃湯下肚不到一小時，我的雙眼就會脹得通紅。

這也代表我極度不會喝酒。我喝醉時若非安靜地啜泣和用窗簾擤鼻涕，就是在舞池裡兜圈子、玩單人版的鬼抓人遊戲，又或者我會把緊身褲脫掉，在甜點桌底下呼呼大睡。變身成哪一種人不是我能選擇的。

所以若要用一杯香檳來儲存魅力與社交技能，對我而言效果很有限。我們凌晨三點入睡，早上九點再次齊聚一堂享用早餐，開始第二天的慶祝活動。根本連補充元氣的機會都沒有，我已筋疲力盡。

現在是婚禮的第二天，我坐在啤酒屋裡，把我所剩無幾的精力用在假裝喜歡啤酒上頭。我很想為我們的新人朋友，也為了山姆待在這裡，但我也真的很想找個舒服的阿爾卑斯山草原，好好躺上幾個小時，小睡片刻。

如果要我老實說，唯一支撐著我繼續待著的，是我發現成年男子穿傳統皮短褲是這輩子最令人不解同時又賞心悅目的畫面之一，何況他們今天無所不在。我累斃了，可是我也為這幅景象深深著迷。

後來新娘安嘉拍了拍手，爬到桌子上頭。四周的賓客全都停下手邊的事，把手上的大啤酒杯鏗鏘地放到桌上，那些酒杯很重，無法拿太久。

婚禮中我最喜歡的橋段就是發表演說的時候了。對，這個部分有可能毀了整場婚宴，可是大多數時候，我認為這些演說都珍貴又感人。我好愛看著人們在講到伴侶、朋友和家人對自己有多麼重要時潸然淚下，我很想多多了解這對新人，多聽一些他們鬧過的笑話和人生故事，今天尤其是如此。

安嘉在自己的婚禮上發表感言，這是我絕對不敢做的事。

我和山姆是在湖區的一座穀倉裡結婚的，邀請的賓客名單極簡（畢竟我是「新內向者」），至多二十位賓客出席晚宴。我知道我並不想辦一場盛大的婚禮，而且有鑑於我多數的朋友和家人都住在別州，我不想勞駕他們大老遠飛過來，只為了一頓午餐和在毛毛細雨中漫步。（再者，如果要我完全坦承，那麼有一小部分的我其實很怕邀請了之後他們沒來，對此我會在意一輩子。所以我辦了一場迷你婚禮，自以為顛覆了結婚的既定模式，誰知最後卻是惹惱了一大群人。）

我的婚禮很美好，創造十分快樂的回憶。但儘管如此，隔天早上醒來時，我唯一的感覺仍是鬆了一口氣。要安排一整屋子裡醉醺醺又精神亢奮的親友共聚一堂，同時還要一邊努力炒熱氣氛，這份壓力總算解除了。人生中最棒的一天？也許是吧。不過比起結婚的繁瑣程序，我個人還是比較喜歡穿著寬鬆的運動服和先生一起吃剩菜。

傳統英國婚禮只有男人可以發表感言，先是新娘的父親，再是新郎，最後是伴郎。一般來說我不是很遵從傳統做法，更何況我還是個女性主義者，但唯獨這項傳統我很樂於遵從。

當時的我不知該如何同時應付自己惴惴不安的心情與群眾的情緒，而現在看著安嘉發言（她向摯友致謝，並敘述一段關於她母親的故事），讓我想起我在協和禮拜堂的感受，那份感覺是那麼真實而令人激動，我的內心開始產生某種念頭。

在美國，傳統規定通常是由首席女儐相在彩排晚宴[26]上發表談話。我在二十五歲時當裘莉的首席女儐相，那時是在德州，共有十二位伴娘，數百位賓客。彩排晚宴是在她家族的牧場上舉辦。我得穿牛仔靴和絨面背心出席，因為當天的著裝守則是「牧場日常穿著」，而出乎意料地，我認為這身穿著事實上對我有幫助，因為我感覺自己像個穀倉小丑，而非在公眾場合哭成淚人兒，生怕自己會失去兒時麻吉的玻璃心女孩。我站起來，小聲說話，哭得很大聲，然後再坐下來。那是緊張度爆表的時刻，但也是很棒的回憶。

另一次我當首席女儐相是幾年前在中國成都。原本的首席女儐相因為隨時可能臨盆而且必須待在北京而無法前來，所以我被任命為備案，再加上原本的首席女儐相也是中美混血，名字也叫潔西卡，所以把我們調換完全不費工夫。

那場婚禮是在一間中式餐館舉行，前方有個權充的舞台。整體而言，這項經歷與我在電視台當播報記者的經驗大同小異，化妝師追著我滿場跑，對我的眼妝很不滿，而且我一直流汗，很快就把妝弄花了。

一位名叫西莫斯的愛爾蘭伴郎也會怯場。我們一直互相嚇唬對方，讓彼此都歇斯底里地害怕這就是生命終點，還有這件事會如何終結我們的人生。西莫斯以瘋狂把自己灌醉來應對，而在他旁邊的我，則不停地把食物塞進嘴裡，而且還不聽別人警告自家種植的中式辣椒有多辣。一位憂心忡忡的賓客告訴我，這辣椒明天會在我的肚子裡掀起一場腥風血雨，說得好像我會擔心腸胃這種小事或明天的事情一樣。我可是不到一小時就要在數百人面前發表演說呢！還管什麼明天，快把辣牛肉遞過來。

就在我演說前，婚禮策劃人把我叫過去，說我也得負責奉茶儀式。身為首席女儐相，我必須奉茶給女方父母喝，接著是男方父母，這些全都得在眾目睽睽的舞台上進行。我得要做這些事，同時屈膝以示尊重，如果我遞錯了順序，那位婚禮策劃人恐嚇我說，我的中國祖先可能有百分之五十的機率會懲罰我。接下來我還要用中文對每一位長者說：「請喝茶。」我太害怕自己會搞砸，所以輪到我發表演說時，我大概只講了二十七秒吧。

在這兩場婚禮，我對於公開演說會感到緊張嗎？緊張得要命。可是這些情況不一樣，因為我是為了朋友而這麼做，我絕不會拒絕朋友的請求，尤其又是這麼重要的日子，所以我當然會為他們做這件事。但是為我自己呢？絕對免談。

在我自己的婚禮總算可以不用顧慮這些，何況已經夠多事情讓我操心了，例如這是我的英國公婆第一次見到我爸媽，穿著合身的長禮服走在教堂走道上，穿高跟鞋、睫毛膏會不會掉、講誓詞時會不會結巴、每個人相處得好不好，還有攝影師會不會準時抵

26 彩排晚宴（rehearsal dinner）為美式婚禮的習俗，指在婚禮前一天，彩排結束後所舉辦的晚宴，包括新人的家長、親戚、伴郎和伴娘等皆為座上賓。

達等等都讓我擔心。我實在太焦慮，根本無暇顧及演說這件事。

但願我當時有像安嘉這麼勇敢。穿著傳統服飾的她始終在微笑，顯得好快樂而且大口喝啤酒。就只是把話向眾人大聲說出來，竟然能讓那些話感覺更真實，對此我驚訝不已。這些一生一次的事情錯過就不再有，無論事情為何，我都希望別再因未能履行某些事情留下遺憾。

參加婚宴過後，我回到下榻的飯店房間，整整睡了十一個小時，不是因為前一晚瘋狂灌酒的後遺症，而是我需要時間讓腦袋從所有情緒、各種刺激以及那週末認識的新朋友中稍事恢復。這不能怪罪婚禮，這場婚禮真的好棒，是有史以來山姆最喜愛的婚禮之一。這情況是我自己造成的，而且似乎永遠都會是如此。無論到哪裡，每次只要到了婚禮的第三個小時，我就會變成反社會人士，時間一到就化為塵埃，而且是脾氣古怪的塵埃。我已經知道不管怎麼訓練自己，都無法改變這件事實，無論我參加多少社交活動都一樣。

我永遠無法當婚宴裡最受歡迎的座上賓，被記得的模樣可能是拿著手機慌張地在洗手間附近遊蕩。

我和山姆回到倫敦後，和他的朋友米可和凱希共進晚餐。幾年前我們也參加過他們的婚禮（當時我是盯著草坪上的家具發呆，不是大海）。我問他們是內向者還是外向者，因為這是我現在最愛問的問題，尤其是夫妻或情侶。

在他們回答之前，我猜芬蘭人米可應該是內向者。

「這是對我和我們國人的刻板印象。」他說。

「對，不過你是嗎？」我問他。

「我可以獨自在一座島上待一星期，那會是天堂。」他點點頭說。

「我不行，我會把自己殺了，我根本撐不了一天。」英國人凱希插嘴道。

「妳撐不了五分鐘的。」米可說。

看著他們，我這才想到我只去參加過另一場婚禮是由新娘發言的，那就是他們的婚禮。當時凱希站起來，發表一段出色、詼諧又暖心的演說，可能是當晚最棒的演說了。我覺得凱希一定是天生如此，她是我認識的人當中數一數二外向的，她喜歡節慶，而且我打賭她一定在地鐵上認識很多新朋友。

然而那晚，她坦承自己從沒在職場上口頭報告過，而且以前在學校口吃得很厲害，結婚當天之前其實根本沒有公開演說過。這令我瞠目結舌。

「妳當時會緊張嗎？」我問她。

「我只是在告訴大家我愛他們，並不是說些富有創意或趣味十足的事。我就只是無趣地說出自己很愛那些人，如此而已。」

「光是想到要在一群人面前表達情感就讓我手心開始冒汗了。妳不會有這種感覺嗎？」我問。

她停頓半晌，思忖後搖搖頭。

「如果妳夠幸運，有愛妳的人和妳愛的人，那麼能把這份情感傳達給他們是多棒的一件事啊！」她說。「我只是真的很想告訴他們，他們對我而言有多重要。」

聽她這麼說，我真的覺得自己是個自私的大混蛋。

研究員兼演說家布芮妮・布朗曾說，與人連結就是人類生存的原因。人類在神經生物學上天生就是如此，可是我們唯一能建立連結的方式，就是讓自己被看見，而且是充分被看見。

顯然人類不是被打造來看電視、坐在書桌前或盯著手機看的。我們會因為與他人有了連結而感到雀躍，而與人連結最快的方式就是展現弱點。可是當我想像要在眾目睽睽之下這麼做……我就覺得口乾舌燥、呼吸急促和想吐。在群眾面前表現弱點對我而言簡直恐怖得要命，不過我想我不是唯一一人。

在薇芙・葛羅斯科普（Viv Groskop）的書《如何成為焦點同時做自己》（*How to Own the Room*）中寫道：「有些女性天生就會發表公眾演說，也很會應付讓她們遲滯不前、不敢做某些事的自我懷疑與自我厭惡。」

如果我真的在自己的婚禮上發表演說，那一定會是場災難。我會失控，只要看一眼我老媽，我就會開始啜泣。於是我哭得很醜的照片會永世流傳。我一定會哽咽、結巴，說沒人笑的笑話，激怒我的祖母，秀出自己不怎麼美觀的上臂角度，還有讓我尷尬一輩子的難堪大笑。

情況一定會很糟糕。

但也可能會很美好。

能有機會公開地對我的父母說，他們為我做的每一件事都令我多麼感動，感謝他們如此開明地接受山姆成為我們家的一分子。我有多麼感謝當時高齡八十五歲的祖父母從洛杉磯搭機飛來倫敦，接著又要忍受地獄般的舟車勞頓，以及在滂沱大雨中坐小貨車驅車十小時到湖區。感謝我的兄弟們硬是把祖父母帶上車。謝謝我的姻親對我如此親切，還有我的首席女儐相喬莉，她之前不小心臉撞到櫥櫃，一隻眼睛立刻瘀青之後還願意走教堂的紅毯。我還自私地暗自慶幸這樣一來她站在我旁邊時看起來會比我略微遜色。當然，要感謝的人還有好多好多。

每次我想到這些事，心裡都會有點難過。在我心裡有一處不算小的部分對於這件無法彌補的事而難過。我曾經單獨一對一告訴過他們這些感想吧?或者我根本沒說過，他們壓根不知道。

如果再有一次機會，我會驚慌、想吐，到飯店的小洗手間裡做好幾次愛麗絲教的深呼吸法，直到自己穩住陣腳，能到婚宴會場上用湯匙敲一敲玻璃杯，吸引大家的目光。

我當時還不認識愛麗絲，但現在我的感受已截然不同。現在我知道，大聲說出自己的想法確實能賦予某個時刻重大的意義，也展現我確實認真看待自己的話語與故事。我可能會很害怕，但我還是會這麼做。

坦白說，可以看到安嘉在她自己的婚宴上發表演說真的很棒，尤其那些男人理應知道自己穿著傳統服飾的皮短褲有多好看。

第8章 自由落體（即興表演）

「想像你在《魔宮傳奇》（*Indiana Jones and the Temple of Doom*）的電影裡，」男子說。「我要你們一個接著一個走進『魔宮』的中央，想像自己『死了』，最後你們的屍體疊成一堆。死法由你們自己決定，而且要記得，你已經死了，在你死後要繼續扮演角色。」

我看了看周圍，每個人都開心地跳上跳下、嘻笑著，似乎對於第一項練習躍躍欲試，還真是些開心的討厭鬼。

老師開始哼這部片的主題曲，作勢要班上的其他人也跟他一起哼歌。

「搭啦搭搭，搭啦搭……」

這可能就是我的世界末日。我對眼前所有的事情都敬謝不敏：滿腔熱忱、精心安排的表演，和在陌生人面前自發性地表演動作。

我往後退，免得自己被選為第一位表演者。第一位男子走進「宮殿」，他還特地以啞劇的方式彎下身子進入，避開一個低垂搖晃的鐘擺，接著他一個踉蹌跌倒在地，身體背朝上被一把劍刺穿。有個女孩跟在他身後，同樣以啞劇演繹被隱形的攻擊者所射的一連串飛箭射中，倒在第一位男子身旁。

另一人走進來後立刻就死了，接著換另一人、再一人，眼看就快輪到我了。

「搭啦搭搭，搭啦搭……」

我置身於自己想像的「魔宮」裡，輪到我了。我很快地往前走，因為實在太緊張又慌亂，在閃避那些「屍體」時不小心絆倒，最後以大字形正面撲倒在地。我的右手快速滑過地面，手掌灼痛地摩擦地毯，直接倒在一位五十歲加拿大男子的身上，在天神眼裡我和他因此可以結婚了。

他把我踢下去，顯然違背他已死的事實，我忍住不哀號出聲。

我躺在地上，任憑陌生人的腳伸進我的髮絲裡，鼻子埋進地板，手感到刺痛而且開始流血，接著電影主題曲又開始響起。

不行，我辦不到。

「認識更多人最好的方法是什麼？」

我在臉書上張貼這個問題，誓言一定會按照別人的建議去做。你知道，就是「眾包」[27]、「群體心理」[28]、族群意識和順應大眾的概念。我的社群友人會提供能幫助我改變生活的絕佳點子。

27 眾包（crowdsourcing）又稱為「群眾外包」，是一種特定的取得資源的模式，為群眾（crowd）和外包（outsourcing）結合而產生的混合詞，指利用大量的網路用戶來取得需要的服務或想法。

28 群體心理（hive mind）又稱「蜂巢心理」，指群體成員之間相互影響之下所形成的心理反應。

接著有個混蛋回答了：「即興表演。」

世界上還有比「即興表演」更讓人害怕的詞嗎？某個你在派對裡一提到，必定讓眾人驚聲尖叫的字詞？只有葛妮絲·派特洛賣的「玉丸」和「只收現金」可以與之抗衡了。

當我問了我的外向者導師對於即興表演有何看法，其中一人說：「那是我最可怕的夢魘。」另一位單人脫口秀講者說：「我絕對不會做這件事！」而且她還把手放在胸前，彷彿是位被我嚴重冒犯到快昏厥的南方絕世美女。這下好了，就連外向者都覺得即興表演讓他們渾身不自在，而我這一年根本還沒過到一半。那些外向者不只不想從事即興表演，還根本不想到現場觀賞演出。

我想這可能是因為即興表演者都是瘋狂的劇場人吧，而且他們都超有傳福音似的感染力。即興表演、馬麥醬、普利馬克，這些詞就像珍珠奶茶裡Q彈有嚼勁的珍珠，它們各據一方，你要不是對它們愛到爆，就是恨之入骨。

所以它到底是什麼？「即興演出」是一種現場表演，情節、角色和對話都由舞台上的演員臨時編造。

基本上就像小孩自己獨處時他們會做的事：他們會「玩」。通常大家會這麼想，五歲時在自家後院玩耍：是可愛；參加夏令營玩耍：值得鼓勵；大學時期玩耍：可以容忍；但如果你已經超過二十五歲還在玩耍，這就成了糟糕的職業選擇，會引來憐憫和評斷。

對我而言，即興表演是不拘形式的赴死，就像從懸崖跳下去，可是你不能往下看，因為，噢，沒錯，沒人會告訴你接下來會發生什麼事，而你也不想目睹自己即將墜落的地獄。每當我成了眾人的焦點，我的頭腦總會一片空白，而在即興表演時，除了成為焦點以外你根本無處可躲。

這並非只攸關表演，還是一種即時表現。一邊進行一邊編造故事，周遭圍繞著其他人，你無法預知接下來會發生什麼事，所以你得隨機應變，可是你不確定該怎麼做，也時常無法掌控和你互動的對象，以及對方會說些什麼瘋狂的話。

你知道，這就像是現實生活，也因為如此，即興表演令我恐懼地寒毛直豎。無論我們做了多少計畫，生命就像一連串無法預測的曲球，接二連三地朝你擲來。我希望自己更能與之共舞。

對我而言，令我好奇的是為何有那麼多人對即興表演或觀賞即興演出聞之色變？就連我身邊的外向朋友都說它是「最可怕的夢魘」。現場演出和即興劇團，這些真的令人們聞風喪膽嗎？正是它讓人半夜睡不著覺？

大家都說不喜歡參與即興表演，是因為你必須且戰且走，無法事先計畫。你可能當下會因為壓力太大而愣在原地，也可能暴露自己的蠢樣，但發生這些事都會是你自己的問題。

確實是如此。上述這些情況可能也的確會發生在即興演出當中。

再者，有鑑於這種即席而作的表演特性，觀賞這些演出也可能使人焦慮。很可能整段演出走鐘得離譜，觀眾不想替演員感到難堪，或者花一小時看一場糟糕的喜劇。

可是我認為大家之所以不能忍受即興劇，其實另有原因，那就是：當觀看一個地區的喜劇團體演出「an Uber Journey through Nudist Narnia」的劇碼，觀眾會觀察到表演者愉悅又充滿熱忱的神情；觀眾會看見表演者對於自己的天馬行空感到發自內心的快樂與安全感。

他們會和我有同樣想法：

你對生活的熱忱深深吸引了我。

長大後幾乎每一樣事物都具有目的性：增加產能、睡得更少才能做更多事、賺更多錢、跑快一點、騎單車騎得更遠、十五分鐘解決一餐、七分鐘健身等等，甚至就連冥想的目的也從「獲得愉悅感」變成「如何幫助你在工作上表現得淋漓盡致」！

之所以會如此，是因為一旦你踏入真實的世界，玩耍的時間就已結束，就此終結、沒有回頭路。你不能再有異想天開的想法，因為別人期望你永遠捨棄那些天馬行空。我們就是被期望要永遠跳脫玩樂的生活，否則就得從推特的迷因、碧昂絲的舞蹈課和寵物的萬聖節服裝（屬於內向者的幽默）獲得滿足。

這部分解釋了為什麼讓我避之唯恐不及的音樂祭竟然如此廣受歡迎：唯有在此時才允許成年男女公然穿燕尾服和穿著斗篷嬉鬧，還有像個七歲小孩在生日派對上那樣，以亮片和臉部彩繪顏料覆滿全身（外向者的嬉鬧方式）。

在我馬拉松式的社交行程結束後，此時我比以往更需要玩耍一番。為什麼每件事最終都得有目的？為什麼我得和蘇珊說話，努力讓她對我刮目相看？為什麼她總是想要我小額資助她的新事業？為什麼我們不能就單純享樂就好？

幾年前我剛來倫敦時，曾經參加週末即興表演課程，全部就只上了一堂課。那時我才剛移居此地，仍處於兩個世界之間的甜蜜點，而且努力想擺脫前一段生活的自己，同時又對於新生活會有什麼表現擁有無限遐想。這門課是免費的，而我在倫敦毫無可能撞見的朋友，這是我提起勇氣的機會，錯過就不再有。然而就在我與「魔宮」正面對決的那天，我對決到一半就落跑了，溜得遠遠的。我太扭捏、太悲觀，也太封閉了。我手上的傷最終會痊癒，但難堪卻沒那麼容易。

如今，即興表演再次回到我的生活中。

臉書上的建議宛如一顆微小的數位未爆彈出現在我的螢幕中，我研究了一下，令我驚訝的是，倫敦當月的課程大多都已額滿。不過當然了，即興表演是居住在城市裡的成年人唯一能享受真正自由玩樂，而不會被逮捕或被視為罪犯的時刻。

我報名一個長達八週的課程，即將和素昧平生的人一起完成八場架構完善卻也即興的戲劇演出。

我也會立好遺囑的。

第一堂課我就遲到了，因為我站在門口天人交戰，遲疑要不要乾脆去吃辣雞翅算了。但我還是進了教室，那是一間沒有窗戶、牆壁漆成黑色的地下室空間，指導老師連恩正好要開始說話。

連恩的舉止機敏而溫柔，彷彿他特別受過訓練，以安撫受驚嚇的馬，這麼形容這間房間裡人們的氛圍再恰當不過了。我和另外十四位初學者一起面向著他，坐成長長的一排。

「即興表演並非要搞笑、賣弄聰明或炫耀自己的反應很快。」他說。

我有點困惑，這些不就是在形容即興表演嗎？

「而是關於敞開心胸、享受當下，以及不管你的表演夥伴丟給你什麼，你要會見招拆招。」他繼續說。

他一點也不浪費時間，立刻要大家站起來圍成一圈，他要帶我們做第一個暖身遊戲：傳遞隱形的球。我們假裝把一顆紅色的球傳給對方。接下來，我們在互丟火球，然後是保齡球，最後是彈跳球。

這全都是憑空想像。

讀到這裡請不要闔上書本走開，也請讀者別覺得反胃和噁心而一哄而散，因為事實上這項活動在現實生活中執行起來一點不奇怪，對此我和任何人一樣訝異。

班上的每個人都熱烈地玩著偽傳接球遊戲，不過不是那種「戲劇系學生在音樂劇《漢密爾頓》（*Hamilton*）的幕間時間狂嗑麥提莎巧克力」的那種熱烈法，而是「正常成年人害羞地玩著付費參加的愚蠢遊戲」這般的熱烈。再者，玩這遊戲完全不用擔心自己是否真的接住球或把球傳到位。

五分鐘後，我的劉海因為太努力玩這些劇烈的想像遊戲而貼著前額。還有早知道我就穿運動鞋來，因為我沒預期到即興表演課會這麼耗體力。

連恩彷彿會讀我的心思，他要大家坐下來，向我們介紹「是的，而且……」的概念，這是所有即興表演的基石。無論表演時你的夥伴說什麼，你都必須順著他的話講（是的），然後補充說明（而且……）。以下是運作方式的範例：

角色一：「嘿，茱莉，我好愛妳帶來公司的這些臘腸捲喔！」

角色二：「因為今天是你最後一天上班，我想做點你最愛的食物。」

角色一：「妳知道嗎，這是遲早的問題，因為我的辦公室完全被蜜蜂攻占了……」

角色二：「我們都覺得你把那些蜜蜂處置得很好。」

連恩把我們分成四組，每組的每一個人都要輪流說一段話，承接上一個人的內容繼續創造故事，這個遊戲稱為「你還記得嗎？」。

我一開始就克服了自己的羞怯，以前我做事總是綁手綁腳的，不過當我知道這裡的每個人也都是初學者時，這為我帶來更多勇氣。大家都不認識彼此，而且似乎沒有人會評斷或不認同對方。

一位蓄著落腮鬍、把金髮綁成包頭，名叫克洛佛的男生任命自己是我們這組的小組長，我對此沒意見。我們這組的其他兩位組員分別是一個高個子的男生和藍頭髮的女生。

「妳記得我們買牛奶的時候嗎？」克洛佛轉向我。

「噢！對喔！我喝了，然後……開始過敏，因為……」我往左轉。

「妳喝的是從乳牛身上剛擠出來的牛奶。」藍頭髮的女生回望著我說。

「沒錯，我是，對……」我一邊說一邊轉頭看高個兒男。

「醫生說妳不會活下去……」他說。

「如果妳再喝一次的話……」藍頭髮女生說。

「所以妳又喝了一次……」高個子男說。

「然後妳就死了。」克洛佛看著我說。

「對。」我說。

我人生的第二堂即興表演課才開始十分鐘，他們就宣判我陣亡了。

「在即興表演中不會有所謂的犯錯。」連恩從教室後方對大家說。這讓人覺得很像在睜眼說瞎話，哄騙我們的話術，就像在說「比基尼線蜜蠟除毛一點也不痛，只要妳做的次數夠頻繁！」或是「這是最後一輪伏地挺身了」。

我和組員再試一次。

「你記得那次我們全都把鞋子交換穿嗎？」克洛佛問。

「然後我們都穿高跟鞋？」高個子男說。

「……可是後來我的腳壞死了？」我說。

這整場練習下來，我一直害自己染病、過敏復發或罹患低體溫症。在美國版的《我們的辦公室》（*The Office*）裡，麥克爾．斯柯特（由史蒂夫．卡瑞爾飾演）去上夜間的即興表演課程，他會突然出現在每一幕，大叫：「我有槍！」在我的版本中，「我有槍！」會是「我有瘧疾！」。

我們再試一次。

「你記得那時我們買了那罐醃黃瓜嗎？」克洛佛起頭。

「那是城裡的最後一罐了。」高個子男說。

他們轉向我。

「然後……我們把它埋起來，發誓永遠不要告訴別人這件事！」我脫口而出。

「可是後來我們想吃週日烤肉[29]……」藍頭髮女生說。

「我們想要那些醃黃瓜……」高個子男接著說。

「不行不行，我們要把它埋二十年，記得嗎？」我說。

他們為什麼要把這個故事搞砸？我很快就發現，對我而言即興演出最大的障礙，除了一些危及生命的疾病之外，就是我總會在腦海中構思出完整的故事內容，然後頑固地不願劇情偏離軌道。舉這個故事為例，我希望這則故事是關於秘密、打破承諾和天啟，

29 週日烤肉（roast dinner）是一道英國傳統菜餚，因傳統是在週日食用而得名。

最後這罐醃黃瓜會救了我們。我想安排讓克洛佛和高個子男飽受暗戀的折磨，也希望會有一幕在雨中親吻的場景。我不想讓這個故事和週日晚餐有關係，而且醃黃瓜根本不是在週日晚餐裡的配菜啊。我要怎麼和這些人合作？

一般而言，我比較不像是會說「是的，而且……」的這種人，而比較像會說「是的，不過……」。我知道表演會很令人害怕，但是違背我的每一次直覺卻又為我帶來無預期的思想衝擊，而這點令原本就處在舒適圈外的我覺得更不自在，使此地比想像中更令人懼怕。

我在生活中的安全感許多來自於事前計畫。典型的內向者喜歡事先準備，我也不例外。我會預期一種情境裡所有可能的負面結果，然後想出可能的解決方法，無論這麼做有多古怪。我喜歡知道自己要面對的是什麼，即使是最簡單的事情也是如此。我看一齣電視影集前會先讀影評，到一間新餐廳前會廣蒐資訊、查出那裡最棒的菜餚，也會確認搭計程車前往某地要花多久時間。在運動課程裡，我會是那個舉手發問：「還要騎飛輪騎多久啊？」的人。

我喜歡對於接下來會發生什麼事有個概念，但即興表演不斷拆我的台、破壞這項規則。

連恩說出了我的念頭。「你不能事前計畫，必須從夥伴丟給你的東西去做發揮。如果你只是呆坐在那裡希望奇蹟發生，那麼我敢保證，等輪到你上場時，你肯定會不知所云。」

我努力跳脫自己的腦內小劇場，聆聽組員編造故事，可是我就是忍不住事前計畫，而克洛佛一直以他自己的故事版本顛覆我的想法。在一幕中，克洛佛想要我們當殭屍，而我希望我們當拓荒者。最後我們達成協議，以死掉的拓荒者作結，但我們兩人都不是太心服口服。

當天的最後一個練習，連恩要我們兩兩一組。連恩邊走邊大聲告訴全班主題是什麼，我們必須自由發揮並演出短劇。由於所有人會是同時在演戲，所以謝天謝地不會有人在看我們。

在我的第一幕戲中，我和一位男子在「市政府」裡討論釘書機的優點，我們都表現得很爛又無聊，還好別人也在忙，不會聽見我們說話。

第二幕中，我和一位叫瑪麗亞的女生一組。

「花市！」連恩從教室後方喊道。花市？花市發生什麼事？

我不知道要說些什麼，瑪麗亞也是，她茫然地看著我。

「妳看這些矮樹！」她喊道，手指向我們前方，那位置其實是一張懶骨頭沙發。

我看著想像中的矮樹。

「好綠喔！」我大聲說。我們的對話沒什麼內容，只好用音量來補足了。

我不是很確定矮樹是什麼。是灌木嗎？還是小棵的樹？

我這輩子從來沒去過花市。

「妳覺得這棵矮樹在做什麼？」瑪麗亞問我。

我愣住了。

「我想這棵矮樹好像不太對勁。」她補充說明，眼神像在邀我加入。

即興、順著節奏走。是的，而且……？

「太太，這棵矮樹它懷孕了！」我大叫。

看來現在我的表演分成兩個層級：致命疾病和讓矮樹寶寶從一個想像中的矮樹葉鞘裡誕生。

在那當下，我才發現有一件事比瘋狂的戲劇科學生更駭人的：那就是我的潛能被逼出來了。

我的頭腦裡藏著些什麼？裡面潛藏著哪些令人難堪的垃圾，準備好一躍而出，從日常生活的慣常濾鏡中釋放出來？

安全地生出矮樹寶寶（大約三千三百克，母子均安，謝謝關心）之後，這堂課終於結束了，我踉蹌地步出大門，筋疲力盡。

■

到了下一堂課，連恩從教室的另一端大聲喝道：「你們兩個是科學家！開始！」我又和克洛佛一組了。

他迅速戴上想像的實驗室護目鏡，假裝把某個很小的東西捧在掌心，看起來一臉驚慌。

「啊啊啊！」他說。

「啊啊啊！」我隨之起舞。克洛佛不停地比向他的手。

「什麼東西？我們發現了什麼？」我問道，讓他帶領故事的走向。

「呃，我不知道，我看不到它！」他又以更大的動作比向手裡的隱形物品。克洛佛是這個班上最樂在其中的即興表演者。

「噢……」我說。

「可是妳看得到！描述給我聽！」

我盯著他空空如也的手。

「它……是白色的，體型很小，黏糊糊的。它……它……它是活的！」

克洛佛聽到開始慌了。他的手縮起來，開始跳上跳下，而我也跟著驚慌。在我們四周的各組同學也在大聲演繹著他們自己的瘋狂科學家劇場。

「它在縮小！你把它弄痛了！你要安撫它！」我對克洛佛喊道。

「好，好！怎麼做？」他問。

「你要唱一首音樂劇才能讓它好一點！」我叫道。

克洛佛盯著我看，思考這句話。

「音樂劇會治癒它？」他問。

「對！」

克洛佛開始一邊唱《紐約，紐約》（*New York, New York*）一邊擺出誇張狂放的爵士手勢。我加入他，我們兩人就這麼用顫音對著他的手唱歌，同時整齊劃一地踢腿。表演結束！

如果說就連我自己也不認得在這些情況下的我，那也不為過。

一般來說在現實生活中發言，我都非常拘謹、需事先練習而且猶豫不決，時常只能仰賴制約反應，尤其在公司更是如此。工作有時感覺就像無止境的問答，同事會義務性地問你「你好嗎？」，而你回答「很好，忙啊！」。

可是在這裡，除去特定的台詞、對象和預先演練過的情節，放飛的我又開口說話了，而且對此我好開心，這讓我開懷大笑，感覺頭腦在不停轉動。能跳脫在辦公室裡那無趣、機械式的自己，感覺煥然一新。

當然，事情總有限度。

在第三堂課中，連恩要我和他一起為班上同學示範新玩法。在這一幕裡，他的角色不斷慫恿我跳芭蕾舞。我不想在這場戲裡跳芭蕾，而且還是在眾目睽睽之下。我胡扯了幾段話之後，殘忍地讓自己的角色被牽引機壓斷一條腿，這樣一來，我就可以讓自己倒在地上，這比在同學面前跳舞好多了。

然後連恩再也沒要我示範了。

我的即興表演做得好不好？不好，頂多是及格，可是每次我都會先愣在那裡，等待腦袋下達指令才開始動作。愣住基本上和發呆是一樣的意思，每次我上台都會如此。可是在這裡，大家覺得愣住很好笑，因為如果情況不妙，你還有個夥伴可以掌控情勢。

事實上，犯錯有時是最棒的橋段，通常會很有趣，因為我們根本不知道自己會演到什麼地步。

儘管愣住會帶來笑料，我還是努力想跳脫自己的局限。

「好，現在你身在亞馬遜河！」連恩喊著宣布新劇情。

「我們散步穿過這座叢林吧。」克洛佛說。我看看四周這座假叢林。

「你可以幫我打死那隻蜘蛛嗎？」我問他。「牠真的很大隻。還有可以請你走在我前面嗎？這樣你才會先通過那些蜘蛛網。你覺得這地方會有萊姆病的壁蝨嗎？」

後來我和克洛佛同時離開教室，一起走到車站。

「上課後半段妳在演哪個角色啊？」他問我。

「什麼意思？」

「妳知道，就是那個妳在演的那個瘋瘋的角色，那超好笑的。」

起初我沒回話，後來我才發現：

我是在演我自己，那角色就是我真實的樣子。

我不可能向他承認那些古怪的想法其實就是我自己，所以我顧左右而言他，簡短說些當被人揭穿又不知如何辯解時會搪塞的話：

「對啊，那角色不錯。」

雖然每堂課都很緊繃，充斥著我不熟識的人而且步調很快，但我開始能樂在其中。每一堂課都把我的保護殼敲開一點點，我變得不那麼害怕，而且更活躍了，但這不代表我變得更會即興演出，或更能創造出自然又真實的互動模式。在其中一場戲中，我們在農夫市集，我大喊：「她是誰？」同時一邊用手指著一位正在賣荷蘭芹的隱形情婦，原本我只是要演討價還價的。

後來我發現，其實我滿喜歡這堂課的快節奏，因為我們一直從一場戲跳到另一場戲，或者從一個想像中的世界跳到另一個，對於能從做自己的無盡折磨裡解放出來，這反倒令我覺得自在。此時的我不必扮演她：那位焦慮又害羞的新內向者。

這幾個小時我脫離了現實生活，因為不可能同時還分神擔心租房子、你那愛反諷的老闆或私生活的事情。在這段時間裡，我不會談工作、健康、煩惱、父母或金錢，也不會有通勤、截稿日或飲食健康的話題，因為我忙著扮演一位酒醉的科學家，正在巴布亞新幾內亞外海划獨木舟。

在我最後幾堂課的其中一場戲裡，我飾演一位律師起訴一位名叫埃妮科的女子太常使用 Tinder。我在班上其他同學面前表演在法庭裡踱步。在這場練習裡，我們要在關鍵時刻插入一些不搭嘎的台詞。

「這件事是否為真，每次有 Tinder 的對象和妳見面，他都會說……」我起頭。

我把手伸進口袋裡。

「計程車！」我唸出紙條上的字。

埃妮科和我都大笑出聲，班上同學也都笑翻了。

這時我忽然有種感覺，而且那感覺十分強烈。

噢，不！

我對生活的熱忱令自己也深深著迷。

我相信這麼說你可能會超級訝異，而且就連我自己也不相信，不過……我真的熱愛即興表演。不是一點點喜歡，而是一百八十度的大轉變。我已經成為「他們的一分子」了。

不過別誤會，我可不會蹦跳著出門、嘴裡哼著音樂劇的歌，然後跳進班上大喊：「潘潔西駕到！來場即興表演派對吧！」最後再敲個鑼。

雖然我是想這麼做的。

有時我仍會糾結要不要去上課，因為要我和其他十四位同學「火力全開」上三小時的課，一想到此我就累了。但每次和那群人共度夜晚後，我又會帶著歡欣鼓舞的心情離開。我會想從屋頂上大喊，在電車上用手肘輕推神情沮喪的陌生人，然後小聲對他們說：「你應該試試即興表演！」

心理學家認為，即興表演課能幫助減緩社交所帶來的焦慮和壓力，這些練習鼓勵你快速思考、在他人面前發言以及不那麼完美主義。甚至在芝加哥大名鼎鼎的第二城喜劇團（Second City comedy club）也開設「即興演出治療焦慮」課程。

我認為這十分有道理，因為在一個安全的地方一週待上幾個小時，會讓這個世界變得更親切、更能駕馭。犯錯能輕易受到原諒，而且似乎沒有人會在我愣住時感到不悅或生氣，只要我別再讓自己罹患淋病而且繼續演繹每一場戲就好。

參與即興表演十分有趣，但如果你並非其中的一員，而只是觀看這種表演，其實還頗令人痛苦的，就像看到別人在公車上當眾放閃，或是聊些和天文學有關的對話。

每週三我們就這麼胡謅亂演個三小時，玩耍就是我們唯一在做的事，而且是和自己的組員一起。

上這門課之前，我從來不擔心自己的生活會缺乏樂趣，但現在，我不想活在沒有樂趣的世界。

回頭再看當時的「魔宮」堆屍體的橋段，如今我知道那並非適合我的練習方式。太多肢體動作、太引人注目了，沒有合作或鬧著玩的空間。再者，大家上第一堂課時都太努力表現，活蹦亂跳、大吼大叫，讓每一幕都像在摔角比賽或競舞大賽。每當在某個場所遇到嗓門大、好競爭的人，即使是在即興表演，我也會變得瑟縮。

因為我個人比較偏好和另一人共同演一齣劇，內容可能是我們被反鎖在瑞絲．薇絲朋的客用浴室裡，而且還玩拼字遊戲玩到鬥嘴，這種情況才是我比較能發揮的情節。

有天晚上，我在回家的路上在地鐵偶遇那位藍頭髮的女生。

她叫蘿拉，就是我在即興表演課的同學。我們互看彼此一眼，確認是對方後，很快就陷入微微的恐慌。

這裡不是我們的安全堡壘。

「嗨。」她小聲說。

「嗨。」我以相同的音量回道。就像《鬥陣俱樂部》（*Fight Club*）裡那些黑眼睛、下頷被打斷的男生那樣，在那個空間之外的地方見到其他即興表演課的同學，這種感覺真奇妙。我們其實對彼此不熟，但我們卻共享一個不為人知的秘密。

一陣靜默，她看了看車廂。

「這是我男友。」終於她開口說話，指向旁邊站著的高個兒金髮男。

不要問，不要問，不要問。

「妳們是怎麼認識的啊？」他問了。

擠在我們中間的鬍鬚男興味盎然地抬頭看著我們。

「我們……我們是在即興表演課認識的。」蘿拉說。

我緊咬下唇，看見另一位通勤族正默默在消化這個資訊。

「噢，那妳們一起搞笑囉。」他說。

「不是那麼一回事。」蘿拉回道。

我認為即興表演課之所以讓大家避之唯恐不及，是因為在成年人的生活中，很少會有這種無拘無束的快樂。我們總是壓抑情緒，而且普遍認為清楚地表達出強烈的感受會讓彼此不自在。所以保持低調、悶悶不樂才是安全牌。

在倫敦待幾年後，我變得憤世嫉俗又疲乏不堪，可是這門課喚醒了某個在成長過程中被壓制的念頭，那就是我愛玩樂，即使我不是那麼擅長這件事，但我還是喜愛它。

在最後幾堂課，我常常是笑到流淚的狀態。有時是看我同學的演出而飆淚，有時是被幾個在我這場戲裡特別有天分的人逗得噴淚。有時我笑到發抖，淚珠竟從我的臉頰滾滾流下。這股情感宣洩是一種快感，是在你壓力太大、壓抑情感之後的重啟鍵。幾個星期前，我甚至不認識這些人，而現在我躺在地上，在他們身旁流淚，我好愛這種感覺。

我是內向者，在即興表演課所感受的愉悅令我有些困惑。從前的我忘了「玩樂」竟是如此美妙，也忘記自己是能駕馭它的。在先前幾次的外向者訓練中，我也有過愉快的時刻，但這次我完全可以篤定自己想將它納入生活的一部分。

以前的我只要成為焦點，或以任何形式吸引眾人注意，就會讓我腎上腺素激增、恐懼到麻痺，例如在《飛蛾》時，舞台上的我身體非常緊繃又僵硬。但當我在一個令我有安全感又友善的環境、身邊充斥著我喜歡的人，演出未經排演過的橋段時，我體內的腎上腺素卻表現出截然不同的姿態。恐懼化為雀躍：我變得更有活力、更放鬆、更自在，也更快樂。

這意味著我必須承認，這個有史以來我最駭人聽聞的想法是正確的。

那就是我可能骨子裡是個戲劇咖。

也許我其實也是個開心的討厭鬼。

第9章 聖母峰（或單人脫口秀）

「我這一生時常有人對我說我很風趣。」成功的脫口秀演員總會在雜誌專訪裡這麼說。「朋友一直告訴我：『你應該當脫口秀演員啊！』」

我的哥哥亞當是家族公認的搞笑王，我們在青少年時期有個有趣又存在已久的傳統，那就是到加州探訪我的華人姑姑。姑姑總會仔細看我和我的兩個兄弟，然後宣布：「亞當也是長得最好看的！」然後拍拍我們的臉頰後走開了，留下她對我們造成的陰影。

所以，沒錯，從來沒有人對我說過：「嘿，角落那個躲起來的，妳應該上台去拿麥克風。對，就是有劉海的！在吃通心麵的！不要再哭了！快上去給我們看看妳有什麼本事，因為我看得出來妳未來會是耀眼之星！」

當我告訴別人我要嘗試單人脫口秀時，對方總會拍拍我的手臂，皺著眉頭說：「妳好勇敢。」接著說：「那是我最害怕的夢魘了。」以免我考慮叫他們也一起表演。

這也是我最害怕的夢魘，可是正因為這是我想像得到最英勇的事蹟，所以感覺起來這也是最重要的事之一。單人脫口秀幾乎結合了所有我這個新內向者的恐懼於一身，這件令人毛骨悚然的事情像是最後機會，看看我是否永遠都會是一直怕東怕西、在暗處等待的那個人。

很多脫口秀演員都被發現是內向者，這有跡可循：他們的觀察力非常敏銳，而且選了一個通常是單獨作業的職業（儘管他們在座無虛席的體育館裡表演，但舞台上依然只有他們自己）。

要執行這項任務，我必須和自己最羞怯的一面抗衡，那就是我害怕被他人說三道四。根據最近的研究顯示，有百分之四十至六十的人被視為是害羞的，而在公開場合發言是美國人最恐懼的事。人類能夠如此繁衍還真是神奇，這應該要感謝酒精和寒冬為我們生育子女的這件事助攻。

得知另一位脫口秀演員生性害羞著實令我寬慰不少，脫口秀演員羅德·吉爾伯特（Rhod Gilbert）決定在英國廣播公司製播的紀錄片裡提及令他脆弱的羞赧。他認為喜劇可以作為羞怯的良藥，他稱之為「喜劇行為療法」。他找來一些害羞的人來測試這項理論，得到驚人的結果：就算他們表演單人脫口秀，也不會在火花與羞辱中就地自燃。

今年我學到很多：我知道如何幫想像中的矮樹接生，也知道如何在街上開啟話題，還有柏拉圖式地和好幾個女生交友約會，不過要讓一群人哄堂大笑，感覺根本就像一場不可能實現的巫術。

和在協和禮拜堂的《飛蛾》演出不同，這不只是純粹的公開演說。脫口秀演員會和觀眾互動，有時甚至邀請他們加入談話。雖然今年我開始和陌生人交談，也獨自參加好幾個拓展人脈的場合，但脫口秀會是一頭栽進我心中那池黑暗且深不見底的社交焦慮之中。脫口秀演員也被認為反應要很快：我必須變得更放鬆、更靈活，並且運用我在即興表演課上發掘的應變能力。到了台上，我就得好好利用所學，使出渾身解數一次表現我學習當外向者的成果。

站在聚光燈下和群眾交流互動，逗得他們捧腹大笑，反應機敏，別讓自己被徹底擊敗。

在這一年面對恐懼的過程中，單人脫口秀就是我心目中的聖母峰。

大家都知道，除非你想死，否則不會獨自去爬聖母峰。你必須買適合的服飾，你得告訴你的整個家族你愛他們，而且可能永遠無法再見到他們了。還有，你會需要一位雪巴嚮導。

所以我必須找到我的雪巴嚮導。

我對保羅提起這項挑戰（記得嗎？就是我在拓展人脈的冒險時期認識的、那位來自克利斯羅而且後來和我成為朋友的人），他告訴我他的女友以前在國王十字區上過一門單人脫口秀的初階課程。他說這門課改變了她的自信，讓她覺得自己無懈可擊，而且為她帶來很多樂趣。

樂趣？除了表演單人脫口秀之外，要我做其他所有事情我幾乎都願意。這就是為什麼我知道自己得試它一試的原因，因為這件事和我的舒適圈距離最遙遠，我認為自己有必要這麼做，其他內向者也是（說真的，應該是所有害怕做這件事的正常人都應該嘗試看看），必須親臨戰線後彙報情況。因為我寧可嘗試單人脫口秀，也不願一輩子都在想著「要是……會怎麼樣？」。我寧可表演單人脫口秀，也不要永遠這麼沒安全感。我寧可表演單人脫口秀，也不要回顧以往時但願自己更勇敢一些。我無法倒轉時間，在我的婚禮上發表談話，但我現在可以做這項嘗試。況且有天晚上在看了《超越巔峰》（*Into Thin Air: Death on Everest*）之後，我還寧可表演單人脫口秀，也不要真的去爬聖母峰。

某一晚的凌晨三點，憑著清晨忽然迸出的堅決自信，我報名了七週的喜劇課程，就像喝個爛醉的人亂在亞馬遜下訂單一樣，我後來就睡著了，而且隔天早上對於自己的魯莽行徑毫無印象。

我隔天早上在刷牙時，才突然想起有這麼一回事，這令我超級後悔。鏡子裡這個回望著我、手裡握著牙刷的女人背叛了我。可是一切都太遲了。錢已經不見了，我的堅決自信也是。

上課的第一天，我下班後在課程開始之前有多出的一小時為課程做準備。於是我回到家、爬上床、躺在黑漆漆的房間裡，身子縮著呈現嬰兒在媽媽肚裡的姿勢。這是我為自己打氣的方式。有些人會對著空氣揮拳、朝鏡子裡的自己吼叫，或者短跑衝刺，而我的方式是蓋著枕頭大叫：「我不想去！我不想！我不想！」我看過我的小姪女這麼做，發現這樣意外地有效。

我再捶打一次枕頭。

加油。我要面對我最深的恐懼，都已經走到這裡了，不能現在放棄啊。最糟的情況會是什麼？（答案：在火花與羞辱中就地自燃。）

我的喜劇聖母峰的雪巴嚮導是一位四十二歲的單人脫口秀演員，名叫凱特・史莫斯威特（Kate Smurthwaite），她在國王十字區開班授課，教授喜劇課程。她的個子很高，相當引人注目。

「去樓下拿你們自己的椅子吧！我太老了沒辦法幫你們做這些。」第一堂課我們一踏進教室，她就這麼跟大家說。

我們十四人總算魚貫進入教室、圍坐成一圈，挺直脊背坐在塑膠椅上。教室裡有一股亢奮的能量，我仔細觀察每個人，發現除了一兩個人看起來很文靜之外，我正處於一群由外向者組成的團體中。我終於找到他們了！他們就在這裡！（我開玩笑的啦，他們一直都很容易讓人找到，畢竟他們那麼吵。）

我們輪流自我介紹。這群人裡有八個女生、六個男生，年齡層大約從二十出頭到四十五歲左右。

凱特絲毫沒浪費時間，我們直接就進入第一堂書寫練習：列出十項自己討厭的事物，這麼做是因為最好的素材通常來自於容易激怒我們的事物。我努力去想自己討厭的事物是什麼，但我的腦袋一片空白。「鐵克諾（Techno）音樂？」我寫下來。「在電影院裡說話的人？」在這樣的壓力下我什麼也想不出來。「團體活動。」我補充道。

我們每個人都要從清單裡挑一個跟大家分享，然後在發言者左邊的那個人必須告訴我們為什麼那件事其實是很棒的。這麼做的目標是要讓大家激盪出好點子，翻轉我們的想法，並且習慣在彼此面前表演。

「在你開始發表意見之前，請站起來自我介紹，然後說『我有很多不滿！』。」凱特指導我們做法。

一位不到三十歲、留著一頭烏黑長髮的女生站起來說：「我叫薇薇安，我有很多不滿！」

凱特帶著大家一起給予鼓勵性的起鬨和叫鬧。

「我討厭……騎機車的成年人！」薇薇安宣布。我點頭如搗蒜。在她左邊那位來自艾塞克斯的金髮男子轉向她。

「噢，不會吧，妳知道嗎，那是世界上最棒的事了！現代人太快就長大了，所以如果這些人可以重溫童年，那會很棒啊！」他自信滿滿地說。

一位穿高跟鞋、打扮入時的優雅女子說她討厭褲襪，因為它們又貴又難穿上，而且總是會刮破。在她右邊的一位年近四十、名叫諾埃爾的帥哥對她說：「可是褲襪時尚又能保暖！馬上就一石二鳥，打兩個勾！」

諾埃爾真是又蠢又帥的笨蛋。

當每個人說出自己討厭的事物時，凱特會帶著我們一起發出歡呼聲。沒錯！騎機車的男人遜斃了！褲襪爛東西！那些不讓人先下電車，還硬擠上車的人真欠罵！自動調音軟體去死！

這項活動最棒的地方在於班上的每個人都非常投入，沒有人遲疑或表現得太冷酷。這鍋粥裡似乎沒有老鼠屎，每個人都熱情拍手，共同對抗彼此討厭的事。

我仔細觀察這些新同學，發現這堂課還有群體治療的作用。顯然在這裡的每個人生活中一定或多或少都有為難的處境：職場上、社交上，或是感情生活。似乎沒有人來這裡是單純為了想成為一位職業脫口秀演員而來的，他們來這裡是想發掘自身性格裡不同的一面、認識新朋友，和逃離原本安全又無趣的日常生活。我們每個人都看清現狀，然後作了這個決定：需要做點改變了。

凱特解說這門課程共分為五堂課、一次預演，和一次成果發表演出，我們每個人都得在萊斯特廣場的一間喜劇表演酒吧裡表演五分鐘，是在真正的觀眾面前。

接著她說：「讓我們來談一談關於緊張這件事吧。」

我的雙手馬上開始發熱，剛才和大家一起討厭小賈斯汀讓我玩得太開心，我差點忘了來這裡的真正目的，那就是學習如何在群眾面前表演單人脫口秀。

六週後我就要登台演出了。光是想到這件事，我的心臟就開始加速。

「要克服緊張，你能做的最有效的方式，就是和這間教室裡的人交朋友。」

我們猶豫地望向彼此。

「在這六週期間，我們會支持著彼此度過。如果你覺得緊張，那麼就把你的心情告訴彼此。你們一起去酒吧，或是在上課前約喝咖啡，下課後去喝一杯。一起觀看喜劇秀，互相分享喜劇的題材。」凱特說。

在我還沒回神過來，這堂課就結束了，大家在收拾自己的東西，往門口走去，但是我很困惑。她剛才叫我們要彼此認識，但這會兒每個人都往不同的方向奔逃。我這些剛認識的好朋友們要去哪裡啊？

「有沒有人想要……在我的筆記本寫一下電子郵件和電話？」我大喊，手拿著筆記本在空中揮舞。

玻璃心這回事一直都是我這一年來最難克服的部分。我再次履行了心理學家尼克的箴言：「沒人會主動向妳揮手，但每個人都會招手回應妳。」

每位同學都轉向我，異口同聲高興地說：「我要！」同時快步朝我走來。

一小份的電子郵件，卻是內向者的一大步。

我們上第二堂課時，損失了兩位優秀的成員，自此沒再聽過他們的消息。不過另外十二人都出席了（而且持續出席到課程結束）。儘管即興表演課已經結束，我仍然無法忘掉那份感受。要讓倫敦市裡的十二位陌生人準時在星期二晚上七點齊聚一堂，而且還要連續七次，這會有多麼難得？

在課堂上，我們會玩許多遊戲。凱特發下練習紙讓我們練習構思為時五分鐘的表演內容，可是我什麼也沒寫。我還在幻想自己不必做這項表演，就和我當時逃避練習《飛蛾》一樣的龜縮心態。

說到表演喜劇，對我而言最大的障礙就是，基本上這就是一個人站在舞台上對觀眾宣布：「我很風趣吧？哈哈哈哈！」我覺得這整件事的概念極度令人難堪，可是似乎我們班上沒有其他人這麼想。

我曾經讀過一篇文章，內容講述難堪其實是一種健康的情緒反應，因為這等於是在告訴他人，我們很在乎社交守則。當我們在公眾場合絆倒，或發現我們對某人揮手，而對方不予理會時，我們會臉紅，而這就是一種對於破壞了社交守則感到不好意思的表現。原來在內心深處，我們都渴望能符合社會規範，得知這件事讓人沮喪。

顯然我覺得自己在台上講笑話這件事，就是直接違反了社交守則，而且很可能導致一場大災難。

「你覺不覺得，喜劇有百分之五十是演出來的，包括搞笑的聲音或愚蠢適當的表情？」有一晚下課後，我和山姆在看傑克．懷特豪爾（Jack Whitehall）的喜劇特別節目，我這麼問他。

「是啊。妳會發出搞笑的聲音嗎？」他問。每次我在摸小狗時都會用娃娃音說話，這讓我覺得尷尬，即使房裡只有我和那隻狗也一樣。所以我不會，我才不要裝出搞笑的聲音。

我還寧願用正常的聲調在舞台上說我的故事，沒有戲劇性地停頓，也沒有搞笑的表情。

「那樣一來如果我失敗了、沒人大笑，那也沒關係，因為我沒那麼用盡全力搞笑，用力到會讓自己丟臉的程度。」我對山姆說。

「可是那沒道理啊！如果妳不那樣表演，才更有可能會失敗吧。」山姆說。「妳只是在預設自己會失敗的情況罷了。」

對，可是對我而言，如果已經傾盡全力還失敗，那更是丟臉丟大了。

「好了各位，該是才藝表演的時候了！」凱特雙手一拍大聲喊道。什麼？我左顧右盼，一臉困惑，同時班上其他同學都開始把自己的椅子搬到教室後方。我上一堂課缺席，所以不知道我們有回家作業：準備才藝比賽。

凱特不在乎我根本什麼都沒準備。

「我不管你的才藝是真的具有通天本領還是虛晃一招，反正無論如何，我都希望你們可以表現得好像你們的才藝超級厲害，把我唬得一愣一愣。懂我的意思嗎？」她說。

她起身，開始用司儀的聲音大聲說：「各位先生，各位女士！今天你們即將目睹的表演，一定會讓你們想對孫子女們炫耀！記錄這一天，好讓你們可以說就是在這一天，你們看到了世界上最棒的表演！」

我是第三個上台的。我用力大口吸氣。

「各位先生女士，歡迎來到我們的頂尖才藝秀！讓我們歡迎今晚的第一位競賽者——薇薇安！」凱特喊道。我知道薇薇安上一堂課也缺席，她也沒準備好要表演。她會找藉口推辭嗎？她似乎和我一樣有點害羞，然而當凱特一說到她的名字，她就像個火箭一樣衝到教室前面。

「謝謝妳，晚安！今天我要帶來一個不可思議的表演！我要背誦字母，不過……我會以手語來背誦，沒錯！就是英國手語！而且是像閃電一樣快的速度。你絕對沒看過這麼快的英國手語！」

薇薇安戲劇性地停頓了一會兒，閉上眼睛，深呼吸，然後開始以迅雷不及掩耳的速度連續比了五秒鐘的手語。

「完成！」她說完後有禮地鞠躬。

我實在太敬佩她了。她當場就想出東西來表演。

可是現在距離輪到我上台又更近一個人次了。接著輪到安東尼上台，他撰寫一個有關倫敦同志社交圈的知名部落格，可說是我們這組裡面的天生諧星。他在表演一種稱為「狂野牙買加」（Dutty Wine）的舞步（我不知道這是什麼舞，可是它看起來非常難），脖子和雙腿以不同方向繞圈。我呆坐在那裡，十分驚慌。我的才藝是什麼？我不會唱歌，也不會雜耍，更不會劈腿，我什麼都不會。

安東尼的屁股動作漸漸慢下來，現在他躺在地上旋轉身體。我盯著他的屁股看，希望它能帶給我一點靈感。我不能說：「等一下再選我！」或「跳過！」選項裡沒有這兩個。安東尼到位子上就座。快決定要做什麼，然後做就對了。

「讓我們歡迎第三位參賽者：潔西卡．潘！」凱特喊道。我毫無頭緒，就開始說話就對了，一定會想到什麼的。我走上台，站在全班同學面前。我看著他們期待的臉孔。把他們唬得一愣一愣吧！雖然還不知道該用什麼來唬，但做就是了。妳上過即興表演課，一定會想到什麼的。

「我的才藝……非常重要，它很……有用。今天，沒錯，就在今天……我就可以……」

可惡，可惡，死定啦。

「看著你們……」我望著大家。「然後看出你們……」

快啊腦袋瓜，想到什麼了？

「你們最愛麥特．戴蒙演的哪一部電影！我們開始吧！」

我跑到離我最近的人前面，眼睛注視著那位名叫莎伊妮的印度女生。

「《神鬼認證》（*Bourne Identity*）！」我朝著她大喊，她瑟縮了一下，我迅速走向下一位。

下一位是諾埃爾，就是那位臉蛋俊俏、愛喝啤酒的阿斯頓維拉足球俱樂部（Aston Villa）鐵粉。「《瞞天過海》（*Ocean's Eleven*）！」我繼續跳向下一個人，直視亞歷山卓的黑眼睛，他是旅遊資歷豐富、很會穿搭還有令人欽羨的纖細腳踝的希臘型男。「《天才雷普利》（*The Talented Mr. Ripley*）！」

我繼續往前移動，速度愈來愈快。接著我直視老師的眼睛。

「《心靈捕手》（*Good Will Hunting*）！」我朝著她的臉大喊。

「沒錯！」她驚訝地說。

「《賭王之王》（*Rounders*）！」我對一位名叫愛莉森的女生說，慶幸自己還記得這部電影。「我沒看過。」愛莉森說。

繼續加油啊。

「妳會喜歡的！」我說。

我迅速地把全班同學都輪過一遍，注視著每個人的眼睛，輪番說著：「《絕地救援》（*The Martian*）！《神鬼認證：神鬼疑雲》（*The Bourne Supremacy*）！《神鬼無間》（*The Departed*）！《神鬼認證：最後通牒》（*The Bourne Ultimatum*）！《搶救雷恩大兵》（*Saving Private Ryan*）！」然後我問到最後一位同學。我已經把麥特．戴蒙的電影都點名一遍了嗎？還有沒有遺漏的？

「《我們買了動物園》（*We Bought a Zoo*）！」我勝利地高舉雙手大喊。同學們聽到最後這部電影表情一臉狐疑。嘿，這真的是一部電影，不過你們的懷疑也有道理，因為這部電影沒什麼人看過。去查查看吧！

接著我敬禮後就座，筋疲力盡。大夥兒看起來還驚魂未定，不知是因為我的心理預測能力，還是因為我朝著他們的臉大吼大叫，就連我自己也滿驚嚇的，不過我沒有發抖，也不會覺得太怪或脆弱，我也不太懂為什麼。

才藝表演繼續進行，有個叫湯姆的男生表演雜耍，另一個男生頭上擺一杯水做伏地挺身，在我們之中最安靜的愛莉森站了起來，她深吸一口氣，停頓半晌後開口唱歌，從她嘴裡唱出大人小孩雙拍檔的〈我要和你做愛〉（*I'll Make Love To You*）是我所聽過最撼動人心的。唱到最後，我們其他人都在椅子上搖擺身體、緩緩隨著節奏打拍子。

我很震驚，不只是因為她唱得真的很好，而是她鼓起多大的勇氣做這件事。整個班上就屬愛莉森最害羞，她總是閃避與人交錯的目光，而且盡量把身體縮到最小，彷彿她真的可以把身體蜷成一顆球，最後消失不見。可是今晚，有那麼一些時刻，她搖身一變成了九〇年代多愁善感的節奏藍調情歌歌手。

課堂的最後，凱特說：「我希望在經過這次的練習之後，你們會發現大家都很喜歡聽到你們說『這會令你嘆為觀止。我的天呀，大家請拭目以待！』。我們喜歡看到別人全力以赴做一件事，即使他們做得不好也無妨。無法讓人忍受的是只付出全身力量百分之十的人。」凱特說。「那樣一來，我們會想：『為什麼我要看你表演？』」

被妳的先生說中一件事，這份感覺是不是讓人很嘔？

凱特繼續說：「我們在觀賞《英國達人秀》（*Britain's Got Talent*）時，最喜歡看到的就是那些其實超遜的人，對吧？我們很愛看到這種表演。如果他們很有才華，那也很好，但那些不厲害的人之所以這麼棒，不是因為他們不厲害，而是他們即使做不好還是非常努力。」凱特強調道。「那就是這件事情最棒的地方。如果某個遜咖做某件事做得漫不經心，那就真的是爛。可是如果某個很努力嘗試的人最後沒能達到很棒的標準，那麼他仍然令人讚嘆。」她說。

我在筆記本裡寫下這句：「如果某個遜咖做某件事做得漫不經心，那就真的是爛。」

我不想當遜咖，而且我也不想當做事漫不經心的遜咖。

兩週後我們就要成果驗收，而我還沒開始動筆寫題材。每次我想試著動筆書寫時，卻都因為太恐懼而馬上放棄。

話說回來，過去的這一個月，我把自己的有趣想法列在手機裡，並在一天之內增加好幾次內容。我把任何能讓人會心一笑的事情都記錄下來，可是就連我自己都不想讀那些內容。我一直希望它們會是鶴立雞群的，用一些連結的話語把它們一個個串在一起，希望表演能夠大獲成功。這些內容絕大多數都是在我快睡著時想到的，我會伸手拿我的手機，把山姆吵醒，將內容打在應用程式的筆記本裡，然後倒頭就睡，希望喜劇之神會降臨在我身上。

最後我終於鼓起勇氣審視我的清單，不知是不是哪個瘋瘋癲癲的小精靈在晚上偷偷溜進來把這些片段組合在一起，因為這些東西沒一個有意義的。「甘藍香菸」，我這麼寫著。我會不會因此發現自己具有多重人格？在那底下寫著「達西表情符號」。噢……我是不是想像達西先生有他自己的一組……表情符號？很適合耶，我就會對這項產品感興趣。

我也寫下：「我是所有我認識的成年人當中唯一會睡午覺的。這算是愛自己的表現嗎？」然後在這行字下面寫著：「在我拿到英國護照、得以走快速通關入關時表演唱《阿拉丁》的〈嶄新的世界〉（*A Whole New World*）。這能加上編舞？」

我也寫下我作過的一個冗長、漫無邊際的夢，在夢裡，我偷了女王的兩隻黑色拉布拉多犬和一個櫻桃派，旁邊寫著筆記「史上最棒的夢」。

我的清單就到此為止。

真糟糕，非常糟糕。這裡面一點搞笑的成分也沒有。

我向班上的三個女生莉莉、薇薇安和東妮坦承自己缺乏合適的喜劇素材，我到現在都還會每週和她們見面喝一杯（在我們剛認識時我就邀她們一起出來，一直到了現在我們都還會聚會）。我們全都對成果發表會感到恐慌，所以安排星期天在一間酒吧裡開個表演寫作工坊（在週末！就像真正的朋友一樣！），還有幾個班上同學也一起加入。

二十二歲的女演員東妮和我同時抵達酒吧。她點了一杯啤酒，我點蘋果酒，我們在私人包廂裡對坐著，東妮問起我的喜劇題材寫些什麼。

「我想我可能會寫一點關於我的故鄉，德克薩斯州的阿馬里洛（Amarillo）的事吧。妳知道有一首歌叫〈這是通往阿馬里洛的路嗎？〉（Is This The Way To Amarillo?）嗎？」

「不知道。」東妮說。

「不知道？」我問。

「完全沒聽過。」

「噢，好吧，那沒關係。」

我又回到原點了。

莉莉和薇薇安也到了，我們決定每個人輪流分享自己的題材，不過沒人想當第一個，每個人都把筆記本緊緊抱在胸口。

「我不想……這不算一個笑話……還什麼都不是。」我低著頭咕噥著。

「對啊，我也沒什麼好題材。」莉莉說。接著大家都陷入沉默。

最後，薇薇安終於打破我們冒名頂替症候群發作而遲疑不前的循環。她通常都很溫和，不過現在她對我大聲說：「**說出來就對了，妳就念啊，沒關係的。**把妳寫的念出來，現在就念。」

我點點頭，比起我的題材，我更怕抓狂的她。

「嗯，我想談一談我是德克薩斯人的這件事。可能和槍有關的事……就是如果他們不喜歡我的演出，我就會……把他們一槍斃命？該死，不是這樣，這樣不好笑，而是很可怕……」我愈說愈小聲。

大家一臉茫然地看著我，溫柔又憐憫。我繼續講最近造訪蘭卡斯特的旅程，那裡就像英國西北部版本的巴黎。

「噢，妳們都沒笑。」我說。

「不過我們有微笑啊。」莉莉說。「我們喜歡妳說的，只不過……」

「只不過喜劇的目的就是要逗人笑……」我說。

「再聊得更深入一點。」莉莉說。「妳來自德克薩斯州的哪裡？」

「阿馬里洛。」我說。

「等一下，等等等一下，妳來自阿馬里洛？」

「對。」

「那妳一定要談談那首歌！」

「可是東妮不知道那首歌。」

「東妮是澳洲人！」

我轉向東妮。「什麼？」

東妮一邊啜飲啤酒，一邊對我微笑點點頭。我超級不會聽人家的口音，可是我早該知道東妮這麼大嗓門又愛笑，一點都不像英國人。而且很顯然，這首歌只在英國有名氣。

「妳應該講解那首歌，還有談一談身為阿馬里洛人有什麼感想。」莉莉說。

我在紙上寫了一點筆記，再看看我寫的其他笑話。

「我也想談談英國的足球隊，因為在我的家鄉，大家會喊些中聽的話幫隊伍加油，接著會說：『上場吧你們這群娘兒們！』妳們覺得如果把這套用在生活中怎麼樣？像是，當你在倫敦一場馬拉松幫老闆加油，你的標語上面不是寫著：『琳達，妳一定行！』而是寫像是：『加把勁啊妳這個笨蛋魯蛇！』」

「這個好！」她們稱讚地說。

「或者這個怎麼樣：『快啊琳達，妳這個又慢又懶的賤貨！』」莉莉提議。

太完美了。

我回家時稍微有概念可以寫什麼了，和這群女生在一起讓我覺得很有安全感。我們全都怕得要命，共同的 WhatsApp 群組裡充斥著為彼此構思題材裡的經典句的混亂內容和鼓勵的話語。我們在這場危險的旅程中成了關係緊密的朋友，因為唯有如此我們才能活下去。

那週的後來幾天，我熬夜想把題材寫出來，可是我一直對自己存有疑慮。我想是時候承認自己可能又需要專業的協助了。我有一次看到羅伯・迪藍尼（Rob Delaney）在我家附近慢跑，但這似乎無法讓我自以為和他是朋友。莎拉・芭絲可（Sara Pascoe）回絕我，並獻上祝福。我想在觀賞羅德・吉爾伯特的現場演出後突襲他，可是門票一掃而空。在一場簽書會中，我鼓起勇氣問羅伯特・韋柏（Robert Webb）他是內向者還是外向者，可是他對我揮了揮手說：「噢，我不知道！」

我繼續尋覓。當我和莉莉分享一些關於身為半個華人的題材，她說這讓她想到菲爾・王（Phil Wang）。

我回家看一段菲爾・王上《阿波羅現場》（*Live at the Apollo*）的短片，馬上就喜歡他。他很滑稽又機智，而且談論種族的方式讓人能夠接受又覺得好笑。

「你可以當我的老師嗎？」我對著他的短片問道。

我用推特聯繫他，他說他那週可以和我喝杯咖啡見個面。他才剛巡迴演出回來，正準備去度假。

「你會和其他作家一起構思你的喜劇內容嗎？」我問菲爾，想快點把我的問題一股腦兒全都問出來。我們正坐在派丁頓車站附近運河上的一艘小船裡。

「不會，我以前這麼做過，可是當他們覺得某一個笑話不好笑時，我就對那個笑話失去信心了。」他說。

「你覺得如果你的朋友們不喜歡那個笑話，那會是笑話不好笑，還是你認為他們只是沒聽懂笑點？」

「我認為他們不了解脫口秀說故事的脈絡或故事剩餘部分的走向。所以現在我不會這麼做了，我相信自己的品味。」

我時常懷疑自己的品味，但我知道如果我要勝任這件事，就得開始相信自己。

「你在表演之前會做什麼準備工作？」我的問題像連珠炮接踵而來，菲爾的回答也不惶多讓。

「我每天都利用一款應用程式冥想十五分鐘，在表演前我也會盡量冥想五分鐘。還有我會做力量姿勢（power poses），這樣很有幫助。」

「像是什麼姿勢？」

「例如盡量延伸妳的身體，讓身體愈大愈好。」他伸出雙臂，像在試圖模仿一隻熊一樣。我無法想像自己做這些動作，感覺有點可笑。

我問他關於僵在舞台上的事。

「失敗的原因有很多，可是如果妳僵在舞台上，那很可能是妳自己的問題。真正的脫口秀演員能夠在愣住之後立刻作出反應，隨機應變。」他說。

我們一起走回派丁頓車站，我告訴菲爾這一年來我努力讓自己成為外向者的一些事。

「我討厭和一大群朋友出去，」他說。「妳要怎麼知道現在輪到誰發言？」

這件事也令我困擾。

我們在派丁頓車站擁抱了一下之後各奔東西。

我已經和一位專業人士談過也上了課，現在該提筆寫題材了。距離成果發表日愈來愈近，而我的恐懼也日益加深。

終於在某天晚上，我定下心來寫劇本，我囊括了一點東尼·克利斯帝（Tony Christie）的歌，然後解釋他最愛的「甜心」瑪莉就是阿馬里洛人，還有她其實和我上同一所高中，本人非但沒那麼甜，還有點輕微的種族歧視。接著我寫一點關於華人在德克薩斯州這個小鎮的感受，包括在我十二歲時得知「黃熱病」（yellow fever）這個詞，那是多麼可怕的感受。到了凌晨四點，我已經寫滿五分鐘的講稿了。

這可以用嗎？我不知道，可是這就是我能想到的了。

我一想到要把這段話演繹出來就有點反胃，多希望公眾演說就像只需屠殺一次的龍，可是事與願違，它一再地回來找我。我在《飛蛾》表演過，也活著走下舞台了，但我現在還是會害怕。明明《飛蛾》的經歷讓我知道自己辦得到，證明我是有能力的，但為什麼這件事對我來說還是這麼困難？難道沒有更重要的事情需要我擔心嗎？

幾個月前，我在洛杉磯的加護病房裡陪伴爸爸，那是我這一生中最緊繃的幾個星期，為什麼這件事相較之下並沒有讓我覺得比較容易？大多數經歷過情感震盪後存活下來的人到頭來會說這類的話：「現在什麼事都難不倒我了！」

可是我並非如此。今年早些時候，我目睹我爸經歷生死交關的手術後度過難關，但我依然怕上台怕得要命？

顯然是如此，從這件事我學到生命就是如此：我們明明差點就一命嗚呼了，結果十分鐘後從醫院回家的路上，卻可以為一張超速罰單而氣呼呼。

在最後一堂課上，凱特給了我們一些表演上的建議。

「各位聽好了，如果你們在表演前和朋友見面，不要給我哭出來，好嗎？沒人想看你哭。」她說。

我低頭注視地板。其實，凱特，我現在就在強忍著不哭出來啊。

「你們可以在上台前喝一杯，不過別喝太多，因為你們的頭腦必須比觀眾清楚。」凱特總是這麼形容觀眾：我們要打一場仗，而觀眾就是敵人。我們必須掌控他們。如果他們公然向我們挑戰，我們就得反制他們。

凱特在我們面前起身，以緩慢的節奏拍手，並說：「來吧，夥伴們，跟我一起做！」

她說。

我和同學們都加入。

凱特停止拍手，不過示意我們繼續做動作。

「一旦你們站上舞台，你們就握有權力。你們可以要求觀眾做些動作，幾乎什麼都可以，只要你是自信滿滿地說，他們就會照做。他們不會質問你為什麼。」她認真地看著我們，我們慢慢停下動作。

當我們上完最後一堂課準備離開時，東妮看到我，走過來一手搭在我的肩膀上。

「嘿，」她說。「要記住，這件事會很好玩的！」她仔細看我的表情，然後接著說：「或者至少原本應該是有趣的。」

老實說我從來都不這麼認為。

我對山姆練習我的講稿很多次，現在我知道一件事，那就是如果你想測試和伴侶之間是不是真愛，一個很有效的方法就是對著伴侶的臉大吼：「我覺得你根本就聽不懂這個笑話！」然後他回吼：「我知道什麼是笑話，可是我根本沒聽到笑點啊！」在這之後兩人還有辦法繼續在一起。

他對我的演繹給了很多建議。

「妳必須要更篤定一點，妳說某些笑話的樣子好像妳很怕它一樣。」

「我是很怕它。」我說。

「妳必須是非常篤定，要讓觀眾都對妳信服。」
「可是我自己都覺得不太好笑。」我說。
「那就不要說妳自己都覺得不好笑的笑話。還有妳動作要大一點，如果沒辦法，就乾脆不要做動作。」
於是我把所有沒把握的笑話刪掉，自己練習並錄音，確保內容長度滿五分鐘。
我輾轉難眠。

到了成果發表會當天，我有整整半小時都躺在床上悶著枕頭尖叫，然後就得起身準備，前往萊斯特廣場的喜劇酒吧。
尖叫完之後我沖了個澡，這才發現除了山姆以外，我完全沒邀請別人來看我表演，因為我不想在熟識的人面前讓自己丟臉。我傳訊息給莉莉和薇薇安，結果發現她們都邀請超多朋友的。我這才在最後一刻慌慌張張地傳訊息給我新交到的朋友，可是他們全都無法前來。這百分之百是我的錯，因為我在表演開始前不到二十四小時才邀請他們，但儘管如此，即使也許有一部分的我並不想面對觀眾席裡有新朋友在的額外壓力，但這樣的結果仍令我沮喪。
我在吹乾頭髮、擦乾眼淚時，傳訊息給山姆的朋友尚恩。他以前表演過單人脫口秀，我知道不管我在舞台上陣亡或成功，他都會樂在其中。他立刻就回覆，跟我說他很樂意。我愈來愈喜歡積極型的人了。

我前往喜劇酒吧時迷了路，最後是在開演前一小時抵達，汗流浹背、頭髮蓬亂。我很快地爬上三層樓梯，看見凱特正在舞台上和其他同學談話。

凱特在排表演順序，薇薇安自願第一個上台，接著大家一片沉默。凱特觀察我們其他人。

「我需要有很多親友會來的人最後表演，這樣他們才會整場都待著。誰沒有朋友的？我希望你們可以在上半場表演。」

我舉手。

「好，潔絲第二個上場。」凱特說。

這下好了，沒朋友的潔絲第二棒！

下一個小時很快就過去了，我站在廁所裡很快地做一連串愛麗絲教我的呼吸練習，再加上一點「惹人厭婆婆」招式。我也延展身體、做些大動作，像在攻擊一隻熊一樣，正如菲爾所建議的方式。我覺得很可笑，不過同時也變得輕巧靈活、放鬆又有力量，看來這可能還真的有用。

我把頭髮盤起一半，進到廁所隔間裡對著牆壁默念整段表演的內容，內容早已刻在我的腦袋裡了。

有那麼一刻，我看著自己，意識到自己即將做的事，這令我害怕得四肢僵硬。我在某處看過一種說法，那就是藉由想像和臨終的自己對話，可以讓你對事情產生不同觀點。此刻應該要想像臨終的自己會對現在的我說些什麼，對我而言，臨終的潔絲看起來似乎和我的華人奶奶很像，她對我招手，我傾身靠向她，然後她總會在我的耳邊小聲地說：「去……上……醫學院。」

可是現在我是認真在想像自己虛弱的雙手，我八十五歲嗎？看起來好像八十五歲左右、頭髮是灰白的鬈髮。我八十幾歲時應該要請人幫我染一下頭髮的，也許是我還沒出生的小孩。我有賺大錢嗎？我看不出來。我只看到我的小屁股。臨終的我好適合穿連身吊帶褲，總算有個好消息了，真令人開心。八十五歲的我正在睡覺，可是無妨，我很努力想像自己就躺在那裡，瀕死邊緣。那女人不懂，明明我還有健全的四肢，為什麼要在意別人對我的看法。我傾身向前，她說：「妳上台去，說說關於黃熱病那些種族歧視的事。**妳幫我說。**」

於是不知怎地，我準備好了。

回到劇場休息室的路上，我經過一些同學身邊，樓梯上似乎有些騷動。他們正圍著來自埃薩克斯的金髮男子提姆，提姆剛宣布他最後決定不上場了。

「我還沒準備好。」他手裡握著啤酒對我們說。「我下次再找時間試試看。」

我們試著安撫他，要他只要上台講一個笑話就好。也許可以說說他的第一次性經驗（那女生一直喊著：「幫浦！幫浦！」他以為是要叫他再快一點，誰知她其實是在叫他拿氣喘吸入器），但提姆還是不願意。

我終其一生當過太多次提姆了，在今年之前我也總是和提姆一樣。一路上付出那麼多努力，然後在最後拒絕達成目標。

今晚我不要讓自己有半途而廢的選項。

忽然間，觀眾大批地從外頭湧入酒吧，雖然只是親友團，但很快就填滿了整個場地，我數了數大約有六十人。

工作人員要我和同學們坐在後方的角落，薇薇安問我她是否該塗上新買的紅色口紅。

「當然。」我說，這是備戰的顏色。

她給我看她顫抖的手，然後遞給我她手寫的紙條。「如果我忘了我的笑話，要喊給我聽。」她說。

燈光變得昏暗，安東尼正瘋狂地幫每個人在手腕上塗「信心油」，我也伸出手讓他幫我塗上，聞起來像檸檬口味。

酒吧裡充斥嘰嘰喳喳的談話聲，每個人都已落座，我看到凱特走上舞台。燈光緩緩暗下來。噢，天啊，這真的要發生了。

凱特說了幾個笑話，讓觀眾知道我們全都是初學者。

「我希望你們把這場表演當作是一歲的生日派對。如果你們看到相當出色的表現，請為他們鼓掌叫好。」她說。

接著她介紹薇薇安上台。我為她感到緊張，而當我看見她找到自己的節奏時，我卻開始為自己感到害怕。我知道很快就輪到我了，我開始失聲了嗎？我的喉嚨底部是不是感到一陣發癢？

我聽見薇薇安在為表演下結語了。我的心跳得好快，但我已經準備好了。我充分練習過，也覺得自己的笑話是好笑的。我知道自己得放慢說話的速度，好好地把台詞說清楚好讓大家笑。如果他們聽不懂我說的話，也就無法聽懂笑料所在，那我就沒戲唱了。我必須展現說笑話的決心，要全心全意付出努力，盡力而為。

「讓我們歡迎超凡的潔西卡．潘！」凱特喊道。

於是我起身。

我不記得我有走向舞台，但我知道我一定有。我的確記得調整麥克風、想把麥克風從支架上拿下來，然後我把支架擺到一旁，這些動作感覺就花上我好多時間。我在腦袋裡尖叫：「快把麥克風拿下來，快拿下來啊。」

好，麥克風拿下來了，現在要對觀眾說話。妳上台了！要有表演的樣子。六十個人正盯著妳看。和他們說嗨。表現得好像他們是妳的好朋友，妳在派對上剛遇到他們一樣。

「哈囉。」我說。

「哈囉！」大家回應我。我可以聽見坐在後方那群同學的聲音。「你們好嗎？」我問。

只聽見一些不清楚的嘈雜回覆聲。繼續說下去。

「我來自德克薩斯州……來自一個叫做……阿馬里洛的地方。」

我的同學們發出贊同的呼喊聲。

就是這一刻，我擁有力量，我要讓整場六十個人和我一起合唱〈這是通往阿馬里洛的路嗎？〉。我辦得到的，對，我可以，我要在眾人面前引吭高歌了。

我正準備要開始唱時，看到一位觀眾席上的男子對我揮舞手臂。「我去過那裡！」他喊道，同時手指著自己。

噢，我的天啊，我的第一位鬧場者，我站上舞台還不到三十秒耶。

「我也是！」我喊回去。「我也去過那裡！因為我在那裡出生！」登愣！

安靜下來吧，起鬨者，就讓我好好講完我的橋段。這匹馬很可能要暴衝了。穩下來、慢下來，等等，我現在應該要唱歌才對。

「各位，我們一起唱一小段那首歌好嗎？」我問道，努力讓自己聽起來隨興又自然，表現得好像我這輩子有領唱過或參與過這種活動一樣。可是觀眾不知道！他們只知道眼前所見：一個穿得像莎朗・霍根的矮小亞洲女子，叫他們一起哼唱一首東尼・克利斯帝的歌。

「好！」他們樂意地喊道，正如凱特說的那樣。

然後我得開始行動，我必須履行這項任務，也就是開始唱歌。我獨自哼唱了起來，正如每一場夢魘可能的模樣。

「這是通往阿馬里洛的路嗎……」我開始試探性地輕輕哼，彷彿一部分的自己身處地獄，一部分失去了意識。

幸好觀眾幫我接唱下去。

「每晚我都抱著我的枕頭……！」他們和我一起唱。

「好了，這樣就夠了。」我堅決地對觀眾說，一邊在喉嚨下方比出「到此為止」的手勢。他們聽話地不再唱下去。好戲上場了，現在只能靠我自己了。

站在舞台上，就在聚光燈底下，感覺宛如經歷了一場靈魂出竅的體驗：我聚精會神地開始說話，過程很順利，架構完美，彷彿我從自身中分離。

我對身體有高度自覺，可以感覺到指尖緊緊抓著麥克風，但又覺得自己彷彿不在現場一樣。我看著觀眾，但什麼也沒看見，猶如身處在屬於自己的宇宙裡。我的聲音鏗鏘有力，說話速度遊刃有餘。我依然很緊張，但不會緊張到失控。

演出一結束，我笨手笨腳地把麥克風架好，命令我的腿：「你們現在不准給我腿軟在舞台上跌倒。」然後抬起頭，凱特過來從我手中接過麥克風，我很快坐回我的位子，和其他同學在一起。我聽見鼓掌喝采聲，感覺我的靈魂終於回到了身體。

我安全地坐在黑暗中，可以感覺到同學在輕拍我的背，輕聲對我說「做得好」，我的臉熱得發燙，這意味著我正脹紅著臉，可是我做到了。我把所有準備的內容說完了，說話速度不疾不徐，也沒有裝病。

當我在協和禮拜堂裡演出，在那片黑暗之中，我曾感覺自己身體裡有某種轉變。可是這次，讓群眾對於我的蠢笑話大聲笑出來，這又令我渾身起雞皮疙瘩。我忍不住不可置信地用手掩嘴，我剛征服了那該死的聖母峰！我的臉頰仍在發燙，但不是因為羞愧，而比較像是「你能相信我們真的辦到了嗎？」的那種紅光滿面。

我的耳裡仍嗡嗡作響，坐在觀眾席中看著同學和我一樣首次登台，而且都有超凡的表現。我們互相扶持著彼此撐過來了，今晚每個人都狀況極佳。沒多久我就渾然忘我，因為安東尼在表演橋段裡的舞蹈時，我笑得好開心。當燈光亮起，我環顧四周，感到有些暈眩。

老實說，我並不確定自己能否撐完整場表演，可是我還是想辦法逗觀眾哈哈大笑了。有位男子走向我，指著我說：「妳，就是妳讓我笑了。」然後他又笑開懷地走開了。什麼？

我意識到現在的我和幾個月前判若兩人，這讓我有點不安，但也頗為得意，因為現在我知道：看似不可能的事也能瞬間化為可能。今年的重頭戲就是我希望能鼓起勇氣做些事情，那些事和我以前認為的自己完全背道而馳。

山姆緊緊抱著我說：「妳實在太棒了。」

尚恩拍我的背說：「這比嗑藥還嗨。」一位廣告業者給出如此驚人的高評價實在令我受寵若驚。

我和同學們在外面待很晚，慶祝今晚的表現。

那晚誕生了一個明星。

那位閃耀之星就是安東尼。

說真的，那傢伙完全制霸舞台。

那晚我總算回到家時，想起我請山姆用手機幫我錄影。我不想看，真的不想，但我還是看了。

我半瞇著眼按下撥放鍵，一邊狼吞虎嚥地吃拉麵。我的老天啊，我在大家面前唱歌耶。我不記得自己有那樣擺動雙手，身體左搖右擺，彷彿我在一艘船上，乘風破浪，努力想保持平衡。我根本沒意識到自己有這麼做。

我……我看起來好像頗怡然自得，而且聽起來……自信十足，舞台上的我感覺不像真正的我。後來莉莉對我說：「妳看起來好自在，那股自信是從哪兒來的？」

我總是會想像那晚，就在我上台之前，如果我做足了準備和功課、預演和熊的姿勢，我就會有無懈可擊的自信達到完美的表現。可是自信不會自己找上門，我們必須驅使自己做些困難的事，並實踐它，那麼自信終究會跟隨你。我先前假裝自己有自信，而藉此也創造了自信，這份感覺宛如魔法一般。

第10章 和男人說話（現實生活的插曲）

有天晚上，我和山姆跟一群他的老朋友和另一半共進晚餐，男生和女生後來各聊各的。我和山姆坐在座位的中間，剛好把男生和女生分隔開來。我向右面向女生們，而他向左和其他男生說話。

不到十分鐘，女生們就直接進入深層對話。兩位今晚才剛認識的女生發現她們的母親都得了帕金森氏症。

與其用「發現」這個詞，不如說「分享」更為貼切。她們決定對彼此開誠布公地談論這件事。蘿拉告訴我們她正在照顧罹患帕金森氏症的母親時，坐在她旁邊的女子透露她也在經歷相同的事，她的母親也得了此病。我從蘿拉的表情看得出來她鬆了一口氣。**終於有人懂我了。一個素昧平生的人比我大多數的親近朋友更了解這份痛苦。**

這件事改變了當晚的氣氛，坐在右側的每個女生都變得更開放、更坦誠，也更願意分享與聆聽。

後來我和山姆坐地鐵回家時，我問他朋友們的近況，因為我沒機會和他們聊到天。他告訴我有兩個換了工作，所以在桌子另一頭的他們只聊了工作。

「真希望我有參與妳們的對話。」他說。

幾乎在每次與人互動時，我都發現自己會想起第一次上外向練習課時，老師馬克告訴我的事，那就是我們得藉由深層對話來建立與他人真正的連結。我一直都在練習在對話中直接省略輕描淡寫的事物，談論也發問更深入、更有意義的話題。

那晚和山姆與朋友們吃飯的情況並不令我意外，因為無庸置疑地，經過這一年的洗禮，現在的我覺得和其他女生深入對談頗為容易。也許是因為我們通常擁有更多共通點，也許是因為我們都被鼓勵要更開誠布公地談論感受，我不知道為什麼，但感覺好像每次只要我跳出了舒適圈，她們都會跟在我後頭一躍而入。

可是相反地，當我對男性故技重施，他們卻經常把我拒於門外。山姆有個朋友失戀了，我和他也認識很久。最近我們見面時，我感覺到他有些不同，也許傷得有點深。我試著小心翼翼地問他發生了什麼事，但他只是起身再去買一杯酒，把我的關心隔絕在外。我再試一次，他又築高城牆，這次還拿出他的手機。另一個男性朋友直接對我的問題充耳不聞，假裝暫時耳聾，然後改變話題。我不是社會調節[30]、有害的男子氣概[31]或性別研究的專家，但和男生談這類的話題結果竟如此不同，這令我大感訝異。

這不禁讓我想起認識克里斯的過程，他是我幾個月前在人生學校的課程上認識的「脆弱網球賽」的搭檔。他是多麼孤單、有交友困難、渴望新朋友，而且感覺他只能對我坦承這件事，因為我對他而言完全是陌生人。他無法告訴太太自己內心的想法。

我不認為克里斯是個案，研究顯示男人比女人更孤單許多。三分之一的男性經常性地感到孤單。當我發現八分之一的男性沒有可以討論嚴肅議題的對象時，我所遇到的情況就解釋得通了。

在那次晚餐之後幾天，我和新朋友保羅約喝咖啡，聊一聊近況。他告訴我有一次他從荷蘭騎自行車到西班牙，獨自完成為期數月的旅程。我試著想像在那個情況下的自己。

「你會孤單嗎？」我問。

保羅愣了一下，被這個問題嚇了一跳。

而這正是深層對話的問題所在，你不僅必須放低姿態和放膽行事才能在一開始就問這些問題，同時你也在要求說話對象跟你一樣：敞開心胸、接受你聊深入的話題。

保羅蹙額皺眉。過了一會兒，他點點頭。

「對，我會。」他說。

「那你怎麼做來戰勝孤單？」

「我很常寫日記。」他告訴我。「我會去散步，可是我還是會覺得很孤單。」

他說他很擅長和剛認識的人交談，可是沿路所經之處，遇到的人都頗有防衛心。

30 社會調節（social conditioning）是指訓練社會中的個體以一般社會和社會中的同伴群體普遍認可的方式作出反應。

31 有害的男子氣概（toxic masculinity）是社會中對於男性社交、不利於心理發展的一些傳統觀念，有霸主意識、貶低女性、過分自主和抑制感情等特徵。

當我在腦中回想這段對話時，我想到不知道做三溫暖之前的潔絲會如何應付這種情況。有鑑於我和保羅並不是非常熟，我很可能只是問些行程上的問題，他每天走幾英里，或是他騎的是哪一種自行車。也許最多我會聊到在北京騎自行車的經驗，那時我的自行車椅墊讓我屁股痛到幾乎兩個星期無法走路，然後我會再發表長篇大論，談一談大腿摩擦到皮膚發炎的真實人生故事。

我很驚喜保羅對我如此坦誠。他大可以糊弄我，說不會啊，他一點也不覺得孤單，他很享受自己獨自上路的時光，說他是個喜歡獨處的人，一個邁向夕陽的牛仔，身旁什麼也沒有，唯獨他最信賴的金屬坐騎。

深層對話最重要的一點是，必須是雙方面配合，兩方都必須願意分享、透露和示弱的。如果你對某個不願回應的人開啟深層對話，那麼很可能你只是在騷擾無辜的人，要他們分享非常私密的資訊罷了。

我發現自己不該沒先分享自身經驗就四處問男生孤單與否，既然我們要進行深層對話，那麼我也會對你侃侃而談。

在我的人生中，有段時期的我非常寂寞，唯一的朋友是一隻名叫路易斯的失聰貓，不過我對牠的貓毛嚴重過敏，還有我們看彼此都不太順眼。路易斯是我在北京的室友養的貓，我的室友幾乎都不在家，所以通常只有路易斯和我獨處。我可能已經在家三小時了，但因為牠聽不見我的聲音，所以時常在我出現在轉角時把牠嚇得跳飛三呎高，連同我也被嚇個半死。

下班後我會回家獨自吃晚餐，然後上床睡覺。好幾次在半夜兩點，路易斯都會用走音的嚎叫聲在我的房間門口叫個不停，可是每當我從門口探頭查看發生了什麼事，牠卻又會消失不見，就像和一個維多利亞時代的鬼魂同住一樣。

時隔已久，再回首我形單影隻度過的那段漫長時光，如今我已能把它視為一件好笑的軼事，但實際上那些日子帶給我的感受是痛苦不堪的。我最近找到那段時間寫的日記，上面寫著：「我好孤單，孤單到考慮要死一死。」

這其實並不好笑。

我並沒有自殺傾向，也從未傷害我自己。我依然去上班、進食、度過每一天，很多人擁有的感受比我糟糕更多，可是儘管如此，我仍然終日活在自己的世界裡，日復一日，就這麼無感地度日，不曾感受過與人互動後被世界看到或理解是什麼感覺。有些時候我會感受到這股因完全單獨一人而產生的黑暗與靜止，那是我不知該如何擺脫的感受。當它攫住我時，我多麼希望它能走開，我甚至會想像自己就這麼睡去，永遠不再醒來，好讓我逃離這情境，這令我感到平靜。

我記得這份感觸最常發生在星期六早上醒來時，因為我整個週末都沒有計畫，沒有預計要見的人，也沒有任何人在等待著我。在漫無目標、毫無積極作為或目的時，所感覺的孤單似乎最為深刻。我也因為住在國外，遠離親近的家人和朋友而倍感孤獨。

然而最近這些日子，沒有任何計畫的週末卻成了我夢寐以求的情況。現在在倫敦，我會特別安排無所事事的週末，那帶給我很大的快樂。然而當本質上是孤單的，生活會是與此截然不同。

在北京的那段期間，我努力結交工作上的朋友。我邀請朋友共進晚餐、搬到新的公寓，和路易斯（隔著一個手臂的距離）揮手道別，也找到了新室友，他是個外向且善於交際的愛爾蘭人，他帶我打入他的朋友圈。我必須很努力才能終結孤單，在某些日子，這感覺像一場我可能無法打贏的硬仗，但最後這方法奏效了，我的孤單感減輕了些。

我花了好長時間才真正相信，也才知道，孤單與當下的處境息息相關，例如搬到另一座城市、開始一份新工作、獨自旅行、家人搬走了、不知如何與所愛的人再聯繫上、和朋友失去聯絡等等，你孤不孤單，根本無關乎你是否討人喜愛。

無論是內向者或外向者，害羞或外向，不管你是何方神聖，孤單都可能纏上你，而且這種情況很普遍，被形容是一種流行病。一項研究顯示英國有九百萬人經常或總是感覺寂寞，於是英國任命了一位寂寞部長。不單是那些容易感到孤獨的對象，例如老年人和住在偏遠地帶的人，根據報導，十六到二十四歲的人比起以往任何世代都來得更孤單。藉由社群媒體、電子郵件和遞送餐點與日用品的應用程式，我們可以將大多數與人面對面的時刻託付到手機上，同時對於這項科技的仰賴度逐年增加。每個人在人生中的某些時刻都曾感受過寂寞，但即使這項議題經過媒體大肆報導，要和別人當面談論這個話題仍令人感覺像踏入了兇險之地。

我在和保羅的晚餐與咖啡聚會之後，發現當我解釋這一年促使我朝外向者邁進的原因時，寂寞時常自然而然地出現在言談中：我自己孤單一人坐在沙發上、最好的朋友散居世界各地，和納悶自己到底天殺的出了什麼問題。一旦我誠實地解釋這件事，我認識的男生都會慢慢開始對我侃侃而談。

我有個新朋友，她的先生名叫湯姆，湯姆說他到日內瓦攻讀博士學位的那段時光，就是他感到此生最孤單的時候。他曾被朋友警告過這件事，那位朋友最近為了工作而搬去法國：你會孤單到最後是自己一人待在酒吧裡，獨自一人坐著，渴望交到朋友。湯姆那時調侃他這太荒謬了，他才不會這麼做。

但他不到一週就破功了，被他朋友說中了，他簡直就快發瘋，去酒吧只是希望周遭能有人在身邊。後來他在那裡和一些男生聊天，隔天和那些人一起踢足球。他說他不斷地去參加活動、獨自一人出席活動、與人交談，積極地結交朋友，直到終於交到朋友才善罷甘休。有時他失敗得一塌糊塗，但到了最後還是有些友誼延續著。

湯姆說他是內向者，我們討論人們時常誤以為內向者不會感到孤單這件事。

「當然我們會孤單，」他說。「人與人之間的交流是很重要的。雖然可以用 Skype 或 FaceTime，但有些時刻你還是會想要真正的接觸。」

內向者渴望某種特別的連結，所以當外向者藉由在繁忙城市裡與人表淺地互動而獲得愉悅感，內向者則經常會在人群中感覺孤單，即使他們和一些人確實有互動亦然（換句話說，我們很難取悅）。

山姆的朋友帕布羅對我說，他在自己獨自旅行、下榻青年旅館時覺得最孤單。當他自己在床上看書時，周遭的其他人似乎不費吹灰之力就和彼此成為摯友。

在即興演說課上，我和其中一位同學艾德華變成滿好的朋友，他是個二十幾歲的外向男生。不免俗地，在我們一起走回國王十字車站的路上，我問了他上一次覺得寂寞是什麼時候。艾德華忽然安靜下來，聳聳肩，告訴我他會想一想這件事。那天稍晚他傳訊息給我，說現在住在倫敦的他覺得倍感寂寞。他有五年的時間都待在國外，才剛搬回英國不久，而現在他感到迷失，和老朋友斷了聯繫，他說沒做即席演講時的每一刻都令他孤單。

「即興表演占了我生活中太大的一部分。」他寫著。「那是唯一我不會覺得⋯⋯心裡空蕩蕩的時候。」我讀著這些文字心都快碎了。我從沒想過他會有這種感覺。

儘管我們都覺得應該自我滿足、過好自己的生活，但無論是內向者或外向者，在內心深處我們卻都渴望找到「我們的族群」，然後真正地花時間和彼此相處。哪怕只有一小群人也無妨，我們仍希冀獲得那股親密感。為什麼就不能有人用一張巨大的網把我們全都集合起來，然後把我們放在一個有壁爐的舒適酒吧裡，再給我們吃點美味的點心？為什麼談論寂寞和坦承這件事會是如此困難？

我問艾德華和同事都聊些什麼，他說：「足球。」

「只有足球？」我問。

「沒錯。」他說。

「就連你們一起去酒吧，也只聊足球？」

艾德華點點頭。

我剛搬到英格蘭時也漸漸愛上足球，因為足球在這裡隨處可見，所以我不費吹灰之力腦袋就開始吸收關於英國隊的知識：大型體育賽事、關於球員的知識、爭議不斷的主教練和保級戰等等。我在二〇一四年世界盃（巴西對上智利）第一次看到十二碼PK戰：男子漢落下男兒淚、我哭了、內馬爾也落淚了。我筋疲力盡，卻也樂此不疲。

很快我就發現，只要聊到足球，就能和人們有永無止境的閒聊話題。身為一個接案編輯，我會在許多不同的辦公場合值班，那些地方充斥著我不熟識的人。我時常在參與新活動的前一晚輾轉難眠，正是大家在開始一份新工作的前一晚會有的感覺（只不過我是每幾個月就要經歷一次這種感受）。

但有了足球，我能輕易地加入談話。當我走進一個陌生的辦公室，茶水間有一群人正在談論英格蘭足總盃時，我可以參一腳跟著聊。對於像我這樣的人來說，這就像來自天堂的禮物：安全、簡單、永遠存在。

足球是讓人變得外向的完美工具，隨興淺聊、認識新朋友、打破社交時的沉默、安靜無聲的計程車與和客戶交際應酬，處處都能聊。

足球為我打開一扇門，提供了簡單的方法讓我得以迅速地和一個廣大的族群產生聯繫（而這個族群大部分為男士，在英國，男性的足球支持者和女性支持者的比例為二比一）。但很常遇到的情況是，一旦我進入了那扇門，我發現自己就被鎖在一間小房間裡。我最多可以聊足球聊個……四十七分鐘，如果是世界盃期間可能可以聊一小時吧，至多是如此。可是一旦我開啟了這個話題，我就避不了全是關於足球的談話。這就像要努力逃出被施了魔法的迷宮，而所有的死路和歐洲守門員都在阻擋我的去路。向右轉，我就被困在轉會窗[32]的話題；向左轉，我們就開始聊起歐洲足球錦標賽。現在我又被困在影像輔助裁判（VAR）裡，有人聽見我的呼救嗎？

這讓我想到，我甚至不確定在歐洲國家這樣高談闊論是合法的嗎？會不會有被驅逐出境的危險？我們……會不會聊太多足球的話題？這個超級連結、讓人人平等的社交工具、把眾人聚集在一起的事物，事實上是否卻讓我們無法進行人與人之間真正的交流？

這讓我想起班傑，他是我透過單人脫口秀的同學認識的脫口秀講者。

「很多人說我總是在問困難的問題。」班傑說。「我的朋友們總是叫我『阿重』，他們會說：『為什麼你要那麼沉重？老兄，我們又不是在做心理治療。』」不過會這麼說，可能是因為班傑白天是一位精神科醫師。

與此同時，也有些朋友慶幸班傑願意大膽談論較難以啟齒的話題。他告訴我有一位他朋友的太太一直沒能懷上孩子，在他們的朋友圈裡沒人問他試管受精做得如何，也沒人詢問這對他和他太太的感情是否有影響。另一位朋友的表弟自殺，可是他的朋友之中沒人提起這個話題。

「有時候我的朋友就是無法不聊『昨晚的比賽』。」他說。

雖然這令班傑生氣，但他似乎可以了解朋友們為什麼這麼做，而對他的問題充耳不聞。足球是一種保護屏障，聊起來有趣，也是令人愉悅輕鬆的主題，而且與其談論搖搖欲墜的婚姻，也許人們會比較喜歡聊到梅西。（這可能也是為什麼酒吧猜謎活動能如此廣受歡迎，因為這種社交活動讓人幾乎沒時間也沒壓力談論自己的私生活。）

足球當了我的話題救兵好多次，可是我也懷疑自己是否創造了一個怪獸。因為我不想要可有可無的閒聊，我想突破屏障，我想真正認識對方。

這很令人恐懼，我懂。

■

我和透過 Bumble 配對成功的新朋友安妮喝咖啡時，她和我聊到交往大約兩個月的男生。她說桑尼爾很善良又風趣，有個不錯的工作，長得帥而且他們性生活美滿。但她說這些時，眼底卻透露淡淡的感傷。

「那問題出在哪裡？」

「我不知道這件事重不重要，可是……話題全都是些無關痛癢的說笑。」安妮說。

「什麼意思？」我問。

「我們從來不曾有過任何『深入的對話』，他會聊電影，或者工作上發生的事，

32 轉會窗（transfer window）是指在一年中的特定時期，可以讓足球俱樂部收購或出售旗下足球員到其他足球俱樂部，轉會的程序須經由國際足總為新球員確認註冊才正式成立。

可是我們從來沒有過真正有意義的對話。」安妮說。

我想到在這一年剛開始的人生學校裡，那位戴珍珠項鍊的美國女生。她根本連一個深層問題也問不出來。

「嗯，妳有試過問他深入的問題嗎？」我說。

「不算有，那樣感覺滿怪的，而且我不想讓他覺得我太嚴肅。」安妮說。

也許桑尼爾希望她這麼做也說不定，可能他也在對朋友說同樣的事：她很性感、聰明、善良，可是我們聊天的內容都很淺。

當安妮第一次告訴我這件事時，我發現自己當下有點扼腕的感覺。她怎麼會沒問出自己真正想知道的事？他也怎麼會什麼都沒問她？

可是後來我想起這件事實際上有多困難。我和山姆交往到大約六個月時也遇到同樣的問題。我問了一連串我想知道的所有問題，可是又怕暴露太多自己的想法，因為這樣一來就會透露出我一直在思考的事，也會讓他察覺我對他有多麼認真。我想知道他的感情史，也想知道有關他前任女友的事。是他提分手還是他女友？他們是否對彼此說「我愛你」？他還在療情傷嗎？他想不想要小孩？他未來會想結婚嗎？（也許娶一位華裔美籍的小矮個兒？）

我和山姆住在澳洲的某個冬日週末，我們在鄉間租了一間小木屋。我們白天到當地的釀酒廠巡禮，傍晚則身子裹著毛毯坐在陽台，眺望底下的山谷景色，一邊豪飲我們的戰利品紅酒和大啖在地的起司。我不記得是誰先開始的（好啦，我承認應該是我），不過我們決定在夕陽餘暉的魔幻時刻之下，可以問彼此任何問題。

就是在這一刻，我們的關係徹底改變了。我可以問所有我想問的問題，山姆也是，而且我們還一定得回答。我想就是在當晚，我們從對彼此著迷的程度進階為陷入熱戀狀態。即使到了現在，「紅酒起司時光」這個詞都還能在我們需要坐下來好好交談時，用來簡略地表達令人安全的小角落。這麼說很像在裝高格調，而我很不想承認一件事，那就是現在的我們比較像是「咖啡和佳發蛋糕時光」（或者伏特加和品客也可以，我真的沒那麼愛紅酒）。

我告訴安妮對彼此敞開心胸以及互相示弱會是多麼具有力量。

心理研究專家亞瑟．阿隆（Arthur Aron）聲稱他知道如何讓兩個素昧平生的人墜入愛河。他創造出三十六個親密的問題，並主張如果你和一個可能成為交往對象的人一一回答這些問題，接著再直視對方的眼睛四分鐘，你們就更有可能墜入愛河。這背後的概念是這些問題會促進你們的交流。這真的會奏效嗎？

我把這篇文章連同問題一起寄給了安妮。「試試看這個。」說得好像我是心理醫師要寄給她處方箋一樣。那些問題其實頗難問出口，包括：你最珍藏的回憶是什麼？你最可怕的回憶是什麼？還有更難回答的問題，像是：如果你今天晚上就會死，而你沒有機會和任何人溝通交流，那麼你最後悔沒跟誰講什麼事？為什麼你現在還沒告訴對方？

山姆和我在家附近的拉麵店吃晚餐，但今晚我比往常吃得更久。他告訴我一位剛搬到日本的朋友發生的事情，他似乎很難交到朋友。

「你怎麼知道？他是怎麼說的？」我問山姆。

「他沒特別說什麼，不過他把所有的時間都花在工作上，對於像他這樣的人來說，沒有夜生活或參加外國人的活動可以分享，就算是一件大事。他以前不是獨行俠。」山姆說。「他似乎有點憂鬱。」

我回想和男生們有過的談話，有些相談甚歡，有些卻無功而返。

「但願他可以直接告訴你，我真希望有更多男生會直接承認這些感受。」我說。

過了幾分鐘，餐廳的門打開，有個男子走進來。他獨自坐在我們隔壁桌，開始看一本書。我瞥了一眼，看到那本書正是布芮妮·布朗著的《脆弱的力量》（*Daring Greatly: How the Courage to Be Vulnerable Transforms the Way We Live, Love, Parent, and Lead*）。

我的老天啊。

我知道這聽起來太完美，完全不像真實發生的事，但我以天神還有內馬爾的右腳發誓這件事千真萬確。世界聽見我的心聲了。

布芮妮·布朗是一位研究員與教授，她啟發了我去找到可以仰賴、信得過的朋友，就是那位會陪你一起「運屍體」的人。在她近日十分有名的TED演講中，她也信奉脆弱的力量，而正是那段演說讓我重新思考，我應該在自己的婚禮上發表談話的。現在，眼前這個男人正獨自一人閱讀她的書。

在北倫敦那麼多間拉麵店，他偏偏挑中了我在的這間。

我意有所指地看著山姆，頭點向那名男子和他手中的書。山姆堅定地對我搖搖頭，要我別輕舉妄動。我堅定地點頭，示意我要這麼做。山姆再次搖頭，我深深吸一口氣。

時勢造英雌。

「那本書好看嗎？」我從我們的座位傾身向前。

他抬起頭，接著我看見他臉上的表情。我打擾了他，他只想在星期六晚上八點好好享用美味的拉麵，一邊安靜地閱讀脆弱的力量。

「我不知道，我才剛開始讀。」他說完刻意翻開書本，開始閱讀。門關上了，窗簾拉起，**滾開吧！**

噢，天啊，我成了「那個人」，那個把正在過尋常生活的無辜人們嚇得半死的愛聊天討厭鬼。也由於我太著迷於深層對話，我也可能成為問出「那小孩怎麼辦？」這類問題的掃興者，也就是朋友之間會在派對結束後形容為「嚇死我們的那位女士」的賓客。

那男子已經在閱讀脆弱與孤獨的書，我不該打擾他，他正在走自己的路，不需要協助。

有時詢問深入的問題是好事，而有時最好保持沉默，任其適性發展。從前那個快被我遺忘的自己有時是體貼的，尤其對我周遭的陌生人來說更是如此。

我們的帳單來了，於是我和山姆付了錢，穿上外套，走進颯爽的夜晚。我再回頭瞥一眼窗裡的那位男子，他依舊專心在看那本書。

我們漫步回家，肚裡裝滿了熱熱鹹鹹的拉麵湯，心裡很充實，回家時剛好來得及看《今日賽事》（*Match of the Day*）。

第11章 夢想境界（獨自旅行）

我在週二早上六點搭上史坦斯特快線。外頭天色還是暗的，我不記得上次在太陽升起之前起床是什麼時候了。

我在火車裡坐了下來，撕開上週送達的那封信，裡面有一張手寫的紙條。

嗨，潔西卡：

擁抱未知，盡情享受吧。

莎拉

我不認識莎拉，只知道是她幫我挑選今天要搭機前往的地點。我要出國了，最後會到歐洲某地，剩下的細節只有莎拉知道。

一張放在信封裡的紙條告訴我，我要在早上六點半之前抵達機場，我會在那裡登機飛往未知的地點。身為凡夫俗子，這是我最可能收到一張紙條上面寫著：「如果你選擇接受任務……」的時刻了，而我衷心希望這項任務不是太痛苦。

我的目的地會在清晨六點半揭曉，我只要把放在信封袋裡的第二張紙條上的密碼刮開，將密碼輸入到手機裡，所有答案就會浮現。在搭往史坦斯特機場的電車上，我望向窗外，看著太陽才剛要在倫敦緩緩升起，同時等著時間倒數計時。我會在一個截然不同的城市落地嗎？例如波隆納，在當地大啖超大份的義大利麵，騎著橘色的偉士牌趴趴走？還是會在斯德哥爾摩喝杯濃醇的咖啡，在海邊漫步行走？又或者是在馬德里的小巷弄裡探險？

六點二十八分。最後這兩分鐘仍有無限可能，我可能會到任何地方、做任何事，享受人生的當下。

不過我在尋覓的不只是一處新地點，而是一種感受：你無法預知接下來會發生什麼事、遇見什麼人，或者他們會帶你往哪裡去，我期待的就是這個魔幻時刻。在此情況下，萬物川流不息，每一份驚喜都是樂事，而且新朋友會帶你體驗前所未有的冒險。我的鄰居漢娜（未來的知己？）告訴我，她把我在尋覓的東西稱之為夢想境界。有時你可以在你家的門階上墜入夢想境界（不是那齣歌舞劇），但當你身處異地，你更容易就能感受到世事皆有無限可能。

六點二十九分。在我們的人生中，是否有時間、空間和機會留給這類的驚喜與冒險？幾乎沒有。度假時，我們會下榻在高評價的飯店，在擁有 TripAdvisor 評價很棒的餐廳裡用餐，前往最多 IG 打卡的地方。每一個度假景點都有一套標準的模式，我們出門想獲得一次嶄新的探險旅程，到頭來卻度過了幾乎和我們認識的人一模一樣的假日，最後以在同一個地點躍入海中的雷同照片為旅程作結。

如此的旅遊方式一點也不神秘，讓人容易料想，而且也稱不上是夢想境界。藉由不知道目的地為何，以及沿途中不可使用社群媒體或旅遊書，只能憑藉當地陌生人的和善與提點，我希望能找到我的夢想境界。

再六十秒就要揭曉目的地，我心想：可能再過幾小時，我就會在奧斯陸看斯堪地納維亞的獨立搖滾樂團演出，或者在波爾多的庭院露台和一位名叫傑洛德的釀酒師一同品嘗紅酒，還是我會在阿姆斯特丹的運河上漫步，嘴裡啣著一個木製菸斗。

六點三十分，是時候了。我在口袋裡找到一枚二十便士的硬幣，把紙上的密碼刮開，再把密碼輸入手機裡，數字開始閃動。

五、四、三、二、一……

我屏氣凝神，直到最後目的地終於顯現：

匈牙利布達佩斯。

噢！

我去旅行時，總是習慣做好周全的計畫。對某些人來說，內向者有一部分是在頭腦裡塞滿資訊、過度警戒，和不向他人坦承自己的想法。這意味著不積極冒險，而是偏執地把活動清單的細節填滿，和許許多多安排好的休息時間。

我決定要探索真正的未知，沒有旅遊書、沒有網路上的小訣竅，也不在ＩＧ上搜尋資訊。我會聽取沿途遇到的人所給的建議，敞開心胸面對在一個陌生的地方迎來的冒險旅程。

這也是為什麼最終的答案揭曉時，我覺得這麼解嗨。因為我以前去過布達佩斯了，我爸媽搭遊輪沿著多瑙河行進，他們在布達佩斯下船，而我在當地和他們會合。

以下是我印象中的布達佩斯：

一、從一座城堡眺望市區，美不勝收
二、一座稱為恐怖之屋的博物館，裡面充斥納粹和蘇聯的可怕夢魘
三、總是皺著眉頭的當地人
四、匈牙利燉牛肉

那是七年前的事了。布達佩斯很好，不過我一向不是特別喜歡那裡。我不記得原因了，但我當時並不認為我會舊地重遊，而如今我又來了。幫我預定這趟旅程的公司名為Srprs.me，意同於「給我驚喜吧！（Surprise me!）」。呃，這確實是個驚喜，至少我絕對不可能會訂需要在早上六點半抵達史坦斯特機場的班機。

當你在Srprs.me的網站上預訂旅程，你可以選擇至少三個不想造訪的城市。我分別選了莫斯科，因為我才剛為參加婚禮造訪過；巴塞隆納，因為我讀到當地人近期反對

過度觀光的資訊；我還選了馬賽，因為幾週前我在社交場合結識一個女生，她語帶警惕地告訴我她在那裡被下藥，然後又說：「是還好……真的還好。可是絕對不要去馬賽。」宛如暗黑版的神仙教母，她給我這項建議時，一手握著一杯義大利氣泡酒，眼神帶著恐懼地望向別處。我很認真聽取這項建議。

這趟旅程的費用是兩百二十鎊，該公司向我保證會安排好班機和住宿。在出發日的前一週，他們寄給我當地的氣象報告，讓我有點概念需打包些什麼內容物，接著就只要準備好迎接「驚奇不斷的冒險旅程」。

我的部分完成了，Srprs.me，看你表現了。

我的父母認為 Srprs.me 其實是個營利綁票組織，讓一些笨蛋（我）掏出錢來，自己出資被劫持。宛如連恩・尼遜（Liam Neeson）的電影《即刻救援》（*Taken*），只不過我是自願被帶上飛機，隨身物品也都整理得很整齊，而且稍晚下機後，我會奔向綁架者的懷抱，大喊：「我在這裡！午餐要吃什麼？」

所以，匈牙利布達佩斯，拍板定案。

我在機場要做什麼？我不能買旅遊書，因為那會打破規定。

於是我直奔免稅店的香水區，在手腕上噴一點香奈兒的 Chance 系列香水，象徵性地邀請積極和好運與我的旅程為伍。我往臉上塗厚厚一層海洋拉娜乳霜，因為這東西貴桑桑，它並非此行的主要目的，但我寧可讓年輕的肌膚在這趟旅程與我相伴。接著我擦了契爾氏的護手乳液，因為搭機很容易皮膚乾燥。好了，現在我準備好了。

布達佩斯是吧？我來了……

我的飯店房間很簡樸，不過很乾淨而且大小適中，有一扇大窗戶和一個迷你冰箱。我開始整理行李。我帶了一件別緻的長洋裝，因為我原本想像要在羅馬聽義大利歌劇。我也帶了一套白色比基尼，以免我會去西班牙聖．賽巴斯坦的海灘或跳入愛琴海。把物品安置好後，我準備這天旅行要攜帶的物品：一些匈牙利紙幣、一件黑色泳衣（簡單泡一下多瑙河？）和一瓶水。我準備好了。

可是當我走向大門要開門，門卻打不開。我試試看轉動鑰匙，還是沒用。我被鎖在房間裡，完全出不去。我再次發狂似地大力轉動門鎖，但還是轉不開。我把自己反鎖在裡面了。我開始冒汗，很想大喊出聲。

我被挾持了。我綁架了我自己。

我跑向房間的電話，撥打零。

「救命，我被鎖在自己的房間裡！」我上氣不接下氣地喊道。

「妳在房間裡面還是外面？」電話那頭的男子耐著性子問。

「裡面。」不然我要怎麼打電話給你？

他甚至沒打算遮掩自己沉重的嘆息聲。

「我會請女服務員去幫妳開門。」他說。

過了幾分鐘，一位困惑的女服務生確實來幫我開門了。她想示範給我看鑰匙的使用方式，於是我模擬她的動作（感謝即興表演課），現在我知道該如何使用鑰匙了，但那門鎖真的很卡。

她踏出房門，為了要示範給我看而又把我鎖回房裡，測試我是否已經學會。於是我又被反鎖了。

當我第二次被釋放，我立刻打包行李換房間。

第二關。我背上背包，收好護照，把頭髮紮成馬尾，綁好鞋帶。

如果我要成功辦到這件事，那我就得假裝自己是傑森．包恩（Jason Bourne），為了執行任務而倉皇來到一座城市。只是傑森並不想交朋友，他是訓練精良的殺手，為了生存而四處逃亡。好吧也許這不是最佳比喻，但對當下的我來說是有幫助的。

這麼一想忽然讓我覺得很自在。要去哪裡呢？哪裡都行。

我察看手機，看到查爾斯傳來的一則訊息，他是我的旅遊心靈導師。

查爾斯以前是山姆的導遊，十五年前曾帶他展開為期兩週的橫越美國之旅，從那時起他們就一直是朋友。

他曾經帶好幾組人馬橫越美國，從一整個家族到開單身派對的酒鬼都有，還有好幾台巴士的澳洲人，儘管其中有很多人似乎竭盡所能想把自己害死，渾身酒氣地做些不經大腦的怪事，像是在紐奧良偷走別人的槍，但所幸沒有人翹辮子。

他的足跡遍及美國五十州，也到過東南亞、南美洲、印度和澳洲。

可是這都不是我選擇查爾斯當我的旅遊心靈導師的原因，我對於他的秘密能力更有興趣。你知道嗎？他這種人幾乎每次出遊都會碰巧找到夢想境界。他總是第一個說自己幸運的人，甚至會說像是：「這種事對我不會有影響。」諸如此類的話。他會在遇到艱難處境後，不僅安然無恙地抽身，情況甚至還會變得比以往更好，例如結交到十五個摯友。他也會在忘記帶護照之後仍搭上飛機，甚至還被升等，他就是這種人。

你聽查爾斯說話一段時間後很難不討厭他，尤其他超級友善又惹人喜愛，甚至長得很像班．福格爾（Ben Fogle）。無庸置疑他會是活潑的外向者，我和他的個性簡直是天壤之別。

然而有次我們在倫敦吃飯時，我告訴他這趟任務，就是在不使用手機或旅遊書的前提之下踏出舒適圈認識陌生人並且享受其中，他聽了之後面有難色。

「這個方式在十年前會奏效，但現在情況改變了。」他說。「在我以前的旅遊團裡，成員會培養出感情，成為好友。現在，我們會全部的人一起去酒吧，但每個人都在用手機看交友應用程式上的人。」

我就怕會發生這種事。

「現在這年頭，要認識新朋友比以前困難太多了。以前我在青年旅館或酒吧就可以輕易辦到。」

「你以前很會交朋友嗎？」

「根本是交朋友高手。」查爾斯說。

他說的是事實：查爾斯就像是人體磁鐵，他永遠是最風趣的那個人，讓人想繞著他打轉。

「所以你在國外就只是自己一人走進酒吧，然後就能認識新朋友？」

「一點也沒錯。」

「你不怕被謀殺嗎？」

查爾斯已經在喝第二杯酒。他聽了看著我。

「當然不怕。」

「從來不怕？」

「我向來天不怕地不怕，而妳……全身上下都在怕。」他朝我比了一下。

我沉默不語，思索著他的話。

「潔絲，我不記得自己有沒有懷疑過別人是不是謀殺犯這回事。」

那是因為你是男生啊，我悲觀地想。

「我一天懷疑十次吧。」我說。

「可能就是這個因素讓妳不善於認識新朋友。」他說。「妳不能抱持這個想法還想交到新朋友。」

「要是我無法認識新朋友怎麼辦？或者沒能體驗到令人難忘的經歷？」

「沒有所謂的失敗，」查爾斯說。「就是做不做而已。」我的尤達說話了。

於是我預訂了行程，腦中不停想著我獨自旅行可能遭遇到的艱難情況。上廁所時誰來幫我看著行李？要是找不到對的火車站的路標呢？如果皮夾被偷，誰會借錢給你？要是生病了怎麼辦？如果……萬一……假設……？

查爾斯的訊息上寫著：

妳辦得到的！擁抱未知，選擇觀點，自己的心情自己決定。:)

說到「選擇觀點」，我想查爾斯的意思是我們可以選擇把一個不怎麼理想的情況轉變成一件好事，藉著改變我們的觀點就能做到。這件事我並不是箇中高手，而且老實說我不知道他期待我如何決定自己的心情。

我查看布達佩斯的街道圖，但完全迷失了方向。沒錯，我是必須擁抱未知，但我並不想晃呀晃地來到一望無際的荒蕪郊區，也不想直接一腳栽進井底。我轉過身，回頭問飯店櫃台的服務人員蓋博（他說自己和莎莎．嘉寶〔Zsa Zsa Gabor〕一點關係都沒有）我該走哪個方向，他直接指向大門。

「要去每個地方都得走那裡。」他說。

這天有著晴朗的藍天，我走著走著看到一個歌劇院的路標。歌劇院！我可以去歌劇院啊！不用一定得是義大利歌劇，匈牙利歌劇也可以！

可是當我走近那棟建築，我看見建築物正面到處都搭著鷹架，部分區域關閉了。

入口外的小攤販有名男子告訴我今天沒有演出，不過我還是可以走走看看。

於是我走進歌劇院入口，排隊等著買票，同時一邊欣賞天花板的金色飾條、壁畫和水晶吊燈。售票員向我打招呼。

「哈囉！我可以為您服務，請問兩張票嗎？」

我轉過身，在我後面有個四十多歲的亞洲男子。

「噢，我們不是一起的。」我說。

還不是。

我買了票，等那位亞洲男子也買好票時，我轉向他。

「你是哪裡人啊？你也是一個人旅行嗎？」我問他，也許他就是我的未來摯友。

「我來自婆羅洲。」他說，這時一位女子和一個女孩走到他身邊。「她們是我的家人。」

女子一臉責難地看著我。

太好了，我剛搭訕了一位馬來西亞男子，而且還是在他的太太面前。第一位陌生人出局。

環顧四周，愈來愈多戴著各式各樣鴨舌帽和腰包的觀光客正聚集準備聽導覽，此刻的我忽然理智線斷裂。

我當天還沒吃到正式的一餐，而時間已經是下午三點了，我不想待在這裡。我想看的是一場歌劇，不想在這裡閒逛。

我想取悅誰？除了自己之外我誰都不想取悅。於是我作出選擇，把門票丟進垃圾桶。

我攔下兩個陌生人，問他們「我該去哪裡用餐？」，但他們似乎都對我的問題很困惑，於是我前往服務櫃台，問櫃台裡那位二十多歲的匈牙利男子：「撇開你平常會建議觀光客去的地方不談，你自己現在會去哪裡吃午餐？」他聽了拿出一張地圖，指出一處稱為 Oktober 6 的地方。我往他所指的方向走，在遇到的第一間餐廳就停下腳步，那裡有著紅白相間的桌巾，每張桌子上都有小罐的辣椒粉。我在這間空無一人的餐廳裡吃了一頓非常鹹的紅椒豬肉和濕軟的玉米片之後，再到市區裡閒晃，抬頭仰望新文藝復興和巴洛克建築。

獨自一人，我的腦中忽然浮現心理學家尼克所說的話：「沒人會主動向妳揮手，但每個人都會招手回應妳。」於是我開始對每個行經的路人微笑，不過沒人對我露出笑顏。

我有點困惑，開始上 Google 搜尋匈牙利的數據（技術上來說這不是作弊，我不是在找旅遊相關的訣竅，只是在研究當地人的習性而已）。我看見一個國際的評比系統，比較在八十個國家裡六十五國人們的民族特性。在「有趣」這項評分裡，一到十分，匈牙利人得到一點六分，義大利人得到九點一分（英國人是四點二分），所以也許這麼想的不只是我。我從一間店的玻璃倒影裡看到怒氣沖沖的自己，就我個人而言，現在的我根本是零分。

這裡的建築物很美，但一切都讓我感覺遙不可及：偌大、壯觀、空蕩蕩。通常我會去博物館或畫廊，但那不是認識新朋友的好方法，而認識朋友對我而言感覺像是尋找夢想境界不可或缺的一部分。我的眼神呆滯，時間還不到晚上七點，但因為昨晚沒睡，我睏到眼睛快睜不開了，於是我決定走回飯店重振旗鼓。

後來我睡著了，再醒來已是十二個小時後，早晨七點半。

我不能告訴查爾斯我在布達佩斯的第一天都在睡覺中度過，於是我準備好當天的行頭，試著拯救這場度假，也拯救自己。

一位咖啡店員工告訴我可以前往一座公共澡堂，於是我往多瑙河走去，過了橋到對岸去，風吹拂著我的頭髮。我一抵達蓋勒特浴場，立刻就愛上新藝術風格的建築，它有著瓷磚拱廊和圓頂彩繪天花板。

我到更衣室換上黑色一件式泳衣和夾腳拖（不管目的地為何，夾腳拖都是必備）。我把衣物塞進衣物櫃裡，看看四周。

我真的不知道自己在做些什麼，我是要……和其他人一起泡澡嗎？這不就是……游泳？

基本上，我是要在匈牙利游泳。我一直在腦海裡稱之為匈牙利亞，因為我以前有個室友是保加利亞人。

我跟著其他澡客走上戶外的階梯，看到一個美不勝收的藍色池子，裡面還有色彩豐富的馬賽克磚。群樹圍繞，因為時值夏末，樹葉是橘黃色的。

這個地方美得讓人驚嘆。我小心翼翼地泡進水裡，水很溫暖，不會太燙，彷彿我浸泡在子宮裡。池子裡人不多，我不禁搖頭讚嘆，慶幸自己意外找到了一處綠洲，在那瞬間我感到十足地快樂，對於來到這裡感覺驚喜又雀躍。

我慢慢在水裡放鬆身體，游蛙式到池子的對岸，接著仰躺在水中，欣賞壯麗的風景。我漂浮著閉上眼睛深呼吸。空氣暖洋洋的，微微帶著一點天然溫泉的氣味。我睜開眼睛，望著藍色天空與橘色樹葉。

好吧，我真的喜歡這樣。雖然討厭獨自一人在毫無計畫之下旅行，但我現在身在陌生的城市裡，樂不思蜀。我不知怎地來到這個偌大的澡池裡漂浮著並望向匈牙利的天空。老實說，這令人感覺是種解放。當然我昨天有點悲慘，無精打采地在布達佩斯漫步，可是顯然我不需要被表格、五年規劃或旅行計畫給綁住。我自己也能在未知的地方找到小小的冒險旅程。

游完泳後我四處閒晃，看見一群人正排隊要進一扇木門。啊，對，是桑拿，我的老朋友。外頭的天氣乾冷，於是我連忙過去想暖暖身子。但我進到三溫暖裡頭卻是一片漆黑，這令我很困惑。

走進充斥著陌生人的空間總令我尷尬，但是更怪的是，穿著泳衣進入的我，卻看到映入眼簾的是一群五十多歲、打赤膊的發福匈牙利男子，他們在我走進去時狠狠地瞪著我。

不過這沒關係，我還遇過更糟的情況呢。

我把毛巾鋪平後坐下，熱氣吞沒了我。我往後靠著椅背的橫木，此時我忽然想起那一幕：桑拿裡的工作人員、穿著一身黑色運動衣的我為減重比賽而努力把體內的水分烤乾。我環顧四周，看看那些匈牙利男子，盡量不去想自己輕而易舉就能在減重比賽裡打敗他們的這件事。

倒是我想著自己一路走來克服了多少窒礙。我已經不像上次在桑拿裡的那個怯生生又沮喪的自己了，而是在一個非常不可能到達的地方經歷一段毫無預期的人生插曲。誰會想到竟然會發生這種事？

後來我肚子餓了，換回原本的衣服後出發去覓食，我超想來一片讓人吮指回味的蛋糕。

於是我再度越過多瑙河，隨意漫步，時間彷彿過了好幾個小時。沒了目的地，要找個地方停下腳步都很不容易。終於，我來到一個大廣場，看見一間名為捷波德咖啡館的甜點店。正如布達佩斯的許多事物，這間店華麗而雄偉，櫥窗裡陳列著色彩鮮豔的蛋糕和閃亮的閃電泡芙。

這裡有圓拱形和有著碗豆綠色鑲邊的挑高天花板，還有壁龕式的落地窗座位、仿大理石地板和水晶吊燈。我在角落窗邊的位子坐下來，面朝著店內的空間。此時我忽然想到：我以前來過這裡，是和我爸媽來的。那時我們問了門房哪裡能找到最好吃的蛋糕，他推薦我們來這裡。我就坐在七年前我們坐的位子旁邊，準備點那道最棒的蛋糕。

蛋糕送來了，捷波德蛋糕是長方形的，在鬆脆的蛋糕體抹上閃亮的黑巧克力，中間夾層有杏仁杏子果醬與一層層巧克力。

看起來美味極了，幾乎完美到不像真的能吃。

幾乎。

我咬了一口。

它很乾，非常乾。整個吃起來像被風乾過、中間夾了苦甜巧克力的無花果夾心餅乾。上次我來時蛋糕很好吃啊。發生了什麼事？

我的低血糖讓我異常憤怒。

這是蛋糕，蛋糕怎麼可能做得難吃？匈牙利亞，你怎麼可能把蛋糕搞砸？

在《大英焗烤大賽》（*The Great British Bake Off*）節目裡，有時保羅・好萊塢（Paul Hollywood）會咬一口精緻的甜點作品後做個表情，說：「你必須加強你的味覺。」我總是說：「噢，拜託！保羅！她在指定時間內做出一個漂亮的蛋糕耶！我相信味道一定滿不錯！」

現在因為這個該死的閃亮美麗乾巴巴蛋糕，我知道他說的一點也沒錯。

我的浪漫插曲變了調。

我喝著咖啡，懷著恥辱和輕蔑交雜的情緒把蛋糕推到一旁。

傑森・包恩才不會為了一塊難吃的蛋糕哭出來咧！傑森・包恩不哭的好不好！（雖然他應該哭一下的，都是「有害的男子氣概」惹的禍。）

真相是，儘管我在浴場待了一下午，也擁有驅使我來到此地的冒險精神，但因為從飛抵此地後我還沒和任何人有所交流，這讓我覺得寂寞得要命。

這是種奇怪的自相矛盾。我極度渴望和人們相處，但一想到要和陌生人交談卻又令我胃痛。我以為已擺脫的羞怯在這座不熟悉的城市裡再度出現。難道我的舒適圈就只能在倫敦才得以跨越嗎？我真的毫無改變嗎？

我聽到一個聲音，於是往右手邊看。

在我隔壁的角落位子有個蓄著鬍鬚、黑鬈髮、身材魁梧的男子。他用英文請女侍者給他帳單，不過他說話有腔調。這是我主動出擊的好時機。

反正我需要來點情報。

「嗨。」我對鬈髮男說。「你點了什麼？」

他拿起菜單，指向一張圖片，一個精緻的香草閃電泡芙。

「好吃嗎？」我問。

「好吃！」他說。

「你是哪裡人？」

「希臘。」他告訴我。「妳來洽公嗎？」他問道。我想我並未散發出「當地人」的氣息。

「不是，我……只是來玩的。」我說。這是事實，多少算是吧。「你到這裡做什麼？」

「我是這星期舉辦的世界角力錦標賽的主辦人之一。」他告訴我。

賓果！我要去看角力比賽了！這是宇宙安排要我做的事。

可是後來這名男子告訴我，比賽會在我搭機回家之後才舉行，而且就在我準備好好詢問他的職業選擇之前，他就起身離開了。

「保重！」他說完就消失在門後方。

我不氣餒地點了他推薦的閃電泡芙，泡芙送來時簡直完美無瑕，可是我剛剛才被騙過，所以我先用湯匙挖了一口，送進嘴裡：咖啡口味的生奶油，頂部是翻糖與波旁香草，非常好吃。也許那位希臘男子只出現在我的生命中短暫片刻，但他拯救了我的午後和我急需以蛋糕撫慰的心靈。我會把他當作終生的朋友。

咖啡館裡只有我是隻身一人前往。通常在家鄉時，我自己在公眾場合用餐都可以很自在，可是在家鄉並沒有如此令人喘不過氣的寂寞在萌芽，這是兩天下來沒和任何人交流所累積的結果，因為當你想殺時間時，時間的流逝變得大不相同。我在倫敦可以好幾天都自己獨處，享受孤獨，但在這裡，身在一個陌生的城市，一切感覺都令人快要窒息，而且我沒有真正得做的事，只會胡思亂想。

我曾經在倫敦四處詢問男人對孤獨的感受，彷彿如果我們勇敢談論它，就能打破它的魔咒，讓它永遠消失。如今我身在東歐，孤獨感再次朝我襲來，這就和我被寂寞襲擊的其他次經驗一樣，我感到頓失目標、迷失了。

這次度假我沒帶書，這是我第一次這麼做，因為我原本就不該埋首閱讀，而是該在所到之處結識一些很棒的新朋友，那些會點龍舌蘭酒、帶我去秘密花園或偷船旅行的有趣朋友。這些人在哪裡？為什麼我還沒找到他們？

這一瞬間，大量的空閒時間與孤獨感讓我好想念爸媽，真希望可以更常和他們見面，我也想念山姆，他一定會安排很多節目來讓這個週末很有趣；我想念散居世界各地的朋友們，也開始懷疑所有近期的人生決策，例如隻身遊覽布達佩斯的意外旅程。

雖然孤獨對我而言很重要，但我有自己喜歡的方式。而現在，我真的希望山姆、我爸媽、瑞秋或在交友網站認識的一個意想不到的新朋友可以從那扇門走進來。

後來我想起來了，我認識一個布達佩斯人！那就是我在倫敦上即興表演課認識的女生，艾妮可。我沒想太多就傳訊息給她了，向她詢問一些旅遊建議。我告訴自己這麼做沒關係，而且絕對不是作弊，因為她是當地人，而且她是我努力變得外向的那段期間在即興表演課認識的人，這不算作弊。

她回訊息給我：「妳一定要去吃看看地窖小酒館。」

這個內線消息讓我重振精神，我把奶油泡芙吃完便前往在遠方閃爍燈光的地窖小酒館。我對自己說：今晚就試試看和別人說話吧，只要一個人就好。妳已經這麼做好幾個月了，妳知道通常結果都不錯，甚至有數據可以證實是如此，妳詢問過好幾位社會心理學家，還上過相關課程，現在妳早已是訓練有素。

妳辦得到的。

我抵達時，注意到餐廳的布置非常浪漫，裝飾植物與葉子從天花板垂掛著、燈光是暖色調，桌上還擺放了蠟燭。

我在一張單人桌落座，一位侍者向我介紹今日特餐。我正考慮要點松露湯時，聽見有人說：「我要松露湯。」我望向右邊，看見一個看起來和我很像的女子，她也是獨自用餐，接著點了生牛肉薄片，我聽出她有美國口音。

我看了看蠟燭和那些植物。坐在隔壁桌的情侶正牽著彼此的手、深情對望。對面的一群人正在大聲說笑，一會兒聲音暫歇，接著又笑得更大聲。

我為自己將要做的事鼓起勇氣。

「妳是從哪裡來的？」我對隔壁桌那位女子喊道。

我變成我老媽了。這情況真的發生了，我被寂寞逼到極限，終究妥協了。那位女子嚇了一跳，望向我。

「芝加哥。」她說。

「妳自己一個人旅行嗎？」我問。

「沒錯。」她說完拿起了一片麵包。我環顧餐廳，看看那群人和浪漫情侶檔。我可以就這麼坐在她的隔壁桌，我倆都各自滑手機，或者我可以選擇張開雙臂迎接同伴。

「妳想一起吃晚餐嗎？」我比向自己同桌的座位，問道。

「噢……好啊。」她說。我這才發現，由於我們坐得實在太近，她別無選擇只能答應，否則兩人只會更難堪。接下來的三十秒更令人無敵尷尬，因為她正把購物袋、餐盤、飲料和皮包移到我這桌來。那些匈牙利侍者都在一旁看著。

她在我對面坐了下來。

「我是潔絲。」我站起來伸出手。

「我是溫蒂。」她和我握手。

「我是馬克。」一個站在我們附近的侍者說。「我是盧卡斯！」另一人說。然後兩人握手，大笑、擊掌。

好樣的。

我的晚餐同伴溫蒂（新的知己？）打算先造訪布達佩斯，接著獨自到維也納和巴伐利亞。她比較喜歡獨自旅行，因為以前她和旅伴出遊，而那些旅伴卻不想探索當地或品嘗當地的食物。我試著體會她的感受，她認為獨自旅行珍貴而罕有，給了她巨大的自由能做任何她想做的事。

我也想問她：「難道妳不會被窒息的孤獨感逼到做些奇怪的事，像是對著一塊蛋糕哭嗎？」可是我才剛認識溫蒂，這是我們的第一次約會，而且我也正忙著把侍者送來的免費麵包掃進嘴裡和大啖馬鈴薯肋排，畢竟這是從我抵達後比較像樣的第一餐。

溫蒂剛申請到醫學院，我開始懷疑是我老爸送她來給我當榜樣的，而她就是我那優秀的分身，把布達佩斯的一切調查得瞭若指掌。

侍者把帳單遞給我，對我說：「妳交到新朋友了！我在這裡從來沒看過這種情況。」

他不知道難吃的蛋糕和孤單的一天可以如何激發一個人的潛能。

艾妮可也推薦我一間酒吧，所以我邀溫蒂一起去。我們一邊聊天一邊漫步在古老的城鎮街道，逐漸感覺纏繞了我一整天的無所適從開始退去，有了溫蒂作伴，此時此地我覺得心裡踏實了些。無所寄託的感受減輕了，我是真實存在著。

那間酒吧感覺像把十間酒吧合而為一，兩層樓的空間裡有好多個房間，每一間都播放不同種類的音樂，例如歐洲流行樂、爵士樂和綠洲合唱團等。

Szimpla Kert 是一間歷史悠久的「廢墟酒吧」，但感覺起來卻不是這麼回事。溫蒂堅持要我們點帕林卡[33]，這是一種傳統的匈牙利酒（會點烈酒的朋友！）。酒保遞給我們這顏色清澈的烈酒後，我一飲而盡，感受到酒精的熱度立即衝上臉頰。我身子一震，還是點了蘋果酒，管他什麼傳統。

我和溫蒂四處閒晃，來到一間房間裡，一名女子正用鋼琴演奏《貓》劇的〈回憶〉。我們坐在壞掉的半個浴缸裡，眼前有一群歐洲人（不太確定他們來自哪裡，不過都是金髮，而且裡面的男生都蓄長髮，自信十足的樣子），他們正在用水煙壺吸水煙。他們身後陳舊頹圮的牆上裝飾著令人毛骨悚然又瘋狂的事物：被斬首的嬰兒洋娃娃、從前不知名的十二歲學生畫像、白蠟盤子、幼童的馬桶座、灰貓的畫像、螺旋彈簧玩具等。不知為何，這一切擺在這裡卻絲毫無違和感。

溫蒂坐在澡盆裡，談到她在芝加哥當實驗室技術員的工作。我聽著她說話，漸漸喜歡眼前這個把我帶離孤獨、陪我到必訪酒吧的女生。

溫蒂對我說她的早餐是在紐約宮殿咖啡館吃的，可是她怕那裡對我來說太無趣。

「因為妳住在倫敦，妳一定常在宮殿裡用餐。」她說。

好吧，她說是就是囉。

我告訴她一定不能錯過蓋勒特浴場，那裡的湛藍戶外澡池帶給我意想不到的驚喜時光，還有我漂浮到樹蔭下，感受到難得的平靜與安詳。可以和沿途中隨興認識的人交換旅遊心得的感覺真好。

去上廁所時，我不小心走到男廁，趕忙逃跑時不小心闖入一場英國人辦的男性婚前派對。要逃離時，我又被擠進一群人之中，他們把我推進一間播著成熟女聲吟唱歐洲流行歌曲的房間裡。

我總算回到我們的浴缸時，溫蒂說她差不多要回家了。我猶豫自己該不該繼續待在外頭，達成認識更多新朋友的任務，可是由於我的手機電量只剩百分之八，而沒了手機我不知該怎麼回飯店。

晚上十點，我身在布達佩斯最活躍的酒吧裡，這不就是展開冒險的最佳時機嗎？是，但這也是被謀殺的最佳時機。雖然查爾斯給過我建言，但我仍會萌生這個念頭。即使在今年我做過的種種，我還是覺得晚上隻身一人在酒吧裡主動接近陌生人，這點讓我很不自在。

離開酒吧後，我和溫蒂經過一間超市，我停下來買傳統匈牙利小吃藍戈斯

33 帕林卡（palinka）是一種生產在喀爾巴阡盆地的傳統水果白蘭地，主要生產於匈牙利和奧地利，使用的水果有李、杏、蘋果、梨、櫻桃。

（Langos），這其實是油炸過的麵糰抹上一層厚厚的酸奶和大量的刨絲白乳酪，它比我的臉還大。

我會吃它，是因為我覺得我必須得吃，這可是傳統經典風味的藍戈斯耶！溫蒂也認同我。

很快地，我就得和溫蒂道別了，我祝福她接下來到維也納的旅程一切順利，她說她會在ＩＧ上追蹤我。也許溫蒂不是我未來最好的朋友，但在這片異國之地，她絕對是我相談甚歡的盟友。

走回飯店的路上，黑漆漆的街道上只有我一人，我的心思加倍敏銳。穿過一棟又一棟宏偉陌生的建築，我漫步在這座不確定是否會再造訪的城市裡，油然而生一股愉悅的感受。

約有十分鐘，我覺得自己又回到住在北京時，時常走路回家的那段時光。那是段奇幻時光，因為我的人生還有一大半是未知的。在北京的一切事物都那麼令人雀躍：迷人的小巷弄、街上的攤販和自行車騎士。

要在你已經熟稔的城市裡保持好奇心並不容易，當然，偶爾你抬起頭，會發現每天前往超市時匆匆經過的路樹美得令人屏息，或者當你在家附近一間令你喜愛的咖啡店裡享受時光，會感受到無比愉悅，可是大多數時候，我們都為日常生活忙得不可開交，無暇注意到這些事物。在國外旅遊可以重新啟動我們腦袋瓜裡的這一部分。

而現在我身在布達佩斯，我終於能抬頭仰望了。

六小時後，我在飯店裡把吃下肚的炸麵包吐出來。

就是在那裡，在布達佩斯的浴室地板上，我終於能承認自己並未好好享受在此地的時光。

雖然有部分是我的錯，但布達佩斯真的有點難搞。她就像美麗又冷酷的情婦，令人難忘、神秘又不苟言笑。她不知道什麼是沙拉、她熱愛泡澡，她有點令我害怕。

我無法與她建立連結，誘惑她、逗她笑，和她談戀愛。

近來人們很注重忠於原味，尤其是和旅遊有關的真實經驗。要想融入當地，就必須認識當地人。可是我發現我無法就這麼走進酒吧裡和一群匈牙利男人聊天、無法闖入學校的演講廳，而雖然我遇到的服務生都相當友善，但他們肯定不想在當地的浴場和別人過從甚密（或者他們其實是希望如此，我不知道，不過我可能不要太仔細探究這件事比較好）。

在情境喜劇《良善之地》（*The Good Place*）中（內有劇透，如果你還沒看過第一季最後一集，請立刻跳過下一段話），裡面的角色身亡後被告知他們在良善之地（天堂），而實際上他們是在罪惡之地（地獄）。主角艾莉諾發現自己受騙，通常是藉由一個明顯的線索得知，像是她必須忍受「靈魂伴侶」長達三小時的爵士誦讀。每當發現這件事，她都會震驚地起身大聲說：「噢，這就是罪惡之地啊！」

「選擇觀點。」查爾斯這麼說過。到目前為止，我未經思考就決定了目的地，而我先入為主的觀念凌駕了任何新的可能性。我在抵達布達佩斯時就已對它有不公平的成見，依據前次造訪的經驗，我早已把它列為「罪惡之地」：不怎麼好吃的食物、不太友善的當地人，還有血腥黑暗的歷史。

隔天早晨，我走出飯店後向右轉，而非左轉。今天的布達佩斯會是「良善之地」，我會讓它是如此。

我在一間可愛的咖啡館買一杯咖啡，一位俊美的匈牙利男子為我服務，我對他微笑，他也報以微笑。

沒錯，那樣微小的舉動卻能帶來如此大的影響，讓這天感覺很不一樣。我問他該往哪裡去，他寫下盛齊尼溫泉浴場的地址。

那在大約步行四十分鐘的地方，於是我在寧靜的巷弄裡漫步，欣賞這裡的住宅區截然不同的活力。

抵達浴場時，眼前所見是宏偉壯麗的黃色建築，偌大的庭院裡有好幾個戶外浴場，還有許多浴場是在室內。我的天啊，這裡的人真的很愛泡澡。

我在浴場周圍逛逛，做了一次按摩，是一位匈牙利女子幫我消除了肩頸痠痛，自從搭機後我的脖子就一直很僵硬，她幫我回歸到正常狀態。我坐在非常炙熱的蒸氣室裡，裡頭聞起來像尤加利樹。一切都讓人感覺很好，而且這裡有很多人，儘管大多是出雙入對的，但技術上來說我仍表現得像個外向者。

我在戶外浴池裡游泳，接著到桑拿烤箱待了一會兒，再到地下天然礦泉浴探險。

那裡溫暖、黑暗，聞起來像臭屁味。我努力讓自己接受這氣味。

妳學到了什麼，潔絲？

有時你就是得擁抱未知，和聞一聞那股溫泉屁味。

我再跳回戶外池，把那股味道沖掉。

我的頭髮濕濕的，不過我還是穿好衣服，再次踏上街道漫步，直到是時候招計程車，前往機場。

潔絲，妳在布達佩斯做了什麼？

洗澡洗了十五次、漫無目的地走了五十哩，還有把炸麵糰吐出來。你呢？

我在好幾個浴場裡游泳，也認識了新朋友，可是我避開了夢想境界，又或者是夢想境界在躲避我。也許愈是要尋找它，它就愈是讓人遍尋不著。也許這就是夢想境界的特性。當我試著訂機票去那裡，但這個方法反倒讓我永遠搆不著邊際。

在出境大廳裡，我的班機在時刻表上變成紅字。班機誤點了好幾個小時。

不，不行啊。

這樣一來我就搭不上最後一班火車回家，得要搭 Uber 或計程車了。我會在凌晨三點才回到倫敦。

我焦急地在機場裡尋找看起來可能來自倫敦東北部的人，我的羞赧已被疲憊不堪與勤儉持家連根拔除，因為我急需找個人跟我一起共乘車回家。經過幾次尋問未果之後，我遇到了傑米，他是智利人。他說他要在倫敦的朋友家暫住，指給我看的地址離我家走路只要三分鐘。我開心地歡呼。

這真是個匈牙利奇蹟。

傑米起身，回來時手裡拿著一瓶啤酒，坐到我旁邊。

他說他和匈牙利人共事，他們告訴他很多觀光客不知道的秘密酒吧和餐廳，還有在市區各地的小場地舉辦、現場演奏音樂的音樂節。

「好，呃，傑米，現在知道這些有點太晚了，」我一邊吃著瑪氏巧克力棒一邊說。「你知道的這些事現在對我來說沒用了。」我曾經的羞怯此刻已完全煙消雲散：說真的，我已經不在乎了。現在是午夜十二點，而我身上還因為泡過浴場而散發出氯的氣味（我離開浴場時沒沖澡，謝謝你們沒在我如此脆弱的時刻批判我）。

絕望容易讓人產生連結，但這是無法經過策劃的。幸運地，絕望找上了我。

終於，機場廣播宣布了我們的登機門，我們動身前往。在排隊登機時，我四度找不到護照，而其實它一直都在我的包包裡，是我太累了。我向傑米互道倫敦見，到機上的位子落座。

我想要重新來過，想再預訂一段旅程到未知的目的地，這次明確表明我希望他們選個充滿美食又超級友善的地方。然而人生無法重新來過，這是我就算長大也還在學習的課題。這趟旅程已經發生了，這幾天也千真萬確地存在過，這就是人生。別再把這一切當成預演，停止抱怨匈牙利燉牛肉了。我不會有第二次機會。

飛抵倫敦後，我們下了飛機，寒冷的倫敦霧氣籠罩了我，這時我想穿外套，同時包包的背帶鬆開了，我抬起頭看見傑米正在門口等我。他大步慢跑過來幫我拿包包，讓我終於能把外套穿上。

有個論述是，要在職場生存，你需要一個「工作太太」或「工作先生」，某個精神上你所能仰賴的人，可以支撐你度過每一天。我想每個人也都需要一位「瑞安航空配偶」，只需一位和善的人在門邊等你、在你鞋帶掉了的時候幫忙拿外套，和對你說你的護照就在後面的口袋裡，那是你三十秒前放進去的。有個人可以在宣布飛機誤點時聽你哀嚎。航空公司真的可以在訂機票時就分派這樣的人給你。

我和傑米坐上Uber，我們兩人都因為太睏了而神智不清。他開始點名幾個比起布達佩斯，他更想展開驚喜旅程的地點（馬德里、維也納、布宜諾斯艾利斯等等），而我提醒他如果我的目的地不是布達佩斯，現在他就會是獨自在搭長途巴士了。

我們的車行駛在北環路上，這時他說我應該把這趟旅程想成像在電影《駭客任務》（*The Matrix*）裡，有機會選擇要紅色藥丸還是藍色藥丸。藍色藥丸是安全、快樂和局限的安逸狀態，而紅色藥丸是仙境，代表自由與不確定性。我的人生想選擇哪一種藥丸？

我望向窗外一片漆黑的倫敦。

「安眠藥丸。」我說。

駕駛先送傑米到他朋友家，幾分鐘後我就回到公寓，在凌晨四點為自己做一份起司吐司，真是人間美味。

很多人極力讚揚布達佩斯，大多是新婚夫妻，他們手牽手望著歌德與新古典主義的建築讚嘆不已、一起吃一碗匈牙利燉肉、喝一杯像樣的熱巧克力、夜晚乘船漫遊多瑙河，然後在八百針的高級床單上做愛。但說實在的，地點在哪裡並不重要：以他們血液裡的催情素數量看來，他們就算在考文垂都會墜入愛河。

我在匈牙利並未獲得夢寐以求的旅程，乘船遊多瑙河也可能不是那麼美好（這也是我並未乘船夜遊的主因），但這很可能是因為我的體內一點催情素也沒有。

我對於自己喜歡的城市多半瞭若指掌，例如北京和墨爾本。多年以來，我都是藉由身邊最外向的朋友得知旅遊與冒險為何物，而不再自己思考究竟什麼對我才是真正重要的，什麼才是讓我在造訪新地點時樂此不疲的。我喜歡慢遊，我喜歡花上一星期好好探索整座城市或村莊，然後挑幾個最愛的景點和路線再度重遊，這麼一來它們感覺起來才像是我所熟悉的地方。我喜歡觀察當地人，像是在北京把鳥帶到公園的老人，或在雪梨遛山羊的男子。在布達佩斯，我並未被造訪一個外國城市所產生的興奮感沖昏頭，因為我知道我待的時間有限，我沒有好幾天可以和當地人交流，也沒辦法感受到當地真正的文化風情。我知道我只能當個週末旅客，稍微沾一點邊而已。

雖然我並未在那裡度過最棒的時光，但我回到倫敦時確實充滿自信，因為我知道在必要情況下，我是可以照顧好自己的。偶爾我也可以很積極，當我覺得孤單得要命時，我能交到朋友。儘管此次未能遇見我心目中的夢想境界，但它對我而言仍存在著無限可能。

最近的研究顯示，每兩位旅人之中，就有一人認為旅行最棒的事是能讓人跨出舒適圈。我在這趟旅程中跨出太多舒適圈了，導致此行對於像我這種個性的人而言說不上是回味再三。如果我能帶一位旅伴同行，也許我就能造訪意想不到的目的地；或者如果我能在抵達當地時買一本旅遊書，我就能享受一場謎樣的旅程；又或者要是我可以自行選擇目的地，我就可以在毫無指引的狀態下獨自旅行。

我聽說馬德里很不錯，歌劇院一般都會開放，而且西班牙人被評選為世界上最友善的在地人，更重要的是，他們的甜點令人吮指回味。

第12章 蘇格蘭人的勇氣（單人脫口秀第二彈）

時間接近午夜，當我走進酒吧裡，我注意到的第一件事就是那裡頭幾乎空無一人，只有靠近舞台的前方坐了一對情侶。當然了，比表演喜劇更糟糕的事莫過於要對著三十張空椅子表演。我從沒想過會有這般令人難堪的情況。

那對情侶起身準備拿外套。

我一個箭步衝上前去。

「夥伴們，夥伴們，你們要去哪裡？」我問他們。我的口氣聽起來就像男生想叫一位辣妹繼續留在派對上。

「我們剛看了一場相當糟糕的喜劇表演。」女生不好意思地說。男生也沮喪地點點頭。他們大概二十五歲左右，兩人都很可愛。

「所以……？」我問道。

「讓人難以忍受。」男生說，他說話帶有一點蘇格蘭口音。

「他們逼我吃了一根香蕉。」女孩說。

「什麼？」這件事非同小可。「誰對妳做這件事？他們在哪裡？妳還好嗎？」我一邊問一邊環顧四周，瞬間化身為福爾摩斯。

「我不知道，他就從他的魔術帽裡拿出來，嗆我不敢吃下去。」她說。這下可好。

「我的表演會很棒的！而且我不會逼妳吃香蕉，我保證。」

他們上下打量我一番，我望向空蕩蕩的酒吧和空無一人的桌椅。

「這是我第二次表演！拜託請留下。我需要你們。」我愈說愈激動，聲音愈來愈大聲，這時我聽見有人在清喉嚨的聲音，我望向右邊。

莉莉就站在幾呎外，一臉擔憂。我嚇到別人了，包括我自己的朋友。我轉過身不看她，沒時間考慮她認不認同了，她的禮節和所謂的文明行為。

我問那對情侶叫什麼名字，他們不太情願地告訴我：亞當和珍妮。

「珍妮，我向妳保證妳一定會笑。亞當，我真的非常需要你在這裡。」

亞當看著珍妮，珍妮聳聳肩。他們又把外套放回去，坐了下來。

所以我已經完全改變了。以前的我害怕和陌生人說話，但現在看看我，我甚至在霸凌他們。

我之所以想再次嘗試單人脫口秀，是因為初次的成功令我困惑。站在台上的那個人是誰？那是純屬僥倖嗎？我真的能變得擅長這件事嗎？還有最重要的一點，我喜歡成為聚光燈的焦點嗎？

我的第二次脫口秀表演是在愛丁堡藝穗節。我也不知道為什麼會想把人生的第二場喜劇表演獻給全世界最盛大、最有聲望的喜劇節。這就好比我第一場網球賽打贏了我爸，然後第二場就要求參加溫布頓一樣。

我可能還沒做好準備。

凱特每天午夜都在藝穗節主持一場現場演出秀，她同意讓莉莉、薇薇安和我每個人有五分鐘的表演節目。

我們搭火車北上時都難掩興奮，抵達下榻的旅社之後，我們拿著梳子在彼此面前練習表演的內容。我們在市區裡到處逛，大啖肉餡羊肚烤起司三明治、喝著熱巧克力，也欣賞許多全世界最有才華的喜劇表演者演出。

薇薇安前一晚在二十五名觀眾面前表演過了，她的表演非常精采。莉莉完美地征服了四十位觀眾，而現在輪到我上陣，表演給亞當和珍妮觀賞。

時間是深夜十一點四十五分，距離表演開始還有十五分鐘。我直奔廁所和自己對話。我就像超人一樣，只不過我做的就只是在鏡子前對著自己大吼大叫，而且鏡子裡浮現的完全是同一個人。

最後現場有八個人，亞當、珍妮、兩位工作人員、一對來自謝菲爾德的四十多歲夫婦、兩個看起來似乎迷路了的醉醺醺蘇格蘭女生，再加上坐在前排的莉莉和薇薇安。現場有大約三十個空位。完成第一場表演後，我對自己很有自信，看完自己演出的影片後更是信心倍增，然而我發現，在我心中有一片無法用肉眼看見的混亂。主持人喊了我的名字，我走上台，經過可憐的珍妮和亞當，他們正禮貌地拍手。好，我準備好了。

「哈囉。」我說。「大家好嗎？」

我忠心的朋友莉莉和薇薇安異口同聲地回答：「很好！」

我嚥了一口口水，我好害怕，怕到幾乎動彈不得。我不敢移動我的手和腳，我怕如果我動了，世界會從我的腳下崩塌。終於，我說出我的第一個笑話，那是有關於我來自阿馬里洛的梗。

沒反應，沒有笑聲，我什麼也沒聽到。我甚至脫口而出那句脫口秀演員以自滿的語氣說出來時總讓我覺得尷尬的話：「很好笑吧?!」然後立刻感覺到自己的窘境，根本沒人笑。

繼續說，繼續下去。我又說一句話，但全場鴉雀無聲。事實上，你可以想像在電影裡一個玻璃杯被放在櫃台上，和黑暗中有一聲咳嗽的聲音。

那就是我聽到的。

沒有笑聲。

我就快講到美國人住在英國的種種趣事，努力讓自己不要失去鬥志，召喚凱特所教我們的、極其重要的熱忱。竭盡全力、把他們贏回來。

「所以我不是在這裡土生土長，」我說。「但我愛這裡！我好愛英格蘭！」

如果可以傳授一個建議（僅此一個而且是微不足道的一個！），那就是當你在蘇格蘭表演喜劇，別滿腔熱情地挑明你有多愛英格蘭。

蘇格蘭人可不那麼喜歡英格蘭。

「噓！」那兩個醉醺醺的蘇格蘭女生在前排發出噓聲。「噓！」後面的酒保也大聲喝倒采。

我抬頭看向明亮的燈光，瞥見幾雙死氣沉沉的眼睛，他們沒有在笑，而且這些蘇格蘭人噓我。神啊現在就帶我走吧，我無法再繼續說下去了。我已經違反了社交守則，現在我必須死。

「我不敢相信珍妮和亞當看到的是那樣的我。」走在皇家哩（Royal Mile）上時，我大聲對莉莉說。「我還向他們保證我會說得很棒！」

莉莉正在強行把我架走，到某個我可以盡快把伏特加一飲而盡的地方。

「坐前排的那兩個蘇格蘭女生喝醉了。」薇薇安說。「我發誓我看到她們其中一人從廁所走出來時差點跌倒，然後她朋友直接走進去。她們在嗑藥，裡面很多人，嗑超多毒品。」

我沒有回話，眼前的世界還在天旋地轉。

「還有那對從謝菲爾德來的夫妻，我不覺得那個男生會說英語，妳有看到主持人問他問題他都不回答的樣子嗎？」

我們一到酒吧，莉莉就開始幫我介紹朋友。莉莉是外向者的箇中翹楚，她可以不費吹灰之力就和計程車司機、排隊買喜劇表演門票的情侶和其他表演者聊起天來。不分男女，每個人都喜歡她。有一次薇薇安說：「我受不了了！莉莉和太多陌生人聊天了！如果永遠不會再見面，又何必這樣？」

在我看來，開心果莉莉是我認識的人當中被最多人請吃東西的人，如果她不與人分享就太人神共憤了，不過她總是不會讓人失望。

不知怎地，我在舞台上陣亡的那晚，最後竟成了那年我最喜愛的其中一個夜晚。大概凌晨四點左右，我、薇薇安和莉莉走了半小時回到我們的住處，沿路上微風吹拂，我們一邊走在高低起伏的愛丁堡街道上，一邊五音不全地唱歌，很是開心。

自從大學之後，我就沒感受過結交新朋友所帶來如此明確而強烈的親密與溫暖，逾十二年我都不曾有這種感覺了，我還以為那些美好的日子已離我遠去。這讓我納悶：這就是夢想境界嗎？我們遇見有趣的陌生人、我們恣意大笑、我們在市區裡到處閒逛，造訪不同的酒館與酒吧，我們身處在一座不熟悉的美麗城市。

不管怎樣，如果你要徹底搞砸你的脫口秀，那麼有像莉莉和薇薇安這樣的人在身邊會很有幫助，她們會向別人這麼介紹妳：「這位是我朋友，她是個脫口秀講者，她愛英格蘭。」而沒有多作解釋，妳這才發現，人生竟可以在轉瞬間產生巨大轉變。

隔天早上，薇薇安和莉莉各自捧著茶爬到我的床上，我忽然掀起一股情緒，不只是因為她們在我只睡了三小時就把我叫醒，還因為我告訴過克里斯，那個我幾個月前認識、一同經歷脆弱網球賽的克里斯，我好害怕像此刻的情況永遠不會再發生。

「我所有最親近的朋友都搬走了，或者有些變得漸行漸遠，我很怕我永遠無法結交新摯友，一個我可以傾訴一切的人，這讓我覺得沮喪。」我之前這麼說過。這意思也在說：「要是我永遠沒有讓人相處起來如此舒服、親近的朋友，可以隨興地捧著一杯茶就爬上我的床，聊聊昨晚的八卦瑣事，那該如何是好？」四個月前我根本還不認識薇薇安和莉莉，這讓我覺得不可思議。

這場旅程結束得太快，我比她們更早返回倫敦。在火車上，這是好幾天以來我第一次獨處，我戴上耳機，望向蘇格蘭的海岸線，崎嶇蜿蜒的山壁和遼闊的海灘在豔陽下像極了地中海。

沒有了藝穗節、莉莉和薇薇安讓我分心，我很快就開始對自己的差勁表現感到沮喪。所有在第一次表演後萌生的信心已煙消雲散，蒸發到海風裡。我在《飛蛾》表演完之後覺得自己無懈可擊，而那次之後發生了好多事：我和陌生人交朋友、與可能的新摯友一起游泳，還有瘋狂愛上每週一次的即興表演課。然而我也在布達佩斯陷入擺脫不了的灰色心情，這週又從第一次脫口秀表演後的狂喜墜入深淵。為什麼自信和樂觀不能擁有終生保固？

我需要我的脫口秀導師，雖然他是被我硬逼著當的。

我拿出電話，傳訊告訴菲爾事情的經過。他立刻就回覆我。

「藝穗節的觀眾很難取悅，尤其在說了妳愛英格蘭的情況下。」菲爾在訊息裡這麼說。「在藝穗節表演本來就不容易，潔絲，不要放在心上。妳已經完成妳在藝穗節的深夜演出，而妳存活下來了。」

沒錯，他說得對，正是如此。

「潔絲，祝妳成功，下一場脫口秀表演順利。」

噢，是啊，菲爾，可是不會有下一場了。

第13章　內向者闖入森林（現實生活的插曲）

樹葉在我的腳下嘎嘎作響，我獨自在森林裡行走，時間是黎明時分。我的頭髮髒亂、飢腸轆轆又口乾舌燥，不知自己身在何方。

我就知道會這樣。打從開始這項實驗時，我就怕這一年的最後會是我在森林裡和狼群交流、以野草為食。

我抬腳踏過厚厚一層樹葉，仰望頂上為樹木覆蓋的綠色蒼穹。天色正開始漸漸變亮，我努力不去想那些壁蝨和蚊蟲。接著我聽見一股窸窣聲，那不是我發出的聲音。

我愣在原地，方圓幾哩之內不會有別人，那名男子是這麼說的。窸窣聲倏地停止。我揉了揉眼睛，瞇眼環視森林。接著又傳來一陣嘎嘎作響的樹葉聲音。

「有人嗎？」我小聲地問，害怕得要命。

你聽過有位內向者試了一年外向者的生活，最後卻在森林裡被謀殺的嗎？

薇洛是個二十五歲的金髮女生，留著眉上短劉海和穿了鼻環。她在東南倫敦長大，以前是個狂放不羈的孩子，有多重伴侶關係、是自由論者而且會擦橘色唇膏。她是那種搭機在紐約中途停留時會認識陌生人，最後和那些人在爵士酒吧待到凌晨四點的人。

她是我幾年前在一間廣告代理公司任職的同事，座位就在我的後方，面朝相反方向。她的招牌動作就是把椅子轉過來，想探聽我工作上的所有對話內容，這很煩人，因為第一，真是討厭的獅子座；第二，雖然比我年輕八歲，但她好像無所不知。

薇洛和每個人都能聊，對任何事情都有興趣，也願意嘗試所有活動，包括在毫無訓練之下參加半馬，那天的天氣甚至熱到把她的橘色腳趾甲油融化。她有自信每件事情最後都會有好的結果，而且總會有人伸出援手幫忙她，神奇的是似乎的確是如此，無論是她從倫敦搭便車到布魯塞爾，沿路在陌生人的沙發上入睡，或者她獨自到印度旅行，而她甫結識的一位陌生人剛好有刺青工具，幫她在一隻腳底上刺了印度文。薇洛對我而言是謎樣的女人。

薇洛現居斯德哥爾摩，不過每當她來倫敦探望家人時，我們都會約了喝咖啡。當我把這一年的經歷告訴她，脫口秀表演、和陌生人交談、獨自旅行等等，她的反應熟悉地令我沮喪。「我的老天啊。」她說。「可是妳明明很討厭這些事啊。」

「我知道。」我點點頭。薇洛不太能理解我為什麼討厭這些事情，單單過去三個月，薇洛就答應要參加以下的活動：銳舞派對、在週一灌龍舌蘭酒、在哥本哈根沙發衝浪和救援貓咪行動。我們是截然不同的兩種人，而她就是啟發我這一年開始訓練自己成為外向者的部分原因。

一旦我們一致認為，基本上我答應要做的事情是我通常會以手刀逃離的事情，薇洛建議我和她還有一些她的朋友們去露營。

雖然她說得隨興，但我仍察覺事有蹊蹺。

「什麼朋友？」

「就是一些我最近認識的女生，其中一個人有鐘形帳篷可以在森林裡搭建，我們打算從倫敦開車過去，遠離都市的塵囂……一起展開旅程。」

「展開旅程？」

「迷幻蘑菇[34]，」薇洛說。「就在森林裡，一邊看日落，這會是充滿靈性的體驗。」

嗯。

「難道妳不怕那可能是會讓妳致命的東西嗎？」我問道。

薇洛向我解釋，其中一位名叫艾薇的女生嫁給了一位黴菌學者，他專門搜尋當地的迷幻蘑菇為食。那萬一得萊姆病呢？薇洛說那種壁蝨已經死光光了。要怎麼到當地？開她爸的車。我提出的每個問題，薇洛都有辦法一一解答。

「我認為這對妳會有益。」薇洛說。她會因為好玩而服用迷幻藥，不過她同時也撰寫那些迷幻藥的藥效。薇洛告訴我迷幻藥被使用於治療抑鬱症和創傷後壓力症候群，也用於啟發創造力。

「史蒂芬．賈伯斯就會吃迷幻蘑菇啊。」薇洛說。

「所以他翹辮子了。」我提醒她，不過她對我的話充耳不聞，這情況在我們的交流裡很常見。

我從沒嗑過藥，有我那保護過度的華人爸爸和總會把事情災難化的猶太媽媽，再加上我在大學修過神經科學課，我從小就膽小得要命，從來沒有嬉皮、毒品販子或大學室友想拿毒品誘惑過我，通常都是些假嬉皮，因為真的很少有人給我毒品，一次也沒有，直到此刻為止。

「對妳來說離開倫敦會很有幫助，」她說。「跳脫思考的框架。」

我擺出高姿態回絕她，可是等我們分開後，我又忍不住思索她的邀請。近來倫敦的確讓我很不舒服：汙染、擁擠、骯髒。而且在藝穗節搞砸舞台表演至今，我還沒能完全恢復。簡而言之，我很焦躁，為了放鬆心情，我甚至在週末讀一本關於迷幻藥的五百頁書籍。

我讀到在迷幻蘑菇裡發現的賽洛西賓（psilocybin）（自然生成的迷幻藥化合物）會讓情緒強度增加、產生聯覺和時間感失真。使用者還說他們感覺到暫時跳脫自我。

我回想我在布達佩斯所體會到的沉重孤獨感，和在愛丁堡時，我站在舞台上在意他人眼光的焦慮感。跳脫自我？這部分聽起來確實很吸引人。

可是說真的，要吃迷幻蘑菇？我已經不知道該作何感想了。畢竟這一年剛開始時我很怕陌生人，但後來發現想要謀殺我的人比我想的還少。老天，我現在還喜歡上即興

34 迷幻蘑菇（magic mushroom，又稱shroom）是含有致幻性物質的蕈類，目前在阿姆斯特丹被列為非法物品。

表演了。似乎已經沒有任何事情是篤定的，而且我不能總是隨興而為，因為到頭來我會發現，很多情況下我都是錯的。

在談論迷幻藥的那本書中，我讀到迷幻藥可能導致與真實會發生的負面反應，可是這些情況很罕見，通常是因為過量使用一種物質，或處於會引起焦躁的環境所造成的，像是擁擠的夜店或人來人往的街頭派對。

「只有女生，在一座與世隔絕的森林裡，遠離城市。」薇洛在訊息裡這麼告訴我。「那就是我們選擇這趟旅程的原因。」

我還是猶豫不決。

「人生只有一次。」薇洛這麼寫道。我不願聽信諸如此類的說服話語，因為人死也只有一次。

然而當我在倫敦度過格外乏味的一天後，我在夜晚輾轉難眠，聽著警笛聲和街上車輛來往的喧鬧聲，就這麼醒著躺在床上，擔心工作的截止日和稅單。等黎明時分終於到來，我坐了起來，心想：我想去那座森林。

如果我希望這一年的外向行為繼續延續，那麼也許我也得把這件事納入我的日常生活中。

「妳會更深入地了解自己，迷幻蘑菇會深掘妳所沒意識到的渴望與需求。」薇洛這麼對我說，聽起來宛如從童話故事裡跳出來的一隻會說話的森林生物，剛好在森林裡遇見了我。我只是不確定她是好的森林生物，還是會偷偷把我毒死的那種。

「我好替妳感到興奮。」她補充道。

我其實並不想知道我的潛意識裡究竟有些什麼，然而過了幾天，我就把我的背包塞滿餅乾、桃子和防蚊液，在薇洛的車子前和她碰面。另一個女生凱伊已經到了，她身子倚著副駕駛座的門，一邊吃著小黃瓜，是真的拿一整根在咬。

當凱伊得知我以前從沒服過迷幻藥，她把小黃瓜從嘴裡拿出來。

「我真替妳興奮。」她說，一手搭著我的手臂，像在探詢什麼似地看著我的臉。就算她們不斷對我說這句話，還是無法平撫我緊張的心情。

凱伊留著一頭狂野的長髮，臉看起來很像一位有智慧又令人生畏的女神。她就像是當妳在戰爭中失去四肢時，會背起妳渡河，或是在妳中箭時悉心照料妳恢復健康的人。她就像凱妮絲・艾佛汀[35]和貝爾・吉羅斯[36]的私生女，我立刻就對她產生好感。

最後抵達的人是珍妮，她身材纖細，穿著半休閒紅色洋裝和羅馬涼鞋，背著一個大背包，手裡還拖了一個很大的行李箱。

我們全都跳進薇洛的車，凱伊坐前面，因為即使是充滿智慧的地球女神也會因為最早到而要求坐副駕駛座。於是我和珍妮坐後座，中間擺了她的巨無霸包包。

35 凱妮絲・艾佛汀（Katniss Everdeen）是蘇珊・柯林斯系列小說《飢餓遊戲三部曲》的女主角。
36 貝爾・吉羅斯（Bear Grylls）是英國探險家、作家和電視主持人，因拍攝求生系列節目《荒野求生秘技》聞名。

這趟旅程即刻展開。

一旦我們的車開上主要道路，珍妮就開始滔滔不絕，整趟旅程都說個不停。到了最後，我對她的生活狀態一清二楚：她的前男友、工作、夢想擁有的工作、她上週面試兩份工作但未被錄取、和她住同一棟大樓而且教她開車的男子、那男子在她出遊度假前傳的簡訊（「享受陽光吧！」），還有這則訊息可能有什麼含義、和她約會過一次的私人教練，她是如何用眼神誘惑他的、教她如何只用眼神就能誘惑教練的 YouTube 影片、她姊姊有幾個小孩、她已經四個月沒做愛了、她討厭室友、她愛健身房，還有她很喜歡喬丹．彼得森[37]。

一般來說，我喜歡過度分享的人，他們可以打破尷尬的沉默，憑空創造出親密感，然而不是眼前這種情況。一群陌生人之中，總會有那麼一個人和妳不對盤。規則不是我定的，這是定律，珍妮的定律。

珍妮開始大喊她的陰道需要好好運動了，還有她準備如何偷偷把避孕環拿掉，這樣她就可以懷孕，也許是和她那不會起疑心的前男友生的。我再也無法忍受了。別誤會，這其實是這整趟車程中她說出最有趣的事，可是我已經無法招架，這快讓我的頭腦爆炸了。

「我們可以來點公路旅行的音樂嗎？」我無力地問薇洛，同時珍妮還上氣不接下氣地講個不停。薇洛開始播放基爾絲蒂．麥柯爾（Kirsty MacColl）的《熱帶風暴》（*Tropical Brainstorm*）專輯，總算有那麼幾分鐘，我得到短暫的喘息。

迷幻蘑菇在大多數的國家是非法的，但沒關係，因為我們那晚開車來到葡萄牙，迷幻蘑菇在當地是合法的。我不確定你是否知道這件事，從倫敦只要開車幾個小時就可以抵達葡萄牙，我們就是這麼做。不過葡萄牙看起來和英國的森林沒兩樣。

「我要尿尿！」十分鐘後珍妮大叫。

我們來到休息站，在停車場伸展筋骨，這時我們的談話內容更深入了些。我和凱伊、珍妮都是三十出頭，我們聊到另一項定律，稱作「生育生理時鐘恐慌定律」，意思是我們不可避免會討論到要不要生小孩或何時生小孩（當然不是跟彼此生），不過這一次和以往有點不同。

「我在秘魯服用死藤水[38]，那時我看見三十五歲的自己懷裡抱著一個完美無瑕的女嬰。」凱伊說。「所以我很相信宇宙會幫我安排好所有一切。」

對此我無話可說，因為我不太相信宇宙會幫我做些什麼。於是我隨口說出頭腦裡第一個想到的事情，那是我最近讀到的一篇文章。

「懷孕會重新整合人腦。」我說。

37 喬丹．彼得森（Jordan Peterson）是加拿大多倫多大學的心理學教授，《生存的十二條法則》（***12 Rules for Life: An Antidote to Chaos***）的作者。

38 死藤水（ayahuasca）是來自亞馬遜森林的迷幻草藥，為亞馬遜原住民的傳統用藥，用於治病和通靈，據稱可治療身心靈。

凱伊靜靜地對我微笑。

「今晚會重新整合妳的頭腦。」她輕拍我的背，這舉動讓人略感威脅。回到車上，珍妮深呼吸一口氣，又開始繼續滔滔不絕地說個不停，這次是在說她爸爸吃肉和不吃肉的場合。我的記憶力很好，令我難過的是，我可能到臨終都還記得這些事。

我們漸漸駛入更鄉下的地區（更接近葡萄牙了），我望向窗外，心想：「我相信宇宙會照料這一切。」

不一會兒，眼前就變成一片綠油油的景色，滿是樹葉的景象迷幻而迷人。我們全都盯著車窗外，欣賞這幅美景。

「這才是天殺的森林！」珍妮對著我的臉大喊，接著又在她的ＩＧ限時動態重複這句話。

我們的車駛入一塊空地，薇洛繼續往前開，穿過一片高草地後看到前方停著一輛卡車。葡萄牙人艾薇正在等著我們。

「歡迎。」艾薇對我們說，並一個個和我們擁抱。她的穿著就像在《那時候，我只剩下勇敢》（*Wild*）裡的雪兒．史翠德（Cheryl Strayed）：短褲和那雙招牌靴子。她渾身散發出一股大地的氛圍。

在一片樹葉頂篷的遮蔭之下，這裡十分涼爽、靜謐而陰暗。詭譎而美麗，就像獨立電影裡，鬱鬱寡歡的青少年獻出第一次的那種地方。我們步行穿過一層厚厚的枯葉，點點光線從頂上的綠葉頂篷透了進來，四周除了我們之外杳無人跡。從樹林間的空隙窺探，我只看見更大片的森林。

「我們這裡有一百英畝，除了我們別無他人。」艾薇說。

在森林深處，浸淫在大自然裡的感覺妙不可言。我們大約走十分鐘後抵達一處空地，那裡有一頂巨大的帳篷，有一名男子正在生火，他正是艾薇的先生托比，他走上前來和我們打招呼。我們今晚要吃的蘑菇就是他找到的。他將東西拿給艾薇後祝我們好運，並告訴我們方圓幾哩都沒有人，所以我們會很安全，接著就開車離開了。

我們把行李放下，珍妮宣布她想換上她的一件式迷幻套裝。

薇洛往外走，開始在森林裡旋轉；凱伊正在倒榻的木頭上做瑜伽動作。

「我被蚊子咬了！」我朝她們大聲說。

「蚊子也得吃點東西啊！」薇洛回應我，用腳尖旋轉身體，跌入一堆樹葉裡。

我眨了眨眼，忽然想起電視節目《超級製作人》裡的一句令人擔憂的台詞：「絕對不要跟隨嬉皮到第二個地方。」

已經太遲了。

那天稍晚，我們在露營地安頓好之後，凱伊說我們應該都在帳篷裡圍坐成一圈，說說我們的想法和恐懼。

珍妮戴著她的巫醫羽毛頭飾開始燃燒鼠尾草，接著在我的身體周圍揮呀揮，趕走邪靈。我不敢相信自己正目睹這一切。煙霧環繞我，我咳了幾聲。難道珍妮不知道她正是邪靈嗎？她傾身向前，在我們圍成一圈時在我的額頭上抹油。

凱伊先開口，談談她過去這辛苦的一年，她換了一份新工作；艾薇討厭她的家人，渴望得到解放；薇洛懷疑她最近搬去斯德哥爾摩的決定，想確認這麼做是否正確；珍妮謎樣地說：「我們正在斬除已經不適合我們的東西。」而沒有多作解釋。

接著大家陷入一片靜默，緩緩把頭轉向我。

「我……」我開始慌張。我真正想說的是，我已經展開雙臂擁抱新事物、認識新朋友，可是我不確定自己是否有好好從他們身上學到東西，又或者我不確定該學些什麼。一部分的我仍然感到迷失又焦慮，儘管這一年我讓自己接受了這所有的挑戰，我仍舊不確定能否成為期望中的自己。

可是我脫口而出的卻是：「我害怕很多事情，這一直以來成了我人生中的絆腳石……我想薇洛會邀我來這裡，是因為我是個很封閉的人……」

「不是，我邀請妳，是因為妳想多了解自己的社交焦慮，妳想敞開心胸接受新事物。迷幻藥被證實對此是有幫助的。」薇洛說。「而且我很喜歡妳，我想和妳分享這個體驗。」她補充道。

「噢。」我說。老實說，我很感動。

「我還是有點驚訝妳會來。」薇洛說。「沒想到妳會答應。」我自己也沒想到。

我伸手握住薇洛的手，同時珍妮拍手說：「好！那我們現在就開始吧！」她大喊著站起來。

我們在外面圍著火堆坐下，此時太陽逐漸西沉。艾薇遞給我一顆用保鮮膜包著的小蘑菇。我望著手裡的蘑菇，頭腦已不停打轉。我並不想破壞森林裡的寧靜氛圍，但是我真的好擔心。我提醒自己：這是由黴菌學者採收的，他的朋友已經吃過這一株蘑菇，他們都安然無恙，應該是吧。

我看著薇洛，她對我微笑打氣。

凱伊把她的蘑菇從保鮮膜裡拿出來開始吃，薇洛也照做。我看看四周，望向樹木和頂上的廣闊天空，把保鮮膜打開。這株蘑菇已經乾掉了，它正是幾個月前從葡萄牙的這座森林裡採收的，現在它是硬邦邦的殘根。我第一個想到的是，它看起來好像一小塊臍帶。為什麼？為什麼我會想到這件事？我怎麼能信任這些奇幻蘑菇？

趁我把事情想得太嚴重之前，我剝下一小塊，放進嘴裡咀嚼。

那吃起來很硬，不過滋味很像你會想撒在番茄肉醬麵上的東西。

太陽正要下山，耳邊喋喋不休的話音漸歇，而當太陽落到地平線之下，星星在晴朗的夜空大而閃爍，這幅景象令人屏息。星星一閃一閃亮晶晶，我覺得自己非常非常渺小。

珍妮又開始說話了。

我往後仰，望著天空，不發一語地氣她一直瘋狂地說話。為什麼不能就這樣好好安靜一下，看看星空就好？為什麼我要知道她爸爸有乳糖不耐症，她阿姨有腹腔疾病，還有她早餐吃鳳梨？對於剛認識不久的人，我可以噓她叫她安靜嗎？或者把她的聲音困在貝殼裡，然後扔進海裡？

光是想像這畫面就讓我笑到哭，迷幻蘑菇開始起作用了。

直到珍妮開始長篇大論地說，她那位鄰居傳給她的謎樣訊息背後有些什麼意義時（回顧一下，那則訊息的內容是：「享受陽光吧！」），我放棄了，索性從口袋裡撈出耳機，開始播放勞拉·曼寧（Laura Marling）的〈瘋狂一次〉（*Wild Once*）。

我把外套領口拉高，將珍妮擋在我的視線之外，同時閉上雙眼，讓勞拉的歌聲蓋過她的聲音。我讀過一篇文章，上面說糟糕的旅程通常容易發生在當妳感到害怕、心煩、不信任某些事物和缺乏安全感的時候。

蘑菇現在真正進入我的頭腦，奇異的顏色和畫面飛快地輪番出現在我腦中的畫布裡，我必須相信不管接下來發生什麼事，情況都是我能掌控的。

現在我身在音樂裡，在旋律之中優游，穿過勞拉的歌聲和吉他的撥弦聲，我在音符之間飄浮著穿越黑色的空間。這整段經歷最令人讚嘆的地方，是我一點也不覺得害怕。

此時此刻的我是這輩子最無法掌控自我的時候，這是我的選擇，而且我很好。

我慢慢地倒在地上。

睜開雙眼，我再抬頭望向偌大的黑色天空，一閃一閃的星星正隨著旋律擺動。我……我在融化，我就是那些星星，我是天空，我是森林，我是鹿，我是壁蝨，我是萬物，我是勞拉·曼寧，我是珍妮。

我在那裡待了很久，不知過了多久，我的雙眼變得沉重。

「迷幻蘑菇在告訴妳，妳得睡了。」薇洛對我喊道。「睡吧。這些蘑菇是從這座森林來的，它們知道妳需要什麼。」森林生物說話了。

我點點頭，動作緩慢地走向我在帳篷裡的睡袋，戴上毛帽。我感覺到自己漸漸睡著，進入沉睡狀態，在鮮豔奪目的色彩裡作夢。

凌晨五點，我的膀胱讓我清醒。太陽還沒升起，就在我一直找不到睡袋的拉鍊與翻找眼鏡之後，終於踉蹌地走出帳篷。此刻大家都還在沉睡，萬籟俱寂，眼前景象美得令人屏息。只有樹木、地面上的葉子和淺藍和橘色交織的天空。我朝一處空地走去，周遭除了我之外沒半個人。

我的鞋子輕輕地踩在樹葉上，此時我聽見幾呎遠的地方有一陣騷動。難道這就是我一直以來所恐懼的，與狼群的親密接觸？

我抬起頭。

於是我看見牠了。

一頭鹿，一頭雄鹿。牠好美：紅色的身體，巨大的鹿角和棕色眼睛，氣宇非凡。牠正定睛望著我。

我們彼此對看，牠仔細地打量我幾秒，而我盡可能靜止不動，因為我不想把牠嚇跑。牠停頓半晌，再過了珍貴的一秒，牠才跳進迷霧中，消失無蹤。

在《哈利波特》的書裡，「護法咒」（patronus）是巫師使用的進階咒語，用來嚇跑邪惡的催狂魔。哈利波特的護法咒正是一頭雄鹿。

我剛剛在黎明時分在森林裡撞見了一頭雄鹿。

請別誤會，我的意思是：我吃了迷幻蘑菇，珍妮是我的催狂魔，一頭雄鹿出現，我們四目相接，所以現在我成了哈利波特。

頹廢的潔絲一直以來都渴望冒險，但我不確定她以前是否想像過這種冒險。在森林裡與一頭落單的雄鹿相遇著實令我興奮不已，這樣的際遇美妙得令人起雞皮疙瘩。要讓我倆在黎明時分的同一處相遇，在群樹環繞的森林裡彼此對望著，這中間會需要多少巧合啊。

內向者渴望親密感，但通常不喜歡讓自己處在可能開啟新關係的情況下，我們只是出現、參與，就像在這段旅程中，我並未和珍妮建立情誼，因為我太忙著拓展對自我的定義。薇洛曾說：「我很訝異妳會來。」其實我也是。

珍妮說過：「我們正在斬除已經不適合我們的東西。」只因為害怕就封閉自我或拒絕嘗試對我而言已是過去式了。我望著天空，在短暫的靜謐片刻裡仰望星星，此刻我感覺到，無論是內向者或外向者，這些都是可能不適用套用在我身上的標籤。

這一年來我做了好多以往認為是不可能的任務，可是我還是我，我依然需要慰藉，依舊得在參加社交活動之後回到自己的家，比起在擁擠的酒吧裡和一群嘈雜的人相處，我仍然比較喜歡和朋友單獨喝咖啡。我不會在森林裡再吃一次迷幻蘑菇，但我已經冒險過，而且這次的冒險讓我在隔天早晨經歷了此生最魔幻的時刻。

那天稍晚我們打道回府，回程的途中在一間餐廳用餐，珍妮似乎因為昨晚沒睡好而變得沉默了些，接著她更做了一件令人出乎意料的事。她問了我一個問題。

「潔絲，妳離家很遠，妳會想家人嗎？」

「我……會，我會想他們。」我說。

我們聊了大約二十分鐘，關於我們兩人都離鄉背井，與家人相隔甚遠的話題。

回到車上，珍妮睡著了。此刻的氣氛一片寧靜祥和，我開始在想，也許我錯看珍妮了。她看來很平靜，一點也不瘋狂。她沒那麼糟，我可以與她共處，甚至可能會喜歡她。佛利伍．麥克（Fleetwood Mac）的音樂在背景輕輕唱著。

正好就在此時，珍妮忽然睜開眼、抬起頭。

「我要大便！」她朝著我的耳朵大叫。

我轉過身去，頭倚著車窗望向外頭的森林。

疾疾！護法現身！

第14章 補償（第三次單人脫口秀）

「太糟糕了，那已經在妳的心裡揮之不去，為妳的靈魂留下汙點了。噢，沒錯，妳一定很懊惱。」

我把在蘇格蘭的恥辱告訴眼前這位女子，她聽了嚇壞了，我很感激她的感同身受，尤其她又是我最喜愛的表演者之一。

莎拉・貝倫（Sara Barron）是新生代的脫口秀講者，今年被提名愛丁堡藝穗節最佳新人獎。她非常有魅力，掌握脫口秀的節奏無懈可擊。

我向她尋求協助，因為自從在愛丁堡酒吧的舞台上經歷難堪的失敗演出後，我實在無法就這麼結束這一年。我不希望自己對於舞台的最後回憶，會是一個蘇格蘭女孩對我比了個「滾開」的手勢。

我不希望會是這樣的結果，我想重寫這一年在舞台表演的結局。

和珍妮安然度過了森林之旅後，仰頭望向無垠的黑色夜空，我感覺到自己的渺小，而這是好事，宛如我能承受任何冒險，無論如何天都不會塌下來，所以既然如此，何不再試一次呢？不過我得再向另一人請求高見。

我在收音機裡聽見莎拉的專訪，她說十年前她在紐約首度嘗試單人脫口秀時，曾有過嚴重的舞台恐懼症。我一聽就知道自己必須和她見面。她當時真的有舞台恐懼症嗎？她是我所看過數一數二最棒的表演者，是什麼改變了她？我得知道。

莎拉說她在倫敦開始從事脫口秀表演時，發現如果一週表演三次，那麼她的腦袋就沒空去懼怕每一場演出，就這樣最終讓她克服了演出焦慮。正是脫口秀表演與生小孩這兩件事，讓她能用客觀的角度看事情（無論是寶寶還是假裝的臨終病床，只要是可以幫助妳安然度日的事物都行）。

「我一天到晚出現在這些令人厭惡的現場表演裡，也許觀眾會覺得我是個古怪的老女人，可是我倒覺得自己是狠角色。我會想：你們這些白癡根本不知道我經歷過什麼。我覺得自己像個英雄，我生過小孩耶！」莎拉說。

生小孩這件事我無法在短期內辦到，況且依照我賄賂老爸早日康復的協定內容看來，我還可以把這件事暫緩一年再做。

我告訴莎拉在舞台上的我有多麼害怕。

「即使最蠢的群眾也有種奇妙的感應力，如果他們可以嗅出妳的恐懼，那麼妳就無法掌控全場了。」莎拉說。

「我從來都不能掌控全場。」我說。

「可是妳做得到呀。」她回道。

莎拉告訴我，在她剛開始表演時，有人這麼告訴她：妳最近一次的表演才是妳的真實力。

「而妳現在灰頭土臉的，對未來沒有展望，那種感覺會一直跟隨著妳，直到妳又表演一次，並且有不錯的表現為止。」莎拉說。

好戲又要登場了。

卡文迪什機構（The Cavendish Arms）是位在南倫敦斯托克韋爾（Stockwell）的喜劇組織，是知名的開放式麥克風表演「喜劇處女秀（Comedy Virgins）」的舉辦場地。二十位表演者，每人表演五分鐘，只為爭奪最終的獎盃。人們爭搶獎盃的拚勁都足以替凱莉・詹娜（Kylie Jenner）的手機永久發電了呢。

如果你的表演超過六分鐘，他們會播放路達克里斯（Ludacris）唱的〈Move Bitch (Get Out the Way)〉請你下台。無論如何我都無法忍受那樣公然受辱的感覺，有些人甚至苦惱到久久無法恢復。

我帶山姆一起去。通常我不會這麼做，可是那晚的另一項規則是，如果你想要表演，就得帶一位友人前往，而且他們必須待一整晚，看完其他喜劇新秀的表演。我不能用這樣的酷刑來對待我的新朋友以及我們之間尚未穩固的新友誼，所以只好拿我的婚姻來賭一把了。

我會來這裡是因為莎拉說得沒錯，愛丁堡那場演出是我心靈上的汙點，這是我補償的機會。

我好想吐。

當晚主持人會從一頂帽子裡抽出名字，來決定表演者的先後順序，所以沒人知道孰先孰後（而且這樣我們也無法叫朋友只來下半場就好）。

在每一段表演之後，如果觀眾喜歡那位表演者，他們會喊：「請他喝一杯吧！」這簡單的舉動就能讓那位表演者有機會得到表演最後那眾所期盼的獎盃。

等到表演者和他們的人質擠滿了場地，我用力深呼吸。我已經放棄穿那件漂亮俐落的牛津襯衫了，而是改穿T恤和牛仔褲，因為這才是我真正的模樣。

在舞台上，主持人拿著獎盃在觀眾面前揮動。那獎盃很小，只和他的手掌心一樣大而已。我想贏得這個迷你獎盃，就在我得到那悲慘的燃燒生命獎，促成這為期一年的冒險故事之後，我將這個獎盃視為是我個人的補償。我想把它放在我的雙手上把玩，我想把它擱在壁爐上，不知道我以後能否擁有一間有壁爐的公寓，而當人們在前面駐足（如果有人來我家在壁爐前駐足的話），我會說：「噢，這個呀，這只是個小小的紀念品，那時有一群陌生人封我為女王。」

主持人從帽子裡抽出第一個名字。

「讓我們鼓掌歡迎……」

我的全身因恐懼而發熱。

「丹尼爾．吉爾伯特！」

每當主持人宣布名字都令我覺得反胃，這晚一分一秒過去，叫到我名字的機率呈幾何級數增加，可是最後卻永遠不是我。這是種折磨。我已經換氣過度長達四十五分鐘了，他們怎麼可以這樣對我？

十位表演者完成演出，今晚過了一半，而我已狼狽不堪，頭髮糾結成團，因為我用手拂過頭髮好多次；眼線糊掉了，口紅早就因為我得一直灌水免得我口乾舌燥而抹得一乾二淨。我在努力記得表演的橋段，汗流不止。我一定要當下一個，麥克風準備喊出下一個名字時我這麼想著。

可是下一個仍舊不是我。主持人從帽子裡抽出第十二位表演者，接著是第十三位。誰是英國女王，可以請她現在把我殺了嗎？

「請鼓掌歡迎……」

此刻的我已經麻痺到根本聽不到自己的名字。山姆用力拍了拍我的腿。噢！我立刻衝上舞台。走上舞台時我擺動雙臂，表現出一副我很興奮、自得、信心滿滿又是個有趣的人的樣子，不過實情是我只擺動得了一隻瘸也似的手臂。

我爬上舞台，從主持人手中接過麥克風。

好戲登場。開始刷去心靈上汙點吧。

你有沒有看過比這更悲慘的事：一個女子在台上虛弱地獨自哼唱著〈這是通往阿馬里洛的路嗎？〉，唱給自己聽，也唱給滿場面無表情、穿高級運動鞋的千禧世代觀眾？

你一定沒有。

有一次度假，我在義大利不小心把車開到步行區。義大利的老太太們開始用手提包拍打我的車，一位義大利男子更是氣憤得用力拍我的擋風玻璃。我不斷對他們大喊：

「好啦，可是你們現在要我怎麼做？我現在也只能繼續往前開啊！」

這和當時的感覺非常類似，只是這次的情況正好相反，我現在是用顫音對著一群面無表情、二十出頭的年輕人唱歌，而換成他們用乞求的眼神求我停下來別唱了。前排有個女生甚至把臉埋進頭髮裡，讓自己聽不見我的笑話。

我在沉溺。我記不得自己說過哪幾個笑話，眼前一片漆黑。

我以最快的速度跌跌撞撞地講完內容，最後終於聽見一點笑聲。當我在描述小時候看了《妳是我今生的新娘》（*Four Weddings and A Funeral*）之後，對休葛蘭萌生的那份濃烈愛意時，總算聽見觀眾席傳來吃吃竊笑聲。

最後，我把麥克風放回架子上，跑回人群裡的位子坐下來。山姆一手摟著我，給我安慰，安慰我的這份恥辱。接下來我聽到……

「請她喝一杯！」在我身後有個男子喊道。

我被拯救了！如果說最近一次的演出就是你的實力，那麼這名男子證明了我的這場演出不全然是失敗的。我訝異不已。

當晚的後續發展出現了奇怪的轉折，陸續登場的每一位表演者都搞砸了演出，而且一個比一個還慘。有個女子上了台，讓觀眾（包括我在內）搞不清楚她是不是在說笑話。在她後面上台的男子試圖解釋饒舌歌曲的歌詞背後更深的含義，可是他把所有歌詞都忘光了。他雙手抱頭，努力回想，最後在舞台上陣亡；還有個女子走上台，假裝自己是性感尤物。真是夠了。

如果說人們把來到此地表演脫口秀列為人生目標清單，那麼這裡簡直是一團亂的清單墳場。

最後終於來到頒獎典禮的時間，傳統的做法是在表演最後，觀眾選出「請喝一杯」的表演者全都到台上來，接受丟臉的「鼓掌篩選」儀式，觀眾會為自己最喜歡的表演者鼓掌歡呼，贏得最多掌聲的表演者就可以贏得那座獎盃。

這和我高中時代遴選啦啦隊隊長的投票方式很像，不過她們還必須在全校面前以側翻橫越整個體育館。我曾發誓絕對不要參加這樣丟臉的事，可是壓根沒意料到愚昧竟會隨著年紀增加，真是一場災難。

我差一點就拿到獎盃了。現場是我和其他四名男子在競爭，所以我得獲勝才能擊敗父權社會。我握緊拳頭。主持人比向我，鼓勵觀眾開始鼓掌，彷彿我是個他試圖推銷出去的值錢花瓶。

這是什麼聲音？觀眾真的在拍手，而且是為了我而這麼做。我真的辦到了嗎？我設法在最終贏得史上最了無生氣的喜劇之夜，準備將甜美豐碩的獎盃放入口袋了嗎？

呃，其實沒有。

在真實生活中，實際情況就是儘管妳塗上厚厚一層知名品牌的口紅和睫毛膏，妳仍是第一個被刷掉的人，而且最後是輸給一個十六歲的牙買加少年，他只講了幾個笑話，但他讓人感覺很像大衛・艾登堡（David Attenborough），他是我們的冠軍。

於是我愁眉苦臉地走下台，回家好好洗一場熱水澡，吃點奶油培根蛋義大利麵，發現廚房櫃子裡的老鼠又回來了，然後睡著後夢見蘇格蘭。

保羅曾告訴我：「害怕被否定比實際上真的被否定還糟糕。」

這我恐怕難以苟同。

不過我們卻是可以從被否定中存活下來的，這就好比食物中毒，你覺得虛弱、狀況極糟，整整三天你都不想讓別人碰觸或看到你，可是之後當你起床打開窗簾，看見陽光後，你發現自己好想吃拉麵，也發現自己在虛弱之中減輕了身體裡的水分重量。

在卡文迪什機構表演完後，我為了讓自己好過一點而去看了《瘋狂亞洲富豪》（*Crazy Rich Asians*），一邊靜靜地吃著麥提莎巧克力球。於是我這個瘋狂又沮喪的亞洲人就在電影院裡痛哭一場。

電影中，在一場富豪家庭舉辦的奢華派對上，有兩個女人開始認真研究仙人掌。

「它一年只會在某一天的午夜十二點開花！」她們大聲地說，讓其他人也一同讚嘆。

我在椅子上坐直身體。

那植物簡直就是我的靈獸。

在皮卡迪利圓環演出的那晚，我表現得無懈可擊，我還有影片可以證明，每次看那段影片都令我吃驚。

看完那部電影後，我傳電子郵件給我哥哥艾倫，他是位古植物學家（不是搞笑的那個哥哥），請他告訴我更多電影裡所提及有關那謎樣植物的事情。

他回信寫道：

那種「曇花」（又稱為夜花仙人掌或月下美人）的花朵是白色的，在一年當中會盛開幾個晚上。當花朵凋謝，仙人掌仍存活，明年會再度盛開。

我永遠無法成為每次都有滿分表現的表演者，我也不想花好幾個夜晚看好幾個小時糟糕的脫口秀表演，就只為了那五分鐘的登台演出，而且還搞砸，我並非天生就是表演的料。

可是在某些夜晚，我可以燦爛地綻放。我得承認這過程並不輕鬆，對我而言較像是一場激烈的洗禮。我在鏡子前為自己加油打氣、耗時好幾個小時的練習、早晨悶著枕頭大吼大叫，還有努力抑制想飛踢我先生的衝動，但儘管如此，這仍舊是綻放，對我來說是。

最近我看了一部紀錄片，內容是有關第一位真正攀登聖母峰的挪威女性。她告訴主持人本・福格爾：「我至今仍保有那份感受，如果有需要，我隨時可以再召喚那種感覺。」

即使脫口秀表演兩度令我受傷，但當我回想第一場的登台演出，我仍看見那泰然自若的自己；當我最需要她的時候，我可以喚回她的自信心。而倘若我開始自我感覺太良好，我可以再藉由回想蘇格蘭的表演，把自己踢回到現實世界。

敢做別人都害怕的事情令我痛快。如果每個人都說：「別進去那房間，裡面有一隻熊！」而妳的反應是：「沒關係，我應付得來」的時候，那麼妳就是有力量的。即使那隻熊抓傷了妳的腿，妳血流不止，至少妳勇敢面對過那該死的龐然大物。有些人永遠不曾見過那隻熊，有些人甚至連踏都沒踏進那房門。

莉莉說，對她而言，單人脫口秀有百分之五十是她做過壓力最大的事，而另外百分之五十是她這輩子體驗過最好玩的事。對我而言，這比例比較像是百分之八十五和百分之十五。

對我而言，最棒的部分莫過於在大庭廣眾前丟臉的地獄之中所鍛造出來的深厚友誼。自從遇見山姆而且立刻把他變成我的老公之後，我從來沒再遇過所謂的工作配偶，而我和傑米的瑞安航空情誼很美卻也短暫。現在我有了莉莉和薇薇安，我擁有兩個喜劇老婆了。

當我傳簡訊告訴她們在卡文迪什發生的事情，莉莉立刻回道：「那些第一次就贏得獎盃的人後來通常會變成自大鬼和自卑鬼。」

每個人此生都該有個像莉莉這樣的朋友。

第15章　與我共進晚餐（晚餐派對）

這一年就快結束，我已經完成喜劇表演、主動接近陌生人、克服朋友約會、實現即興演出、造訪多瑙河、把迷幻蘑菇吞下肚和忍受拓展人脈的聚會。我曾經感到丟臉、證明自己的能耐、為自己歡欣鼓舞，也在公眾場合泡過好幾次澡。我開始覺得自己是不是哪裡有問題。

十一個月過去了，時候到了。

最後一關：在我家公寓辦一場晚餐派對，把我在這一年來在這片實際與想像中的荒野裡認識的朋友齊聚一堂。

一場晚餐派對是需要社交手腕、充滿未知數而且需要多工處理的活動，而以上全都是內向者寧可敬而遠之的事。對我而言，這意味著眾多令人焦慮的事物全都集結在同一晚發生：害怕煮的菜餚不好吃（這恐懼很合理，因為我經常把晚餐燒焦），懼怕被賓客綁架（在自己家裡該如何擬定脫逃策略？），害怕辦的派對不有趣（意味著妳是個無趣的人），畏懼揭露自己的生活領域（要是妳忘了把牙齒固定器收好怎麼辦？），還有一件真正令人害怕的事：不同的社交族群大集合。

害怕把所有社交圈的人集合在一起，應該有個字可以形容這個現象吧。如果「長詞恐懼症」這個可怕的字可以被列入字典，那麼社交圈大集合恐懼症應該也要列入才對。

你不認為自己有社交圈大集合恐懼症嗎？試想你在臉書上認識的每個人共處一室，互相詢問對方是怎麼認識你的。你的父母、同事、兒時麻吉、室友、前男／女友、你那些認為《享受吧！一個人的旅行》（*Eat Pray Love*）一點也不夠看，和一群把那本書視為聖經的朋友、虔誠教徒和崇尚多重伴侶關係的情侶朋友、到戲院看五次《一個巨星的誕生》（*A Star is Born*）的朋友，和認為它是陳腔濫調大爛片的老闆，還有那些認為阿德南[39]必定有犯案的朋友，和不願和任何認為他有罪的人有瓜葛的朋友。這樣你知道了吧？現在想像再拋出像是愛爾蘭邊境的話題、一道不甚美味的砂鍋菜，和來點酒精火上加油。

現在你覺得怎麼樣？

光想到這件事就讓我頭暈目眩，因為在那個場合，我會得知一些令我心裡不太舒服的事情，例如：在這些人眼裡，我是不是截然不同的人？如果是，那麼當所有人都齊聚一堂，我會是哪個版本的自己？要是他們喜歡彼此更甚於喜歡我呢？我對誰說謊自己

39 指阿德南．希耶德（Adnan Syed），一九九九年，美國巴爾的摩高中發生一起校園謀殺案，一名十七歲的韓裔女學生李海敏（Hae Min Lee）於一九九九年初離奇失蹤，一個月後被發現遭人殺害並棄屍，前男友阿德南被控訴為殺人兇手。由於沒有任何證據，僅依照一位共同朋友的證詞，阿德南被判終生監禁，然而阿德南自始至終皆堅稱自己是無辜的，至今仍是無法破解的懸案之一。

看了《一九八四》，誰又知道真相？

我問了幾個人，看看其他人是否也和我有相同的感覺，男生一致地告訴我，他們在單身派對上也會有這股焦慮感。

「爸爸、叔伯、哥兒們、哥兒們的朋友、工作上的朋友、兒時朋友、兄弟、踢足球的朋友、未婚妻的兄弟……簡直是一場災難。」其中一人告訴我。「你不知道該展現或不該展現哪一個版本的自己。」

得知不是只有我這麼想讓我鬆了一口氣，不過我猜很多外向者沒有這種煩惱，因為他們本來就比較喜歡群體生活。有些神經病會邀請他們臉書上所有的七百個朋友，說：「這星期五生日喝一杯！愈多人來愈好！」至少我是這麼想，直到喬莉說她也辦過這種派對，看來我得好好思索我們的友誼了。

作為這一年挑戰的最終章，我不能隨便辦一場無趣的晚餐派對了事，而是必須為這晚提供一點理由，讓大家都會出席參加。未來幾個月不是我的生日，而在假日時人們又會很忙。我也知道不能這麼說：「我這一年在進行一種社交實驗，對象是自己（可能也包括你們），我需要把你們全都找來聚在一起，不停灌你們酒，然後看看結果會如何。」

接著我忽然想到，我有個可以邀請英國朋友來我家共進晚餐的終極方法，這是大絕招也是最後的王牌，是我暗藏的秘密武器。

感恩節。

英國人認為感恩節很神奇，因為他們沒有這個節日。感恩節在美國電影裡總被渲染成同一個模式：每個家庭一定要是偌大的磚屋、有寬闊的後院和瘋狂愚蠢的家庭成員，他們會穿著寬鬆舒服的運動服，在床上倒頭就睡，而且床上還有數量多到不合理的鬆軟豪華枕頭。

我也希望能有神話般的感恩節，不過可惜那並不存在。我們的床上根本不會有那麼多枕頭，可是英國人不知道這件事。我會用南瓜派、烤迷你棉花糖和地瓜泥等等神秘的甜點來誘惑他們。

這誘餌非常完美。

這也意味著我可以在下午兩點就用餐，不必等到晚上。想到這裡就讓我稍微鬆了一口氣。一頓完整的晚餐會帶給我很大的壓力，而午餐呢？午餐不重要，如果我的午餐做失敗了，大家還是能繼續過活。

繼上次我計畫邀請一大群朋友赴約，卻被二十個女生放鴿子之後，這次我戒慎恐懼，邀請的對象涵蓋各個範疇。我在和婚禮、節日、生日和出差行程競爭，顫抖地邀請了今年我認識的二十五個人。

回覆如雪片般飛來，很遺憾地，保羅、薇薇安和莉莉屆時都會出城去，不過有十個人說會來參加。

我在脫口秀課程認識的傑曼和東妮，還有東妮的先生羅伯、即興表演課認識的蘿拉、莉茲和卡洛琳、我的旅遊心靈導師查爾斯、精神科專家兼脫口秀講者班吉和他的女友希薇亞，當然還有山姆。

意思是最後總共會有十一個人出現在我的公寓裡。

我數了數家裡盤子的數量，五個。

現實問題開始浮現。

由於我以前從未辦過晚餐派對，唯一的參考依據就是最可靠的《與我共進晚餐》（*Come Dine With Me*）這個晚宴節目。如我所提過的，那時我剛搬到倫敦還沒開始工作，也還未開始這一切試煉，這個實境電視節目就令我大開眼界又深深著迷。在每一集的節目當中，四到五位互不相識的人輪流在每個人的家中舉辦晚餐派對，就這樣實行為期一週的競賽。在每晚的尾聲，參賽者會搭黑色計程車回家，並在路上為彼此的晚宴評分（食物品質與主持晚宴的本領），贏得當週最高分的參賽者就能把一千鎊抱回家。

其中我最喜歡的一集裡，一位名叫彼得的中年男子原本預期自己會獲勝，但沒想到他卻是最後一名。他對著獲勝者勃然大怒，鄙夷地看著那位優勝者，一會兒又怒視鏡頭，說出這段自白：

「好好收下這筆錢，我希望它能讓妳非常快樂。老天啊，真是可悲的人……妳完全毀了我的夜晚，就為了讓自己得到這筆錢，我希望妳可以用這筆錢來學點做人處事和禮節，因為妳簡直和倒車的垃圾車一樣低級。」

這是我為自己設的底線。如果沒有人對我說：「老天啊，真是可悲的人……」那麼我就會把這晚當成是超級成功。

《與我共進晚餐》裡的晚餐形式很嚴格：開胃菜、主菜和甜點，接著是一些刻意安排的活動，像是唱卡拉OK或跳舞。為什麼他們不曾拍過參賽者在電話裡對著媽媽哭訴、抱怨他們調製的醬汁不夠濃稠？每個人準備晚餐時一定會出現這個環節的啊。

今年夏天，我和山姆在咖啡河餐館吃晚餐，這要感謝我的哥嫂給了我們該店的禮券當聖誕節禮物。那是個溫暖愜意的夜晚，而且就在日落前接連著發生兩件美妙的事。第一件事是服務生為我送上一盤手作松露義大利麵，我正抬起頭時，看見了奈潔拉．勞森（Nigella Lawson）從我們的桌子旁緩緩經過，眉開眼笑地看著我的義大利麵。

這就像美味愉悅的義大利麵守護者眷顧了我的餐點，令我雀躍不已，彷彿被天使碰觸一般。這義大利麵棒極了，而奈潔拉的認同又為它加持、添上耀眼光環。

如我們所知，奈潔拉就是舒適自得與品味的化身，她是晚宴女王，也是創意十足的賢妻良母。我的東道主導師自己出現在我眼前了。

可是那是在夏天發生的事，當時一切都有無限可能，而且這場晚餐派對似乎還遠在天邊。

等到我準備計畫感恩節晚餐，我的導師卻身在地球的另一端。奈潔拉正在澳洲旅遊，意思是她無法親自到場協助每個焦慮的女人舉辦晚餐派對。

不過沒關係，她朝著我的義大利麵微笑，所以木已成舟，她就是我的心靈導師。我大量瀏覽她的網站、書籍和電視節目。

我找到一段她在美國拍的感恩節訣竅的影片，簡直如獲至寶。換句話說，我徹頭徹尾又忠心耿耿地遵照所有指示執行。

「如果你對某人說……『可以請你帶甜點來嗎？』我想對方會很高興。」奈潔拉說。於是我傳訊息給蘿拉，即興表演課那位藍髮色的女生。「請帶妳的招牌蛋糕來喔。」接著我又傳訊給在脫口秀課程上認識的東妮：「請帶南瓜派來。」

這很簡單。

在別部影片中，奈潔拉說她常常喜歡製造一種隨興的氛圍，她會在晚餐派對中打赤腳。這我做得到。

我研讀她的書，並勤寫筆記，像極了在準備考普通教育高級證書[40]的學生。我決定要做她的無敵多汁烤雞，而當看到她那道可樂蜜汁火腿的食譜，又令我驚訝地說不出話來。用可樂煮火腿？真是墮落荒唐又不健康，但超像美國人的風格。我把它加進菜單裡。

接著我訂了一張能坐得下更多人的長椅，我打算向樓下的漢娜（我的新摯友）和她的先生借盤子和餐具，我也邀請了他們，不過他們屆時會去度假。

重點是，我假裝一切都在我的掌控中，可是實際上我根本毫無頭緒自己在做什麼。

晚宴的日子一天天接近，我發現光是螢幕前的奈潔拉對我而言並不足夠，我需要一個真實生活的導師，一個我可以傾訴恐懼的對象，她會教我如何成為一位成功的晚宴主人，還有也許在我的火雞肉還沒熟的時候，成為我朝著電話那頭尖叫的對象。

新聞工作者杜莉．阿爾德頓（Dolly Alderton）和我無論是在書面資料上或是本人看起來都截然不同，杜莉身高一百八十多公分，金髮，而我一百五十八公分，黑髮。她的長髮閃亮俏麗、睫毛濃密烏黑，身穿飄逸的洋裝，而如果你把她丟進乾衣機，然後扔一條換機油擦過的髒抹布進去，那麼一小時後就會出現我的模樣，縮水、皺巴巴、害羞、歪七扭八。比起超模，我更像一隻家庭小精靈。

在她的自傳《*Everything I Know About Love*》裡，杜莉的生活充滿社交聚會、晚宴、約會、徹夜跳舞、音樂慶典和為了樂趣而在酒吧裡與陌生人攀談。做這些事是她的生活常態，而我卻得冒著經歷青年危機的風險才能試一次看看。

杜莉在青少年時期愛上辦晚餐派對，她說令她最快樂的莫過於在瓦斯爐邊大聲朝著朋友們說話，以及負責讓每個人身心都快樂。我不會知道這件事是否讓我快樂，因為理論上這情況根本沒發生過。

在我舉行感恩節晚餐的三天前，我打電話給杜莉。

電話那頭的她正在火車站等火車，我向她解釋了我的處境：我是個害羞的內向者，

40 普通教育高級證書（A-Level，為 General Certificate of Education Advanced Level 的簡稱）相當於英國的高考制度，學生可以用此成績申報大學。

邀請了十個彼此不認識的人共進晚餐，而且我的烹飪能力一般般。

杜莉從我的聲音裡嗅到緊急與恐懼，馬上搖身一變成為我的正式導師。她開始緊湊地不斷給建議，彷彿我剛告訴她我們得拆一顆炸彈，只有她可以告訴我方法一樣。

「好，一份好的歌曲播放清單相當重要。每次看到沒放音樂而且開著吸頂燈的晚餐派對我都會很驚訝。妳得把所有檯燈打開、擺放很多蠟燭，而且妳還需要一份好的歌單，播放人們喜歡的歌。」杜莉說。

我完全沒想到音樂或燈光這兩回事，對於辦派對，我所知道的比想像中還少。我開始逐字寫下杜莉說的每一件事，沒時間可以浪費了。

「親愛的，妳現在可以做到的事情，就是先把每件事都提前準備好。前菜做些冷盤，這樣妳可以事先放在盤子上，主餐可以做點慢燉的菜餚。」她說。

「做點妳可以把它放進托盤或鍋子裡，然後放著不必管它的東西。不要做奧圖蘭吉（Ottolenghi）那種配菜，沒人想吃那種。大家只會想吃家常美食，像是義大利千層麵。切記別做燉飯。」

我寫下燉飯，然後用一條斜線把它劃掉。

「做一盤乳酪拼盤，上面放三種乳酪就好，不必太多：一種硬乳酪、一種藍紋乳酪和一種軟乳酪。」杜莉說。我會完全照著這個建議做。

「慎選布丁，別準備那種豪華豐富的布丁，就只要買一般的就可以，或買些好吃的冰淇淋，這樣妳當天就什麼都不必做，也不用離開賓客去忙東忙西。」

幸好我已經把這部分交辦給蘿拉和東妮。
當我向杜莉坦承這次並非一般的晚宴，而是我這輩子第一次辦晚餐派對時，我聽見她大吸一口氣。
「在晚宴前一天或前兩天跑一趟森寶利超市，確保妳有錫箔紙和足夠的洗碗精。等大家都離開後再開始洗碗，還有家裡要準備多一點酒，就算有人會帶來也是一樣。」她說。「妳可不希望酒喝個精光。」
這女人是英雄。
我承認自己有點擔心其他人的相處狀況，她會如何確保談話順利進行？
「我辦派對前會先找出大家有什麼共通點，有時主人會需要扮演社交潤滑劑的角色，得由妳來說：『噢，妳之前說妳今年想去墨西哥。』『克里斯，你去年聖誕節去了墨西哥。』像這樣的話。」
啊，佩蓓圖，這位是馬克·達西。41
「人們以為交際花就不需要想這些問題，可是我在赴約之前，腦子裡已經準備五個左右的笑話來應對，以免沒話題可聊。」
我一直以為除非要去參加深夜脫口秀之外，自信又外向的人絕對不需要做這件事。我所認識最有魅力的人在赴約的路上會練習說故事，光是想像這個畫面就令我舒心。

41 出自電影《BJ單身日記》的台詞。

「很難想像那些我們視為成功人士的人也有脆弱的一面。」杜莉說。「當我們看到一位完美的晚宴主人，我們很難想到她在計畫菜單或思索著要說些什麼話，可是這些都是人之常情。」

杜莉是我視為數一數二最成功又完美的晚宴主人，聽到她這麼說相當振奮人心。我想再詢問她一項意見：遊戲。我雖然害羞，可是我喜歡派對遊戲，因為這可以讓賓客拉近距離，而且也可以暫且放下交談的壓力，其實比起來聊天還比較累人。可是當我問她是否有建議的遊戲，她的語調改變了。

「我是十足的英國人，我討厭任何被規劃得好好的遊戲。」杜莉說。

為什麼所有英國人都這麼說？難道槌球、馬球和足球不是事先規劃好的遊戲嗎？為什麼所有樂趣都該是亂無章法的？

「不過等等，我們每年會辦一場盛大的聖誕午宴，那時我們確實會玩『誰是袋中人？』的遊戲，那很好玩。」

我當這話是在默許玩遊戲的可行性，於是繼續聊下去。

掛斷電話後，我列了一張菜單的清單，接著在森寶利超市下訂一些食材和其他杜莉建議的物品寄到家。我從義賣商店買了兩張椅子，好讓每個人都能有位子坐，也把臥房的檯燈移到客廳，這樣我們就不必使用吸頂燈。

我翻閱奈潔拉的書《如何成為廚房女神》（*How to Be a Domestic Goddess*），感覺實在很需要召喚她的精神。我決定要烤個她食譜裡的布朗尼，就只是為了滿足自己，真是隨興啊。我開始在爐子上把黑巧克力和奶油一起融化，打著赤腳、放下頭髮，心情很平靜，儼然是廚房裡的入定境界。黑巧克力和奶油的組合既黏稠又香得不得了。我把它倒入烤盤、放進烤箱。

然後它們就全都烤焦了。

十二磅重的火雞寄到時是冷凍的狀態，這和我預期的不一樣，而且把它搬上樓時幾乎讓我的腰快斷了。如果要讓它解凍，我必須把它泡在冷水裡，而且每三十分鐘就換水一次，這簡直比照顧嬰兒還費力。

我擔心歌單裡要播些什麼歌，於是找到一個稱為「廚房女神奈潔拉（Nigellissima）」的歌單，裡面全是韻味十足、爵士風格的義大利歌曲，真是太完美了。（那位Spotify的使用者名叫馬克．羅曼（Marc Roman），快去訂閱他。妳會感覺自己踏入了夏日的羅馬夜晚，穿著一件露背絲質洋裝，啜飲著尼格羅尼調酒，而且不久前才和一名叫吉爾瓦尼的義大利男子做愛。重點是，妳不會覺得自己是在用冷奶油幫一個巨大的冷凍火雞做馬殺雞。）

我把杜莉的建議牢記在心，在聚會前一天烤了感恩節火雞內餡，裡頭包含香腸、蘋果、洋蔥和蘑菇。我的旅遊心靈導師查爾斯不能吃麩質，所以我做了無麩質麵包。我得意洋洋地看著那麵包，在派對之前我已經花了整整一天準備菜餚。

我和山姆在派對的前一晚準備料理那隻巨大火雞，過程中穿插著許多大呼小叫。

經過一些複雜的程序後，我們總算把這混帳東西塞進烤箱，把山姆按照慣例燒焦的鍋具用冷水沖洗，再重新做過。接著他趁我不注意的時候，竟把一堆我想留著皮的地瓜刨了皮，我大喊：「你毀了一切！」他也氣沖沖地衝出廚房。

其中一位賓客傳訊息給我，他的女友是只吃無麩質食物的素食者，我當場尖叫。

晚宴的前一晚，我因為在看奈潔拉的影片來讓自己冷靜下來而太晚睡，導致當天睡過頭，沒時間打掃公寓了，我決定不要太在意這件事。我的荷蘭鄰居邀請我們去共進晚餐時也沒整理屋子，而我很享受這種情況。這讓我很放鬆，彷彿我是個臨時順道造訪的家人。（我會努力說服自己不要用吸塵器吸樓梯。）

我把所有散落四處的東西全都丟進書房（包括衣服、書和雜誌），然後把門關上。我沒有整理我的床，而是把房間的門也關上。我的整理策略很多都和關門有關。

我迅速地把根莖蔬菜切一切後丟進烤箱裡烤，這時我聽見第一聲門鈴。下午兩點，我的旅遊心靈導師查爾斯正和即興表演課的同學莉茲、脫口秀課程的同學傑曼一起站在門階上。

他們三人毫無交集，唯一的共通點就是都認識我。

他們一定會談論關於我的事。

地獄試煉開始了。

我帶他們上樓，收下他們準備的酒，並請他們坐在沙發上喝普羅賽克氣泡酒。家裡瞬間變得擁擠又嘈雜，還有六位嘉賓正在路上。

我準備那些蔬菜時，聽到莉茲侃侃而談她的南美洲之旅。這樣很棒，唯獨她在對查爾斯解釋玻利維亞的景點，而查爾斯其實曾在那裡背包旅行、遊遍該國。我想到杜莉的建議：我必須拯救莉茲，以免她覺得尷尬。

「我媽想讓她的骨灰撒在玻利維亞這條步道上，你一定也會喜歡，那裡超美的。」莉茲說。

「查爾斯，你不是也去過玻利維亞嗎？」我從廚房大聲說。

「我去過。」他說。

「你是不是也去過那條步道？」我問道。

「沒錯。」他說。

「什麼？那你怎麼不說？」莉茲撬著嘴問查爾斯。

我無法忍受這種事情發生。我從廚房喊道：「那你們死後想把骨灰撒在哪裡啊？」

他們兩人都轉頭看我。

「因為我想把我的骨灰撒在夏威夷！」我說。

我是社交潤滑劑，我是德倍禮[42]的資優生，我就是奈潔拉。

42 德倍禮（Debrett's）為英國貴族文化與社交禮儀的權威，其創始人約翰・德倍禮（John Debrett）出版了第一本有關英國貴族的年鑑《德倍禮貴族與公爵》，被譽為了解英國貴族階級的指南。

接著開始下起傾盆大雨，我連忙關上家裡各處的窗戶，此時門鈴又響起，接著又響起，大家開始陸續抵達。

即興表演課認識的朋友蘿拉沒帶傘而頭髮濕透了，她帶來一個剛烤好的蛋糕和一瓶波蘭烈酒。我帶她上樓到我的房間，必須得開門讓她進去才能讓她把頭髮吹乾。現在蘿拉知道我的整理之道了，也就是「衣物堆疊法」。該死。不過沒時間管這件事了，因為在樓下的客廳和廚房裡到處都有客人。

我跑下樓，山姆正在加熱火雞和攪拌蔬食馬鈴薯泥。我看了看我的手工甜點，覆蓋奶油、糖和棉花糖的甜地瓜。棉花糖沒能像用營火烤的那種微焦的模樣，反而全都融化了，白色的棉花糖融進了橘地瓜裡，糾結成團。

「看起來好像我把牙膏吐在裡面的樣子。」山姆說。

要不是現場有太多目擊證人，我還真想殺了他。

所有的食物總算熱騰騰地上桌，我站在那兒、打著赤腳（多麼隨興又平靜啊！），看看客人分別在做些什麼。東妮和她的先生羅伯坐在沙發上，莉茲正在激動地看著橄欖球大叫，其他人聊連身衣聊得很起勁，還有幾個即興表演課的女生在討論我們之前的課。

「嘿！」我說。

沒人轉頭看我。

「哈囉！嘿！嘿！嘿！」我一邊揮舞叉子一邊喊。有幾個人轉頭看我。東妮還在開心地朝著角落的莉茲大叫。

「東妮！」我喊道。

這下整間屋子的人都安靜了。噢不，我成了一個學校老師。

「這裡有盤子，餐具在這裡，請自便吧！」我比向桌子。一般是這樣做的嗎？辦派對是不是如此？我以前從來沒辦過。

「我們有火雞、火雞餡料，還有一個叫做可樂火腿的一道菜。」當我一說出「可樂火腿」，屋裡馬上傳出此起彼落雀躍的「哇」和「啊」的聲音，宛如施展了魔咒。

「查爾斯，我做了無麩質麵包的火雞餡料。」我說，既隨興又像在清楚宣示：看看我，完美的女主人，準備得那麼周到，那麼親切。

「太棒了。不過問一下：這些香腸是無麩質的嗎？」他問。

「為什麼香腸裡面會有麩質？」

那一刻我們兩人都意會到：香腸絕對是有麩質的（腸衣），而且查爾斯無法吃這道火雞餡料了，還有這是我做過最糟的火雞餡料，因為在無麩質麵包店買的麵包硬得像石頭。

大家各自取用食物之後，我們十一個人圍坐成一圈，把裝盤的食物擱在大腿上。這就是我期盼已久的時刻，以前的我並不確定這一刻能否實現。

美國的感恩節傳統是大家圍坐在桌前並輪流說說令自己感恩的事物，這是要非常認真執行而且十足美國風格的做法，這也和我這一年以來所學的概念相符：對他人敞開心胸和直接進入深層話題。

我想起這一年剛開始時，人生學校的老師馬克曾說，我們總是悉心準備晚餐派對、料理食物、打掃屋子（算是吧），也添購酒水，可是我們卻毫不在意談話的內容。這次我想努力嘗試看看，因為我不希望對話內容只是一般禮貌的閒聊或幽默而掩蓋所有情緒。

現在就是關鍵時刻，我和山姆努力做了兩天的菜，輪番把十二磅的火雞解凍，簡直把我們的廚房給毀了，也差點毀了我們的婚姻。

可是我們也把眼前的所有人團聚一堂，他們對彼此來說都是陌生人。過去這一年，我得以認識他們，受到他們的引導與幫助。一年前的我對他們大部分的人都還一無所知，倘若我並未嘗試這一年來的各種外向行為，此時此刻的他們就全都不會出現在這裡。

外頭的雨傾洩而下，蠟燭點燃著，今晚我竭盡所能地製造小確幸。

「在感恩節有兩個規則。」我說。「盡情大吃大喝，還有每個人都要說一件自己感恩的事。」我望向坐在角落那位沒吃麩質食物的美籍夥伴。

「查爾斯，要不要由你先開始呢？」我提議（命令）道。

「我很感恩老朋友，」他舉杯敬山姆。「還有認識新朋友跟美食。」

接著輪到東妮。

「我很感恩可以住在有全民醫療衛生照護系統的國家。」她說。（東妮曾住過美國一段時間，所以對於英國的國民保健署甚是滿意。）有些人說很感恩我們準備的食物。

接著輪到我發言，我的時刻到來了。我望向這些一年前我還不認識的臉龐。

「我很感恩今年認識了你們，也感恩自己做了好多令我害怕的事情，才能讓自己結識這麼多出色的人。」我說。「我邀請你們每個人來，是因為我希望能進一步認識你們，儘管你們對我而言已是相當特別。你們改變了我的這一年，讓這一年變得更好。你們改變了我。」

我辦到了，我開誠布公地展現我脆弱的一面。

輪到羅伯了。

「我……我很感恩奈潔拉發現了可樂和火腿的味道這麼搭。」他說。我不苛求羅伯，因為他是英國人，他沒辦法在人前表現真正的自己。

最後輪到傑曼。

「所有好事都被你們講光了，我很感恩……門。如果沒有門，這裡恐怕會颳起強風。」他說。這點我無可否認，我也對門心存感激，因為它們正替我隱藏所有的髒亂。

我認真看著傑曼，手上的刀叉還懸在半空。他也會說點真正重要的事嗎？

「不過我也很感激可以在這裡和你們大家在一起。參加派對有時會遇到有趣的人，有時裡頭都是怪咖，不過我認為在這裡的是一群有趣的怪咖。」他說完把啤酒一飲而盡，掩飾自己說這些好話的難為情。

有趣的怪咖。這男人為我們完美作結。

一位南非人、兩位喬迪人[43]、一位美國人、一位麥克姆人[44]、三個英國南方人、一位澳洲人和一位北愛爾蘭女子共聚一堂。

還有這些食物！兩位魚素者吃了兩盤火腿，而那位無麩質素食者呢？我發現她在吃南瓜派。你看，這就是感恩節的真諦：打破我們的飲食習慣和道德規範，這樣我們才可以把可樂火腿吃個精光。

主餐一吃完，我獨自收拾盤子，把盤子拿到廚房。我打開音樂，點選自己的音樂播放清單，廚房裡開始大聲播放馬文·蓋（Marvin Gaye）的〈必須放棄〉（*Got to Give It Up*）。

我一邊擺放杜莉指示的起司盤，一邊小聲哼唱歌詞：「我過去常常參加派對／只能站在一旁／因為我實在太緊張／沒辦法隨之起舞」。

馬文·蓋一定就是內向者，畢竟他寫了一首經典之作，歌頌內向者參加外向者的派對所遇到的窘境。

這時我才意會到，我正站在廚房裡，開著音樂獨自擺放起司盤，而外頭正如火如荼進行的正是我的派對。這是美夢成真。我成為了善於交際的人，但仍有些能夠獨處的時刻。我在派對裡自由來去，兩者兼顧。我已成功解鎖主辦派對的技能，能夠好好體驗一切。我有了我的音樂、最愛的食物和親自挑選的賓客，必要時我也可以隨時離開聚會空間。

我拿起蘿拉帶來的蛋糕、生奶油、卡士達醬和奈潔拉的燒焦巧克力布朗尼（我真的不打算吃它們）、香草冰淇淋和紙盤子，把它們一字排開，和起司盤、無麩質餅乾和一般餅乾擺在一起。

我把煮洋梨擺在角落，因為我就是忍不住這麼做。我必須向陪伴我度過剛搬到倫敦那段時期的電視節目致敬，也是那個節目啟發了我做接下來的這件事。

「我們要不要來玩遊戲呢？」我試探性地問大家。

大家似乎有點猶豫，有些人眼神放空地望著我。

大家都想玩遊戲，可是沒人想第一個承認。我家裡有即興表演課的同學，不可能他們會不想玩遊戲吧？

而且我先前聽到東妮對大家說過她有多討厭玩遊戲，她已經先幫大家灌輸負面觀念了。

我向大夥兒介紹一個遊戲，那是我在澳洲的委內瑞拉籍室友在一場聖誕居家派對裡教我的，遊戲名稱是 papelitos，意思是西班牙文的「小紙片」。每個人都在紙上寫下五部電影，把紙條都丟進一個碗裡，接著要讓隊友猜出那部電影是什麼。這個猜題遊戲一共玩三輪：一次只能用言語描述、一次是只能說一個字，還有一次是用比手畫腳。

每個人都開始在紙上寫下他們想到的電影，一切都如預期般進行。

43 喬迪人（Geordie）是對英國英格蘭東北部泰恩賽德地區民眾的暱稱，也可指當地民眾使用的英語方言。

44 麥克姆人（Mackem）是在英國桑德蘭市土生土長的人的暱稱。

「預先規劃好的遊戲最不好玩了！」東妮在角落醉醺醺地喊著。

噢不，噢不，不會吧。

我坐到她旁邊，一手溫柔地摟著她的手臂，身子靠近她。

「好好收下這筆錢，我希望它能讓妳非常快樂。老天啊，真是可悲的人……妳完全毀了我的夜晚，就為了讓自己得到這筆錢，我希望妳可以用這筆錢來學點做人處事和禮節，因為……」

不，我沒有這麼做。

我說：「東妮，拜託嘛，就看在感恩節的分上，不要嫌棄這個遊戲。」

她點點頭，有點害怕的樣子。

這是我個人版本的《與我共進晚餐》，而且這是我設計的天殺的活動，老天為證我們就是要這麼做。

我讓她和她先生一組，我們達成協議由她先生來做所有愚蠢的動作，讓她來猜題，這個條件成功說服了她。

遊戲開始。我被分到和希薇亞（那位無麩質素食者）還有羅伯一組。

比賽愈演愈烈，在其中一輪中，我想讓羅伯猜電影《非關男孩》（*About A Boy*），我想著可以用哪一個字單獨作為提示。

「青少年時期症候群。」我說，大家聽了都陷入瘋狂。

「那不是真的字！」他們抗議，還拿出手機來確認。

你們這些遜咖，知道嗎？這是真有此字，是指在青少年時期會遇到的情形，而且那些情況糟透了。

不過這都不重要，羅伯沒能猜到這部電影。

在玩小紙片遊戲時，大家時常激動地叫喊，也有很多比手畫腳的動作，經過一番激戰後才分出勝負。

這就是享受一段美好時光所需的一切：邀請朋友、讓他們把鞋脫掉、用火雞和酒餵飽他們，然後再叫他們表演《終極警探3》（*Die Hard III*）。

蘿拉拿出她帶的波蘭榛果伏特加，她把酒倒出來，加上全脂牛奶後分給每個人喝，彷彿這是一種傳統。我們把酒遞給對方，一飲而盡，滋味就像在和金莎巧克力擁吻。

我發現我其實還滿樂在其中的，事實上，這個午後在不知不覺中過去，最後大家開始準備拿外套離開。

輪到最後一組人馬要離開，也就是東妮、羅伯和傑曼。我和他們擁抱後，他們走下門階，我把門闔上。

正當我要走上樓時，我聽見有人說：「那派對真棒！」是傑曼在樓梯井說的。傑曼！這感覺就像他正坐在計程車上，像《與我共進晚餐》裡那樣給我打了九分。（實際上還沒有人得過滿分十分。）

我癱坐在窗邊的沙發上。

我認為下午辦派對是最棒的，因為這意味著到了晚上八點半，我可以一邊喝著低咖啡因咖啡，一邊把剩下的南瓜派吃完，還可以在沙發上和山姆一起看電視重播的《六人行》（*Friends*）感恩節特輯。

我讓十個幾乎互不相識的人在我家相聚，享受我精心準備的一餐。從旁遠遠觀察，我看見新的友誼正在形成。這些人在我的這一年裡都占有一席之地，而現在他們也在彼此的生活中有了分量，即使是只在這個午後也無妨，畢竟我們十一人有了共同的回憶。

就像傑曼對著一盤火腿假裝溫存、表演給隊員猜電影《格雷的五十道陰影》（*Fifty Shades of Grey*）的那一刻，我們一定會永遠深刻地記得那一幕。

後來我發現，辦派對其實超適合不善於社交的人，因為這會讓當晚感覺起來是一片模糊，而且你無時無刻都有事情要忙。再者，你可以隨時躲到你自己的房間裡。甚至，如果你爬到被窩裡也不奇怪。呃，至少比起你爬到別人家的被窩裡窩著不奇怪一些囉！

第16章 內向者、外向者。（轉變成功？）

我正在伊斯靈頓的一間酒吧和新朋友克莉絲蒂喝一杯，我們是在拓展人脈的場合裡認識彼此，今年的我欣然參加這種場合，不再閃避。克莉絲蒂看到酒吧對面的某個人，朝她揮了揮手。我放眼望去，那正是喜劇演員莎拉．貝倫。

她看見我時嚇了一跳。

「這位是我的朋友，潔絲。」克莉絲蒂對莎拉說。

莎拉花了一點時間才認出是我，也就是那位在愛丁堡喜劇表演受創後向她尋求協助的女子。

「可是妳說妳沒什麼朋友！」莎拉驚呼，帶點逗弄和驚訝。我點點頭。

「那是以前。」我說。

就在我辦晚餐派對的隔天，我在《衛報》上看到出自心理學家的一個奇怪句子：

「不擅交際的內向者不一定此生都會為鬱悶所苦。」

即使是我窩在沙發上度過的那段黑暗時光，我也不確定我是否認為自己「受鬱悶所苦」。

事實上，也許我是，或者至少我有那麼一丁點害怕自己會如此。

有時是很怕。

就是那份恐懼：害怕如果我永遠不改變，那麼我永遠不知道活出自我會是什麼感覺。它成了我這一年來的動力，驅策我走出家裡、站上舞台，走進別人的家裡和加入陌生人的談話。

我甚至不確定我會喜歡更外向的自己。

可是我就是想知道，能夠選擇自己想要的是哪一種生活，那會是什麼感覺。

人們通常認為內向是天性。有些性格研究顯示，內向是生理現象，或甚至是基因使然，而有些報告則說內向的個性有百分之四十至五十是由遺傳而來。可是心理學家布萊恩．李托在《衛報》上寫的那段文字，訴說的卻是我們的個性可以藉由行為而改變，並不會因為天生或教養的過程而從此固定或全然決定。

他的研究顯示出「個人投射」的價值，從一些不重要的小事（如遛狗）到令人畏懼的事（攀登聖母峰），再到人與人之間的相處（努力成為好的聆聽者）。在他的書裡這麼寫道：「你的所作所為可以重新打造你是誰，而這件事就足以翻轉你先前對於人性的想法。」

他說我們都有「自由的個性特質」，自由特質是指我們在必要情況下採取的行為或特質，例如一位內向者在工作有需求時表現得更善於交際，或者一位靦腆的人在麻吉的婚禮上當伴娘時展現出十足的自信等等。

我想到在協和禮拜堂舞台上的自己，經過多年的逃避之後終於站在聚光燈下；看著影片裡自己在第一場脫口秀的表現，掌控全局、自信滿滿；走進一個我幾乎誰都不認識的地方，再和保羅聊起天來。我正是在需要時召喚這所有的自由特質，協助我度過這一年。

我還遇過好多內向者在這些挑戰中和外向者有如出一轍的表現，這令我驚訝，但其實不該是如此。如果我們想在職場上獲得成功，總會遇到必須上台報告、和陌生人交談以及與人社交的情況，我的魅力教練理查很早就意識到這件事了，還有我在拓展人脈聚會時認識的許多記者亦然，還有班吉，那位後來成為成功的脫口秀講者的精神科醫師。他對我說他已經厭倦被內向與羞赧所局限（他後來在感恩節當天來我家，變成吃火腿的魚素者）。

這都是因為實情就是如此：現代社會喜歡外向者。外向者更會和陌生人交談、交際手腕更好、參加更多派對而且更快就能建立新友誼。他們在職場上更容易被欣賞、被注意到。當然我並不認為我們所有人都要成為外向者，然而自我照顧的趨勢是讓外向者從事內向者會做的活動，協助他們自省與放鬆，那麼我們內向者何不也仿效對方的優點呢？當我們需要大聲說話、交際與外放時，我們也可以竊取他們的特徵，甚至不必被具有放射性的外向者咬一口，就能獲取他們的能力呢。

當然，我的內向者朋友們仍和我很契合又能對彼此感同身受。我愛你們。事實上，我大部分新結識的朋友都是內向者，因為我自然而然就被他們吸引。安靜、觀察力敏銳、說話風趣、生性體貼，而且會想和我一起提早離開聚會。（只不過要約你們出來有點困難就是了。）

如果現代社會較偏好外向者，那麼內向者怎麼辦？或者更精確地說，要是一位內向者不滿於自己的生活狀態，那麼他可以做些什麼來改變？我這一生絕大部分的時間都在告訴自己，我就是某一種人，我不相信自己可能做得到別人正在做的事情，然後花了一年的時間做所有會把我嚇傻的事。我知道很多快樂的內向者並不想要改變，對此我抱持著絕對的尊重。可是對我而言，有能力可以變身、改變、嘗試自由特質、隨心所欲地能屈能伸，這都帶給我至高無上的自由與希望。

我想有一小部分的我，以為我會完成所有的挑戰、穿梭地獄後全身而退，成為世界上最擅長社交、善於表達又愛與人交流的交際花。可是我依然還是這一年剛開始的那個我，只是現在我會的更多了。

我能屈能伸，很可能對於在人前說話的焦慮感永遠不會消失，可是現在我知道這並不一定是阻礙。

我再度造訪協和禮拜堂，這回再度作為《飛蛾》的觀眾，我坐著挺直背脊，聆聽一位年輕女孩訴說她的故事，講述她原本不知道自己有姊妹，後來與她第一次見面的故事。我不敢相信自己曾經就站在那裡。我專注地望著她，聆聽她自信又沉穩地說話，接著她停了下來，停頓好長一段時間。她忘記下一句台詞了，忘了自己說到哪裡。她緩緩地深呼吸，謹慎地吐氣，氣息吹拂著麥克風。底下的觀眾如坐針氈，也和她一起吐出氣息。她並未結巴，沒有急著把話說完，也沒有哭著跑下台。她就這麼靜靜站在那裡，等待著，接著她想起後面的故事了。

多年來，我一直以為如果站在台上從事一場重要的演出，而你愣住或搞砸了，那麼你永遠也無法擺脫陰影。可是到後來，酒吧裡的這個女人安然無恙，她比好還要更好，她正在成長，而且似乎不覺得難堪或丟臉。什麼大風大浪沒遇過，現在的她很快樂。她當然是如此。為什麼花了這麼久，才去相信即使事情的發展並不完美，我們依舊可以活得好好的？

即使當你面對自己最深的恐懼，而且情況無法再更糟了，就像在蘇格蘭宣稱自己有多愛英格蘭那樣，你依然可以活出自我。

人們在這一年裡問過我好多次，當個外向者是否令我更開心。有時是如此。在即興表演課那間小教室裡，我度過了最快樂的時光，周遭圍繞著溫暖、友善的面孔，一起玩耍、發揮創意和恣意大笑，當時我的愉悅是筆墨難以形容。當我主動和一位陌生人相談甚歡，例如在歐洲之星遇見的克勞德，一股超乎預期的契合感油然而生。當我漫步走進布達佩斯最早的浴場，仰泳凝視著天空，而且沒有需要訂定或取消的計畫，在那一刻我感到自由。

我喜愛認識不同的人，與他們建立情誼，像是與在《飛蛾》裡的講者共進晚餐、在讀書會裡一起吃派，或者甚至是在醫院裡和彼得交流，趁他幫爸爸量血壓時聽他聊聊華人祖父母的事，這些都令我喜悅。

與此同時，當我在感恩節晚宴結束時送最後一組客人離開，我簡直累斃了。我真的不知道那些外向者到底是怎麼辦到的？他們怎能不用經過獨處思考、苦惱思索與熬一整夜想這件事，就知道會發生哪些事？腦中充斥著人們不停更新的對話，如此教他們如何還能聽見自己的想法？

外向者們，你們晚上怎麼能入睡啊？

整整一年活得像個外向者實屬不易。

可是現在我有了莉莉和薇薇安，如果我還會再表演，我知道我們會繼續聚在一起、集思廣益想出脫口秀的內容，而且當我在台上說錯話，她們會在我身旁支持著我。

我知道有個新朋友近在咫尺，就在離我家兩層階梯之處，那就是我的荷蘭鄰居漢娜。

我知道雖然在公眾場合說話總令我焦慮又沒信心，可是如果經由不斷地練習與排演，我就能克服。

我知道我有個游泳與喝咖啡的好夥伴，那就是艾比蓋兒。

我知道深層對話比淺層對話更有價值，即使人們對此總會心有芥蒂，但這仍會使你們彼此更親近。

我知道一個小小的行為就能觸發許多結果，例如我在社交場合認識了保羅，而他的女友建議我上脫口秀課程，致使我認識莉莉和薇薇安；臉書上有人推薦我上即興表演課程，打開了我所忘卻存在於靈魂裡的另一面。還有和同事聊天讓我加入了自在愉快的讀書會。

一天傍晚，我安排一位朋友與作家經紀人見面、給了某人約會建議，回家的路上帶一對年邁的法國夫婦到他們要搭車的地鐵站，並在地鐵站裡協助一位提著四袋行李的女士上電梯。我一向都會想做這些事，只是以往的我太猶豫不決而不敢插手別人的事。那位女士不會說英文，所以她沒有對我說「謝謝」，但她在揮手道別時送我一個飛吻才離開。也許我畢竟也能短暫地成為別人的「彼得」。

對於孤獨這件事我學到很多，身為成年人，如果你很幸運，你會有兒時就結交的親密朋友在身旁，可是當你搬離家，或在成長過程中與老友漸行漸遠，你就得找到新朋友。這並不容易，可能會花上好幾年，而且必須積極地踏出家門尋覓。當生活遭逢逆境，或者你愛的人剛被推進手術室裡進行重大手術、你站在醫院走廊害怕得不得了，極需有人在你身旁陪伴著你，這時你就會需要他們。一旦你交到這些朋友，你必須悉心維繫這段情誼，就算他們搬到巴黎或普爾，你們依舊是朋友。每個人都會有孤單的時候，我所認識的每個人都會談論到孤單，它悄悄尾隨著你，尤其趁你毫無防備的時候攻占你的心房。

找到我內心的聲音，並自我挑戰做些令人害怕的事，這讓我感到更有自信。在可能令人恐懼、抓狂又不公的世界裡，這樣的自信是無價的。當令我們害怕和得以掌控我們的事情愈來愈少，到頭來這畢竟是一件好事吧。

事情的發展已遠遠超出我所預期，我感到更能掌控自己的生活，因為我也可以是外向者。我可以在充斥著陌生人的空間裡與人交際、在戲院裡如果真的內急可以打擾一整排的人，如果真的有不了解之處，我也可以站起來對講者大聲發問。我可以和某個剛認識的人成為朋友，向他們要電話，最後在我家裡做可樂火腿給他們品嘗。我開始覺得自己慢慢從害羞的內向者一點一滴轉變為喜好交際的內向者了。（或說是交際者？）

這週我碰巧經過那間高級健身房，也就是我參加競賽而且最後做桑拿拚勝負的健身房。自從最後量體重當天過後我就一直避開這裡，不願回想自己那一天的狀態。而就在我盡可能快速通過時，其中一位健身教練從窗戶裡認出我，跑出來和我打招呼。

「妳都去哪裡了？」她問。

布達佩斯、愛丁堡、陌生人的家、即興演說課、上台，還有交友約會。

「噢，一直都在附近啊。」我語帶保留地說。

「妳知道今年誰贏得比賽嗎？」她問。

「誰？」我回道。

「波夏。」她說。

我忽然覺得如釋重負，世界上的一切運行都對了，我畢竟並未擾亂時空連續體。

我正準備出門和漢娜喝咖啡；蘿拉傳了訊息問我下個月想不想再和她一起上即興表演課，我回覆說我想；我正在為讀書會閱讀下一本書；保羅和女友下週要來我家吃晚餐；我和山姆準備把在家裡舉辦感恩節派對變成是每年的傳統；我和克勞德現在是電子郵件筆友了，他總是在信件最後說：「我希望妳一切都好，做些好事。」我好喜歡這個結語；莉莉和薇薇安想說服我再表演一次脫口秀，也許我只會去參加她們的演出，為她們加油，而這麼做也沒什麼不好。

我有自己小小的社交生活，在我想要的時候可以有個新的方式體驗這世界。我真的很喜歡自己的舒適圈，可是我也知道就算躍入未知或令我懼怕的事物一會兒，我也還是會安然無恙。

可是如果你在格拉斯頓柏立藝術節上看到我，拜託，請你溫柔地握起我的手，帶我坐上第一班巴士回家。我一定是被綁架帶到那裡的，非我所願。

關於內向

正如蘇珊・坎恩（Susan Cain）在她的書《安靜，就是力量：內向者如何發揮積極的力量》（*Quiet: The Power of Introverts in a World That Can't Stop Talking*）（這本書我極度推薦）裡所言，我在此書中以文化的角度來解讀內向。

換言之，我從中理解內向者，也就是：尋求獨處、能夠專注、喜歡沉思、不喜歡閒聊、喜好一對一交談、認為長時間與人交際令人疲憊，且時常是害羞又敏感的。相對而言，外向者則是：高度善於社交、願意冒險、在聚光燈下感到輕鬆自在、說話大聲、充滿熱忱，而且喜歡群聚。

與文化內向相關的特徵在五大性格特質[45]裡也許分屬不同項目（換言之，害羞可能歸於「情緒不穩定性」，而不願冒險的天性可能屬於「經驗開放性」）。

同樣地，邁爾斯－布里格斯性格分類法（The Myers-Briggs Personality Inventory）描述內向者是能夠從沉思或獨處獲得能量的人，與外向者恰恰相反，外向者則是藉由採取行動或與人交際獲取能量。這本書對於內向的解讀與這項定義相符，同時也囊括上述與內向者相關的文化特徵。

如果你是內向者（或外向者），有些我提到的特質或傾向也許適用於你，有些則不然。人類通常太複雜，無法以如此的二分法定義，誠如榮格所言：「沒有人是完全的外向者或內向者，如果有，那麼那個人會是瘋子。」

我並非受過訓練的心理學家或學術研究者，然而這本書之中我採用了許多研究結果，這些研究與資料出處的細節皆列於本書的備忘錄章節中，以便讀者參閱。

本書出現的許多名字與身分細節皆經過更改，以維護當事者的隱私。我盡可能地忠實呈現事件發生的順序與細節。

45 五大性格特質（The Big Five personality traits）是現代心理學中用以指稱構成人的主要性格的特質，分別為「經驗開放性（Openness to experience）、盡責性（Conscientiousness）、外向性（Extroversion）、親和性（Agreeableness）與情緒不穩定性（Neuroticism）」。

致謝

非常感謝我聰明又仁慈的經紀人愛瑪·芬恩（Emma Finn）。謝謝妳願意為我冒險，總是給我非常實用的編輯筆記，而且從沒忘記要在碧昂絲（Beyoncé）這個字上加重音，也謝謝妳成為我這麼好的朋友。

感謝達希·妮可森（Darcy Nicholson），我的天才編輯將我的書整頓得像近藤麻理惠（Marie Kondo）的整理術那樣，對妳我有說不完的感激，而且很抱歉在深夜寄給妳那些電子郵件，我無法保證那會是最後的幾封。謝謝愛莉森·愛德勒（Allison Adler）是如此體貼的編輯，和妳們兩位以及妳們的團隊合作是我的榮幸。感謝海莉·巴恩斯（Hayley Barnes）（抱歉我寫了有關雙子座的壞話）和愛瑪·伯頓（Emma Burton），謝謝妳們充滿熱忱的努力與點子。謝謝蘇菲·威爾森（Sophie Wilson）的鷹眼。

感謝每個曾協助指導我的人，以及提供我諮詢的人：史蒂芬·霍夫曼（Stefan G. Hofmann）、尼可拉斯·愛普莉（Nicholas Epley）、大衛·利特（David Litt）、瑞秋·伯特奇（Rachel Bertsche）、理查·里德（Richard Reid）、黛西·巴克南（Daisy Buchanan）、艾瑪·甘儂（Emma Gannon）、連恩·布雷南（Liam Brennan）、瑪麗亞·瑞芬頓（Maria Rivington）、凱特·史莫斯威特（Kate Smurthwaite）、菲爾·王（Phil

Wang）、查爾斯·諾頓（Charles Knowlton）、莎拉·拜倫（Sara Barron）和杜莉·阿爾德頓（Dolly Alderton）。感謝您們分享專業，並協助我從這些瘋狂的作為中存活下來。

謝謝奈潔拉·勞森（Nigella Lawson）那吸引人的食譜，讓我的派對賓客吃得盡興，還有在妳的新書座談會上耐心地回答我詢問妳是內向者或外向者的問題。

感謝裘莉·湯普森（Jori Thompson）一直以來當我的麻吉，還有謝謝妳的建議筆記。感謝香朵·海恩斯（Chantal Haines）和露西·韓德利（Lucy Handley）給我道義上的支持與關於墨西哥玉米餅的款式建議。感謝莎賓·韓德科（Sabine Handtke）敦促我繼續寫作。謝謝塔恩·羅傑斯·強斯（Tarn Rodgers Johns），你知道原因的。謝謝漢娜·凡·德吉爾（Hannah van der Deijl）（新的摯友？）在只認識我幾週之後還願意花時間讀這本書，並給予悉心建議。你們全都是我書寫摯友的真實寫作題材。

特別感謝 Kim Chi Kunn of Maison D'etre 與 Maison Bleu Canteen 即使在最冷的冬日也在我的冰拿鐵裡加冰塊，並且為寫作創造最舒適的避難所。你們最棒了。

衷心感謝特別的一群朋友們，你們察覺我在訊息裡的歇斯底里，看見深夜寄來的電子郵件後仍溫柔地回應我：「妳想讓我看一下內容嗎？」我永遠感激潔西卡·J·李（Jessica J. Lee），妳是一個女孩所能期望擁有的最佳複製人，而且還帶我去游泳；茱莉亞·柏克利（Julia Buckley）是內向者英雄，妳就這麼突然出現在我生命裡，而且還讓我也認識了愛莉絲；摩根·傑克森（Morgan Jackson），妳實在太有趣、睿智又大方，而且，妳做的印度酸甜調味料太令人吮指回味。謝謝妳們花時間閱讀文字並給予細心的建議。

超級感謝瑞秋・凱波克戴爾（Rachel Kapelke-Dale）。沒有妳就不會有這本書，而且很可能我也不會寫作，不會有這麼多樂趣。謝謝妳陪我喝咖啡喝好久、接聽我的瘋狂電話、回覆我在夜裡傳的電子郵件，而且總是陪伴著我。謝謝妳這麼多年來當我的摯友與這麼優秀的編輯。若少了妳的鼓勵和雨天遮雨棚下的精神喊話，這本書就不可能存在。妳對我來說就是全世界，而且妳的髮型有夠好看的。

謝謝我的父母、兄弟和祖父母，任何我曾說過或寫過的搞笑話語也許就是來自於你們。特別感謝我的父母，他們總是鼓勵著我、擔心著我，並告訴我要成就大事。

最要感謝的就是山姆，我實在好感激能有你在，謝謝你為我做晚餐、在表演前為我熨襯衫、閱讀我的手稿、一整年來一直聽我講這件事，還做了好多好多事幫助我度過這一切。認識你是我這一生最幸運的事，沒有任何話語足以表達你對我而言有多大的意義。

謝謝所有我在這怪奇的一年裡結交的超棒朋友們，包括了：蘿西・露芙（Rosie Luff）、凱薩琳・貝斯登（Cathryn Basden）、托亞・曼卡咖西亞（Toia Mangakahia）、維納斯・王（Venus Wong）、莎拉・比多亢（Sarah Biddlecombe）、梅格・包爾斯（Meg Bowles）、班吉・瓦特斯東（Benji Waterstones）、保羅・史塔弗（Paul Stafford）、愛莉絲・亞當斯（Alice Adams）和保羅・克利西（Paul Creasy）。

我知道感謝的話永遠說不夠，依據深層對話的精神，我要告訴大家：我真的好愛好愛你們。

家圖書館出版品預行編目資料

抱歉我遲到了，但其實我根本不想來：給羞怯內向的你，一場「挑戰自我」的冒險旅程/潔西卡・潘(Jessica Pan) 著；江莉芬 譯. -- 初版. -- 臺北市：平安文化有限公司, 2021.11
面；公分. -- (平安叢書；第699種)(Upward；124)
譯自：Sorry I'm Late, I Didn't Want to Come: One Introvert's Year of Saying Yes

ISBN 978-986-5596-47-7 (平裝)

1.內向性格 2.自我肯定 3.生活指導

173.73 110016963

平安叢書第699種
UPWARD 124

抱歉我遲到了，但其實我根本不想來

給羞怯內向的你，一場「挑戰自我」的冒險旅程

Sorry I'm Late, I Didn't Want to Come: One Introvert's Year of Saying Yes

作　　者—潔西卡・潘
譯　　者—江莉芬
發 行 人—平　雲
出版發行—平安文化有限公司
臺北市敦化北路120巷50號
電話◎02-27168888
郵撥帳號◎18420815號
皇冠出版社(香港)有限公司
香港銅鑼灣道180號百樂商業中心
19字樓1903室
電話◎2529-1778　傳真◎2527-0904
總 編 輯—許婷婷
責任編輯—陳思宇
美術設計—謝佳穎、李偉涵
著作完成日期—2019年
初版一刷日期—2021年11月
初版二刷日期—2024年4月
法律顧問—王惠光律師

讀者服務傳真專線◎02-27150507
電腦編號◎425124
ISBN◎ 978-986-5596-47-7
Printed in Taiwan
本書特價◎新臺幣399元/港幣133元